図説テキスト

建築環境工学
第二版

加藤信介・土田義郎・大岡龍三 著

彰国社

装丁　長谷川純雄

まえがき

　建物は，人の生活と生産活動の「場」を提供する。円滑にこれらを行うには，その「場」にふさわしい環境を整える必要がある。建築の環境工学は，建物にふさわしい「場」のうち，主に雨風や暑さ寒さ，明るさやうるささ，衛生性などを整えるために必要となる知識を検討する。

　生活と生産の基本になるものは，人そのものである。そのため建築の環境工学には人間自身を深く理解することが求められている。そして，その人が求める環境を具体的に明らかにし，これを実現するために必要となる手段を明らかにすることが求められている。建築環境工学で検討する雨風や暑さ寒さ，明るさやうるささなどは，これらにかかわる人体の生理的な性質と，熱，空気，光，音などの物理的な性質にその多くを依っている。言い換えれば建築の環境を理解するには，人体の基本的な性質と，人体を取りまく物理的な環境の性質を十分に理解することが必要とされているわけである。

　本書は，建築の初学者にこの建築環境を理解するうえで必要となる知識を，簡明に解説することを意図している。物事の理解の過程には順序が重要である。建築の環境工学の理解には，人と物理の両者に関するある程度の基礎知識を必要とする。前者の人に関する基礎知識は，学ぶ人が自分自身の体験を通して，ある程度のイメージを形成しており，その意味では，理解は容易で，それほど多くの前提知識が必要とされるものでもない。本書でも建築環境に関係する人に関する基礎知識にはさほど深くふれていない。後者の物理に関しては，中学，高校で学習する物理に関する一般的知識がある程度必要とされる。中学，高校では，さまざまな形態で生じる日常の物理現象には共通の法則があり，この法則を利用すれば，一見，複雑な物理現象もこれを十分に予測し，人が必要とするように変更できることを学習してきている。複雑な現象から共通の法則を抽出し，これを利用することは，少しく高度な理解が必要であり，相応の学習時間を必要とする。そのため，これら学習に時間を割くことができず，物理に関する必要な知識を得ないで建築環境を学ばざるを得ない状況の建築初学者も多いものと考えられる。本書は，中学で学習する程度の物理や数学の知識があれば，高校で学習する高度な物理の知識をもたない人も，建築の環境工学を学べることを意図して編集されている。

　理解することは，複雑な現象のなかで何か共通する性質を抽出して，その性質に基づいて，その先を予測できるようになることとも考えられる。その過程として，記号化された言葉や数学の式でこれらを表現することも可能であるが，これは必ずしも誰もが容易に行えるものでもない。人の顔の特徴を言葉で記述しても，その言葉を聞いて，これをイメージすることはなかなかにむずかしい。しかし似顔絵で表してやれば容易にその特徴が理解される。本書は，このように図の活用による理解を重点に編集されている。

　本書を学ぶ人は，建築の環境をあまり苦労することなく理解されるものと信じている。

　2002 年 10 月 　　　　　　　　　　　　　　　　　　　　　　　　　　　加藤信介

第二版に当たって

　本書は，初版が出版されて早くも 6 年が経過し，第二版を迎えることとなった。今回は，規格などで変更があったものに関連して多少の修正をしている。しかしながら本書の大筋は初版と同じである。これは，このテキストを建築に関わる音，熱，空気，光という物理とその中心に位置する人の性質という，幅広く散漫になりがちな内容を網羅しつつも平易に記述し，人間を中心とする建築環境の総合的理解を促すという，本書の意図がよく反映されている故であろう。

　2008 年 9 月 　　　　　　　　　　　　　　　　　　　　　　　　　　　加藤信介

図説テキスト　建築環境工学●目次

まえがき　3

第1章　私たちを取りまく環境

1.1 　安全，衛生と快適 ……………………………………… 8
　　　安全，衛生と快適を提供する建物　8
　　　安全，衛生と快適を脅かす要素　8
　　　環境制御の目標と原理　9
　　　建物と建築設備による環境制御　10

1.2 　人間と環境の調和を目指す室内環境設計 ……………… 13
　　　システム　13
　　　線形システム　16
　　　入力関数の直交関数展開　17
　　　知　覚　17
　　　環境を変える　17

1.3 　波の性質をもつ音と光 ………………………………… 19
　　　波の性質1　波の重ね合せと干渉　20
　　　波の性質2　回折と屈折　ホイヘンスの原理　21
　　　波としての音　22
　　　波としての光　22

1.4 　熱と風 …………………………………………………… 23
　　　熱とは何か　23
　　　熱の伝わり方／伝導と対流と放射　24
　　　運動の法則　24
　　　流れの原理　26

1.5 　太陽と地球 ……………………………………………… 27
　　　太陽位置と地球の公転，自転　27
　　　日照と日影　29
　　　太陽からの放射と地球放射　30
　　　地球の大気と気象　31

1.6 　建築と地球 ……………………………………………… 33
　　　建物にかかわる地球温暖化とオゾン層破壊　33
　　　サステイナブルな循環社会　35
　　　都市環境　36
　　　環境共生建築　37

第2章 光の美 光の機能

- 2.1 光の知覚と物理量 ……………………………… 40
  - 光の知覚　40
  - 光の物理量　41

- 2.2 明るさと快適性 ………………………………… 43
  - 快適な視環境のために　43
  - 視環境に影響する諸現象　45
  - 光源の種類と特徴　46
  - 電灯照明の方式　47
  - 昼光照明の方式　48

- 2.3 照明の設計 ……………………………………… 50
  - 照明の設計手順　50
  - 電灯照明による室内の明るさ　50
  - 昼光照明による室内の明るさ　52

- 2.4 建築の色彩設計 ………………………………… 55
  - 色の名前　55
  - 色彩の心理　57
  - 色彩設計　59

第3章 熱と空気

- 3.1 暑さ，寒さと人間 ……………………………… 64
  - 人体の熱収支と快適方程式　64
  - 寒さ，暑さに対する人間の反応　65
  - 温熱快適性の6要素　66
  - 温熱環境指標　67

- 3.2 建築と熱 ………………………………………… 69
  - 熱の流出入と発熱　69
  - 断熱と蓄熱　72

- 3.3 湿気と結露 ……………………………………… 76
  - 湿　気　76
  - 結露と，その防止法　77

3.4 室内空気汚染と換気 …………………………………………………79
　室内空気汚染　79
　換気の目的と必要換気量　80
　換気の原理と種類　81

3.5 気候風土に適応した建築的工夫と建築の熱環境設計 ……………85
　寒い地方の建築的工夫　85
　暑い地方の建築的工夫　87
　これからの建築熱環境設計　91

第4章　音を生かす　音を防ぐ

4.1 音の強さ ………………………………………………………………94
　音の物理量　94
　音の知覚　96
　音の伝搬　99

4.2 音環境の計画 …………………………………………………………101
　必要な音と不要な音　101
　音の評価　103
　空気音の予測と防止　104
　環境振動と固体音　111

4.3 音の響きの計画 ………………………………………………………113
　響きと知覚　113
　特異現象のいろいろ　116

索　引　118

執筆分担●第1章／加藤信介
　　　　　第2章／土田義郎
　　　　　第3章／大岡龍三
　　　　　第4章／土田義郎

第1章 私たちを取りまく環境

　写真は，タイのメナムチャプタイ川の両岸に並ぶ水上の住宅である。高温多湿な気候区では，夏の暑さをしのぐことが建物にとって重要である。川を渡る風が自由に入る建物は涼しげに見える。日本の河川は，急峻であり台風などによる増水で水面は数メートルも上昇し，河川敷に建物を建設することなど想像もつかないが，大陸の流域面積の広い大河川では水位が安定しており，川岸にこのような住宅を設けることが可能である。河岸の上には電灯線が張りめぐらされ，水上の家に冷房装置も取り付けられている。水面を渡る風を最大限，建物内に呼び込んで利用する水上の家に，部屋の開口を閉じて屋外と室内をなるべく隔絶することが有利となる人工的な冷房を設けることは，現代建築の環境制御の抱える矛盾を象徴しているようである。

1-1 安全，衛生と快適

建物の基本目的は，人間の生産と生活の場の提供である。
時代を遡れば，建物は主として生活の場であった。原始から近代に至るまで生産の場はもっぱら屋外であり，建物は主に外敵から身を守り，休息し，子孫を育む生活の場であった。このことからも知れるように，建物の重要な目的は，生命が脅かされない場，すなわち安全が確保された場を提供することである。生命が脅かされないことは，健康が確保されるための条件も必要とされる。すなわち建物の最も基本的な目的は，安全と健康を支える衛生を確保することにある（図1-1-1）。そして建物は，このような目的を果たすように計画され，建設される。

安全，衛生と快適を提供する建物

安全と衛生の確保は，建物の最も基本的な目的となる。安全と衛生が確保され，生命が脅かされる危険が小さくなれば，人間の活動は，より効率的に行われる。建物の安全と衛生が確保されたうえで，人間の営みが効率的に快適に行われるように，次の目的である建物の快適性が求められる。

安全と衛生の確保は基本的な性能であるので，すべての建物で，そのために必要な条件の確保が求められる。この必要な条件は，火災や地震に対して安全であることや，衛生的で疾病の原因となるものがないことなど，建物によらずすべてに共通している。すなわち，安全と衛生に関しては，建物によって性能の差，特に低い性能のものがあることは，人間的にも社会的にも許されない。

しかし，快適性に関しては，人間の感性の多様性に対応して，さまざまな程度があり得る。より高い快適性の確保は，一般により多くの費用（コスト）を必要とする。少ないコスト，支出可能な範囲で，最適と判断される程度に快適性は確保される。

同じ種類の建物であっても，安全と衛生は一定の水準が必要で，十分な程度に確保されるが，快適性に関しては差が生じ得る。現代建築では，建物内の快適性の確保（省エネルギー的手法でこれを確保すること），費用効果の高い快適性の確保が，環境計画のうえで重要な課題となっている。

安全，衛生と快適を脅かす要素

建物の安全と衛生，さらには快適を確保するためには安全と衛生，また快適性を損なう要因を分析し，これに対処する条件，方法を建物に備えることが必要である（図1-1-2）。

人間の生命や健康を脅かし，快適性を損なう要素は無数にある。建物単体での対処が困難であれば，地域，都市，国家，社会全体での対処が必要とされる。

安全，衛生，快適を脅かす要素には自然（物理，生物）環境と人間社会環境がある。

人間社会環境の整備は人間の生存にとって死活的に重要である。戦争，強盗，殺人などの社会な不安要素は必然的に建物形態に大きな影響を与える。しかし，これらの問題は，建物で対処するというよりも地域，都市，国家，人間社会全体で対処すべき課題であり，建物の形態や性能で解決できる点は少ない。

建物は安全を提供する　　建物は衛生を提供する　　建物は快適を提供する

図1-1-1　建物の基本性能は安全，衛生，快適の提供

人間が集落，都市を形成し，集団で生活すれば，対応してエネルギー，上水，その他生活必需物質の供給を確保し，生命の維持と健康を保証するシステムが必要とされる。また排出される廃棄物，汚物は都市の衛生を脅かす。建物が，こうした要素と無関係ではあり得ない。しかし，現代社会では，これらの問題は個別の建築単位で解決すべき問題ではなく，都市機能として土木，衛生，都市に課せられた重要な課題となっている。

　さまざまな自然災害，たとえば洪水，火山噴火，崖崩れ，地震および付随する火災なども直接，人の生命を脅かす。単独の建物で対処可能な災害に関しては，建物にその対策が求められる。地震，火災災害に対する対処は建物性能の重要な要素となっている。

　日々の気象現象である雨，風，日射，低温や高温，湿気などへの対処は，生命が直ちに危機にさらされるほどの死活的な問題にはみえないかもしれないが，山や海では自然の脅威にさらされ，命を落とすことも稀ではない。これらは主に，衛生面から人間の健康に深くかかわる。気象現象に対する衛生環境（健康環境）の確保は，安全の確保とともに，建物性能の重要な要素となっている。

　安全と衛生が必要かつ十分な程度に確保されたうえで，さらに建物内の快適性をどの程度に確保するかは，建物にとってきわめて重要な問題である。きびしく，また穏やかに変化する屋外の気象に対して，費用（コスト）をかけずに建物内の快適性を確保することは，現代建築の環境計画の重要な課題の一つとなっている。この少ないコストの具体的な目標がエネルギー使用であれば，快適性を保つためのエネルギーコストの最も少ない状態が，いわゆる省エネルギー的に快適性を達成した状態である（図1-1-3）。

　人間以外の生物は，自然環境の一部として人間の安全，衛生，快適に影響を及ぼす。原始の時代であれば，肉食動物による捕食を免れることも建物に課せられた一つの条件である。現代では肉食動物による人間の生命への脅威はほとんど考えようもないが，病原菌や病原菌を媒介する小動物，あるいはアレルギー疾患などの原因となるさまざまな物質に対応することは，建物内での衛生確保の観点から重要である。

　人間は，家庭内，職場内，地域内，国を単位に社会的生活を行っている。社会生活を行うためには人の間のコミュニケーションが重要な役割を果たす。この，人とのコミュニケーションや人間を取りまく環境の知覚，認識は，多くの場合，視覚（光）と聴覚（音）によって行われている。建物内でこれを健康的に，さらに快適に行うためには，そのための条件が建物内で整備されていることが必要である。視覚，聴覚の媒体となる光，音の環境計画は，これが視覚，聴覚を介した快適性とかかわるため，建物内の環境のきわめて重要な要素となる。

環境制御の目標と原理

　建物は，さまざまな外部環境や建物内部要因に対し安全，衛生，快適を確保するよう計画される。考慮すべき要因は気象のような物理現象のみではなく，人間自身の生理，心理のほか生活習慣，社会環境など多くの要因がある。しかし，ここでは物理的な環境である太陽からの放射をはじめとして，雨，風，熱，空気，光，音などの要素を考える。人間が衛生的で（健康で），快適に活動するためには，これら物理現象が建物内では人間の営みにとって都合のよい範囲にあること，少なくとも建物内の人が居住する領域（建物内の居住域）がこの範囲に入るよう制御することが必要とされる。建物および付属する建築設備は，それを成し遂げる手段となっている。

　物理環境の制御は現象の解析とともに，制御目標の設定が必要となる。室温制御であれば，どの温度範囲に気温を制御するかが，明らかにされている必要がある。し

図1-1-2　安全，衛生，快適を脅かす要素を考える

安全，衛生，快適の目標は時代，地域などの条件で変化する。特に快適の目標には大きなバラツキがある。

図1-1-3　安全，衛生，快適を達成する建物を考える

かし，この気温の制御範囲は，季節，習慣，年齢，活動状態，着衣状態，その他，多くの因子によって変動するもので，その合理的な設定はたやすいものではない（図1-1-4）。

制御範囲が自明で，明確なものもある。降雨を考えてみよう。室内に降雨を認めることはまずない。おおかたの場合，室内の降雨に関する制御目標は降雨ゼロである。屋内で降雨ゼロは当たり前に思われるかもしれないが，その意味は重い。降雨のある地域での，屋外と屋内の区別は，降雨時の降雨の有無，すなわち有効な屋根の有無によってなされている。

物理量を制御するためには，物理量の性質を知って，それを上手に利用しなければならない。物理的性質を知っていれば，その予測，制御も可能となる。建物設計段階で，物理環境がある程度予測されれば制御もより詳細にできる。

環境制御の根本原則は，不要な物は生成させない，必要な範囲外に拡散させないことである（図1-1-5）。

公害や地球環境汚染など，世の中の環境汚染の問題で重要なことは，まず汚染物質を生成させないことである。生成されてしまった汚染物質に対して防護を考えるより生成させないことを考えることが先である。外部に騒音源がある場合，静かな室内環境を実現するには遮音によるより，その騒音発生源を絶つことが先決となる。室内冷房は，室内の発生熱に対応する冷房能力を供給するより先に，室内に冷房負荷となる熱を発生させない，あるいは，これを最小化することが重要になる。

発生してしまった物理量は，なるべくその場で吸収消滅させ，環境制御する領域に侵入させないことが重要になる。外部に大きな騒音源がある場合，まずその場で吸音し伝搬させないこと，また室内で吸音するより，室内に侵入しないよう遮音するのが先となる。冷房の場合，室内に外部の熱が侵入しないようにするのが先である。日射は冷房時の熱負荷の大きな要因となる。日射は物体に吸収されて熱に変わる。したがって熱に変わる前（吸収される前）に日射を反射させること（たとえば外壁を白く塗って反射させること）が重要である。次に，それでも吸収された熱は屋外で放散され（風で冷却され，赤外放射で冷却され）て，室内には断熱材などの活用により伝導で侵入しないようにすることが大事になる。

建物と建築設備による環境制御

室内の環境制御は一般に受動的であり，室内に変動させる要因があるよりは，外部に要因が存在することが多い。降雨，風，日射，高温，低温などの気象現象に対する環境制御は外部に変動要因があり，室内にこれを侵入させないこと，あるいは必要な程度のみ透過させることが屋内の環境制御対策の大きな柱となる。

不要なものを侵入させず，必要なもののみ室内に取り入れる（図1-1-6）。

室内に不要な熱を侵入させないことが夏期の環境制御の鉄則である。外部の熱環境がそれほど過酷でなければ，室内に不要な熱侵入がないように工夫制御すれば，冷房により室内の余分な熱を除去しなくとも，通風など

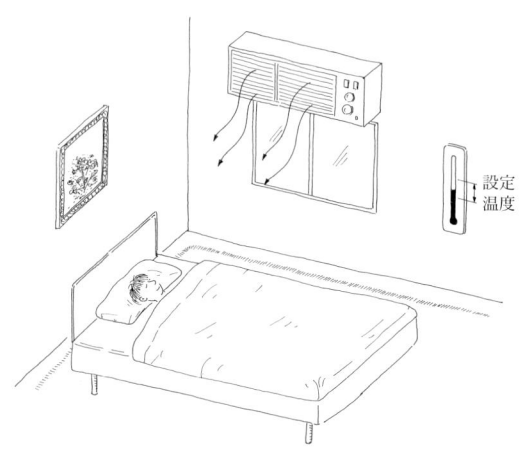

図1-1-4　建物の環境制御には具体的（定量的）な目標が必要

図1-1-5　環境制御の原則
不要なものはつくらない，持たない，持ち込まない

図1-1-6　不要なものは侵入させず，必要なもののみ取り入れる

によって十分な涼感を得ることも可能である。また冷房する場合でも，外部からの熱侵入が小さければ，わずかな冷房能力で環境制御することが可能であり，室内の温度分布も緩やかになる。

室内の環境制御は，関係する物理量の室内の空間分布を制御すること。

室内の物理環境の制御は，制御対象とする物理量の空間的・時間的分布性状を制御することである（物理量の基本的性質は1-3節，1-4節を参照）。光（照度）や日射は屋外，建物内でさまざまに分布し，時間的にも変動する。騒音レベルも屋外，室内でさまざまに変化する。気温も建物外部，内部でさまざまに異なる値に分布する。結局，建物内の物理環境制御は，このような物理量の分布性状を人間に都合がよいよう建物内で制御することによりなされる。建物内の分布性状は，室内空間内だけではなく，その境界の床，天井，壁面（窓面）での分布性状が問題となる。

生成と流入，吸収と流出があるから分布が生じる。

光や音，熱，空気（運動量や汚染物質）の分布性状は，いずれも生成，流入と，これに対応する吸収，流出および，この間をつなぐ輸送，伝搬に特徴づけられている。環境制御で扱われる各種の物理量は，必ずといってよいほど，どこかで生成され，流入し，どこかに排出され，吸収されて消滅する。生成，流入と吸収，流出は必ず対になっており，その間に輸送と伝搬がある（1-2節，図1-2-3）。

室内に流入した空気は，必ずどこからか流出する。流入した空気と流出する空気量は常に等しい。熱も同様である。定常状態では室内に侵入した熱は，同じ量だけ室外に流出している。したがって，人間が室内を環境制御するとき，生成と流入という物理量の室内への入口だけ考えても不十分である。どこで吸収され，流出するのかという物理量の出口を考えることにより，物理量の分布が理解される。

一般に物理量は生成される場所，侵入する場所で大きく，排出または吸収消滅する地点で小さくなる。物理量は，生成あるいは侵入地点から排出，あるいは吸収消滅地点に向かって伝達，輸送され，その強さと大きさは空間的，時間的に分布する。

光は光源で生成され，空間内を伝搬する。不透明な物体に到達すると，そこで吸収され，それより先に伝搬されない。音も音源で生成され，室内空間内を伝搬し，壁面などに吸収される。熱も熱源で生成され，冷熱源（吸熱体）に輸送される。室内で発生した汚染物質は気流によって室内に拡散し，最終的に排気口から排出される。

物理量の輸送・伝搬には，方向性と輸送，伝搬効率がある。

光，熱放射（日射，赤外線放射など），音など波の性質（1-3節を参照）をもったものは，発生源から遠ざかる方向に伝搬する。しかし，閉鎖空間などでは，波が壁面などに反射され，この反射により多方向に波が伝搬する。反射を繰り返すうちに伝搬方向は空間内の全方向となる。壁面などが十分波を吸収して反射が生じなければ，波は入射源から遠ざかる方向にのみ伝搬し，到達した壁面で吸収される。空気などの流れは，熱や汚染物質を発生源から下流に向かって運ぶ（1-4節を参照）。輸送の方向は常に下流の方向であり，上流には到達しない。しかし流れが閉鎖空間の中で循環流を形成していれば，上流下流の区別がなくなり，熱や汚染物質は，閉鎖空間内に流れに乗って広く広がる。

伝搬や輸送は，これを媒介する媒質により，その効率が大きく異なる。金属による熱伝導は，効率よく，熱伝導率が高いが，断熱材による熱伝導は効率が悪く，熱伝導率は低い。空気は音や光を伝搬させる。しかし，その伝搬効率は同じではなく，周波数の高い音と低い音では高周波の音は伝搬しにくく，途中で吸収損失する量が多い。煙などが混入した空気は，光を途中吸収し，やはり伝搬させない。

光や音などの波による伝搬は室内のような閉鎖空間の中で，吸収の大きい壁体で囲まれていれば，反射を繰り返すうちに吸収が大きくなり，空間内の物理量は小さくなる。同一の光源，音源が置かれた室内でも，壁面の吸収が大きければ室内の照度，音の強さは低くなる。

光，熱，音などの各物理量の空間，時間分布は，これら物理量の輸送・伝搬の方向と効率により大きく左右される。したがって建物内の環境制御に関しても，この伝搬・輸送性状を上手に制御することにより良好な環境制御が行われる（図1-1-7）。

均一な分布は，均一な生成，流入と十分な拡散，混合に

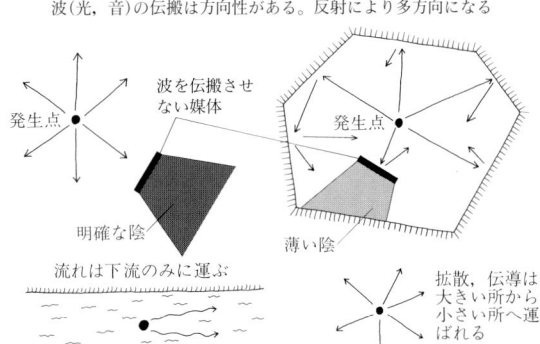

図1-1-7 光，熱，音などの各物理量は生成箇所から消散箇所に輸送伝搬され，空間内に分布をつくる

より得られる。

　物理量の生成や流入が空間内で局所的であれば，その近傍でそれら物理量は大きくなり，空間的に大きく分布する。生成や流入の空間的な分布が小さければ，対応する物理量の空間分布も比較的均一になる。暖房は局所的に高温な部分を設けるより，室全体の広い面積で，あまり高くない温度で行ったほうが室内は均一な温度になる。室内で大きな分布性状を生じさせたくなければ，生成，流入を一様にするとともに，輸送や伝搬の効率を上げることも有効になる。冷房を冷風吹出しで行うとき，室内をよく撹拌するよう吹き出すことが，室内の局所的な冷えすぎを防ぐ重要な方策となる。

物理環境の制御にはアクティブ制御とパッシブ制御がある。

　物理環境の制御は，対応する物理量(光，熱，音，空気(新鮮空気，運動エネルギー)，汚染物質)をエネルギー投入して生成させる制御法(アクティブ制御)と，物理量が屋外空間も含めて時間的，空間的に変化する(分布する)場合に，これを上手に利用し，制御すべき物理量を室内で生成させることなく，必要な箇所を都合のよい物理量の範囲に制御する方法(パッシブ制御)がある。光環境であれば，人工光源を使用することなく，外部の昼光を室内に導入し利用する方法がパッシブ制御である。人工的に熱を発生させることなく，太陽熱を上手に建物内に導入して暖房を行うこともパッシブ制御となる。アクティブ制御は，必要な物理量を必要なだけ生成するため制御の精度は高くなるが，それに要するエネルギーもパッシブ的制御に比べて多くなる。

　パッシブ制御には長い伝統がある。アクティブな環境

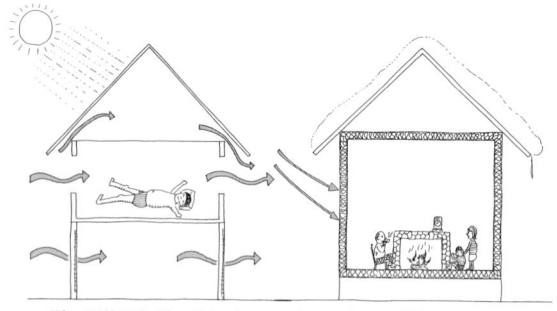

図 1-1-8　パッシブ制御は制御すべき物理量の遮断と透過を上手に制御して行う

制御は暖房における熱発生や照明における松明，蝋燭などの利用の例を除けば，近代以降の技術である。近代以降の電気照明，冷房など，いずれも自然にある光，冷熱を利用するのではなく，人工的なエネルギーを利用してこれを生成し，室内の環境を制御する。逆に近代以前の室内環境の制御は，パッシブ的手法が主である。この意味で建築は，パッシブ環境制御の長い伝統をもっている。パッシブ制御は，制御すべき物理量の遮断と透過を上手に制御することにより，建物内の物理性状を制御目標値に制御する。アクティブ制御とパッシブ制御は相反するものではない。アクティブ制御は，パッシブ制御と組み合わされることにより，より省エネルギー的に，効率よく行われる（図1-1-8）。

参考文献
環境工学教科書研究会編著『環境工学教科書　第二版』彰国社，2000

1-2 人間と環境の調和を目指す室内環境設計

室内環境の設計は，室内の光，音，熱などの物理的な要素(物理的環境)を衛生と快適を確保するように個別の設計条件に対応して計画して行われる。
室内の環境設計は，室内環境に影響を与えるさまざまな要因に対して，人が操作可能要素を操作して，種々の制約条件(建築計画，意匠，構造上の制約，コスト，エネルギー使用など)のもと，目標値と差異を最小化(コストの最少化，エネルギー使用の最少化，人体快適性指標の最大化など)する方法を編み出して建物に実現する行為である (図 1-2-1)**。室内の暖房や冷房を例にとれば，室内環境に影響を与える要因は，窓や壁からの侵入する冷熱もしくは熱である暖房・冷房負荷などさまざまなものがある。それに対する操作可能な要素は，室内の形状や壁などの断熱性能，冷房や暖房器具やその投入熱量などである。**
最適な室内環境制御を行うには，①室内の物理環境は，そもそもどのような性質を有しているか，②このような物理環境の制御目標値が人との関係でどのように与えられるか，その許容範囲はどの程度であるか，③この物理環境に影響を与える要因と，その影響度を具体的に把握しておく必要がある。個別の物理現象に関する詳細は，2章以降で具体的に学ぶ。ここでは，この環境設計のイメージを，工学でよく用いられる「入力と出力を有するシステム」という考え方を用いて説明しよう。

システム

設計行為は，予測，予言を必要とする行為である。まだ建設されていない建物の室内の環境を正確に予測し，目標とする状態との差を最小とするように種々の要因を調整し，目標とする室内環境を実現することが**設計**である。予測を正しく行うためには，物理現象を支配している普遍的な法則を理解し，その法則に従って，原因と結果がどのように関係づけられているかを理解している必要がある。この原因と結果を関係づけているものが，**システム**である。原因が**システムへの入力**であり，結果が**システムからの出力**である。物理現象に関しては，その支配法則すなわち物理システムは過去未来と時間的にも場所的にも不変であり，われわれは，どんな**入力(原因)**を行えば，どんな**出力(結果)**が得られるかという物理現象に関する未来予測を安心して確実に行うことができる(図 1-2-2)。

われわれの環境を形成している物理環境，すなわち

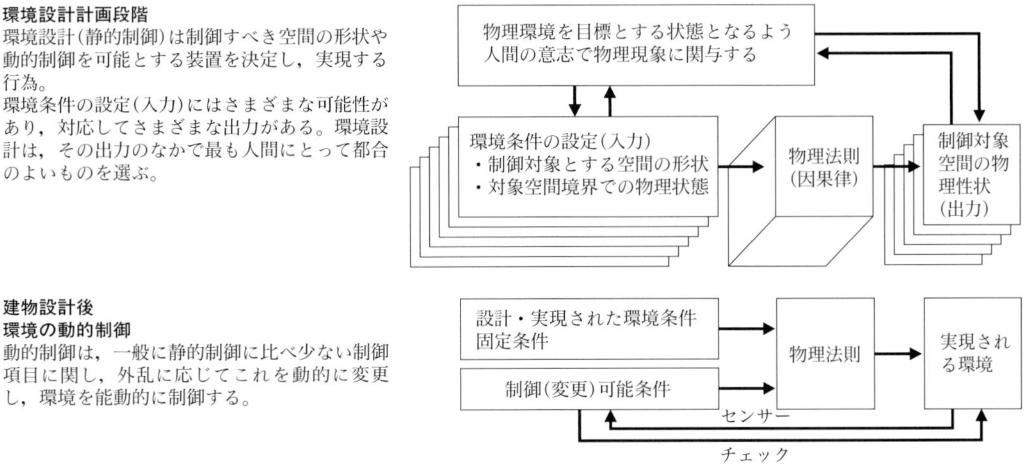

環境設計計画段階
環境設計(静的制御)は制御すべき空間の形状や動的制御を可能とする装置を決定し，実現する行為。
環境条件の設定(入力)にはさまざまな可能性があり，対応してさまざまな出力がある。環境設計は，その出力のなかで最も人間にとって都合のよいものを選ぶ。
物理環境を目標とする状態となるよう人間の意志で物理現象に関与する
環境条件の設定(入力)
・制御対象とする空間の形状
・対象空間境界での物理状態
物理法則(因果律)
制御対象空間の物理性状(出力)
建物設計後
環境の動的制御
動的制御は，一般に静的制御に比べ少ない制御項目に関し，外乱に応じてこれを動的に変更し，環境を能動的に制御する。
設計・実現された環境条件固定条件
制御(変更)可能条件
物理法則
実現される環境
センサー
チェック

図 1-2-1　環境設計と設備による環境制御

原因
システム
結果

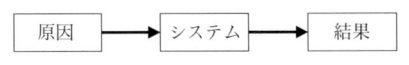

図 1-2-2　原因を入力し，結果を出力するシステム

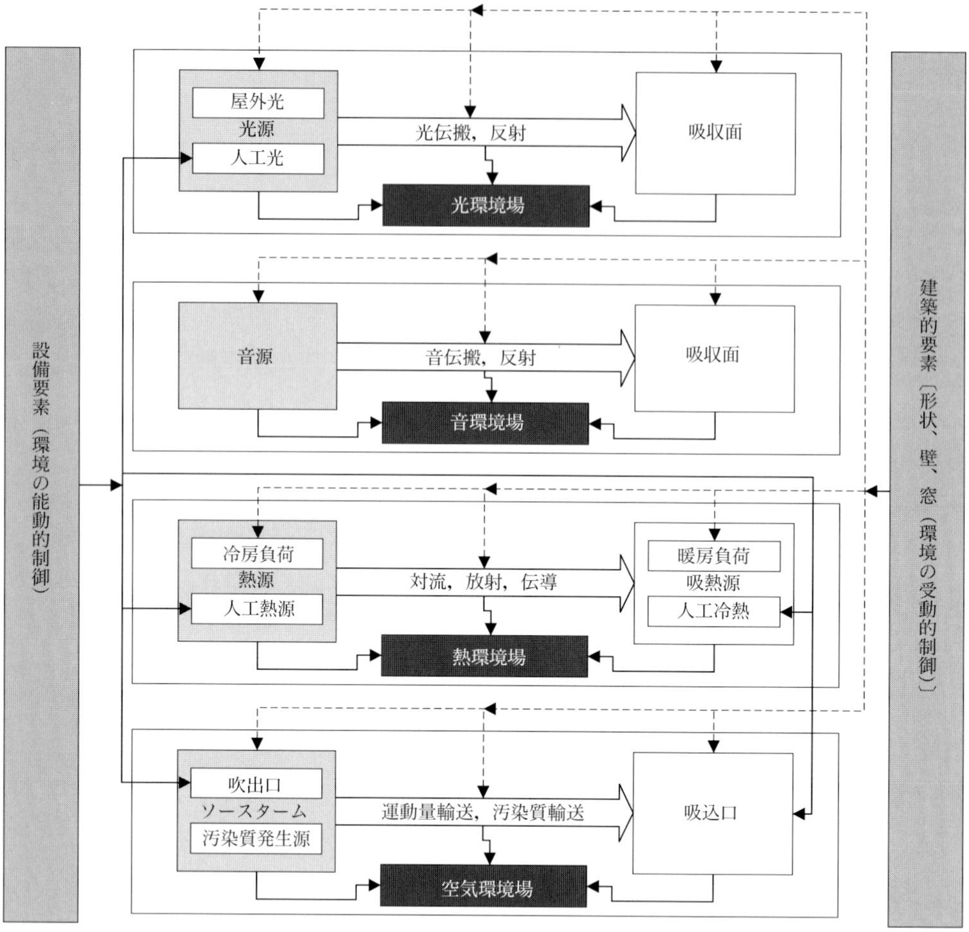

図 1-2-3 発生と消散を結ぶ輸送伝播により定まる光，音，熱，空気環境

光，音，熱，空気（流れ）などに関して，この現象を支配している法則はすでに 100 年以上も前に明らかにされている。1-1 節で学んだように，発生源で生成し，消散源で消滅し，その間に輸送伝搬がある。これらの現象は，建物内の建築的要素と設備的要素により発生源，消散源，輸送伝搬で影響を受け，環境が制御される（図 1-2-3）。これらの現象に対しては，物理法則が明らかにされている。その物理法則すなわち物理システムは，数学的な方程式で記述されており，定量的な評価が可能である。この物理システムの入力は，数学的な方程式の空間的な境界条件，時間的な初期条件であり，これらはそれぞれ物理量の発生，消散，輸送伝搬に影響を与える。この結果，定まる物理量の時間的，空間的分布性状が物理システムの出力となる（図1-2-4）。光，音，熱，空気（流れ）環境の複雑さは，すべてその入力条件の複雑さに対応した出力の複雑さに対応しており，ひとたびその入力条件が特定されれば，その結果である出力は，一意的に予測，特定することができる。このシステムに不確実性あるいは信頼ができない点があるとするならば，それ

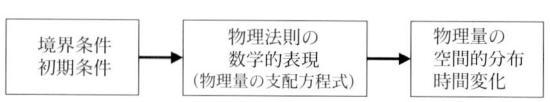

図 1-2-4 環境の物理的システム

は物理法則に不確実性や信頼性に欠ける面があるのではなく，入力条件に不確実性や信頼性に欠ける面があるためである。このシステムの正確さに関する絶対的な事実ゆえに，現代人は容易にその物理環境を設計し，建物として実現することができる。建物内の環境に種々不具合があるとするならば，これは物理の支配法則，すなわちシステムの曖昧さゆえではなく，システムの入力とした設計の曖昧さに不具合があることを意味する。

環境を形成している物理システムが数学的な方程式を用いて定量的に記述されているということは，この方程式に対し，現代のコンピューターで入力に対応する初期条件，境界条件を与えてやれば，数値シミュレーションにより，これを解析し，対応する出力である環境の物理状態を詳細に予測，予言できることを意味する。実際，室内の光，音，熱，空気（流れ）環境は，コンピューター

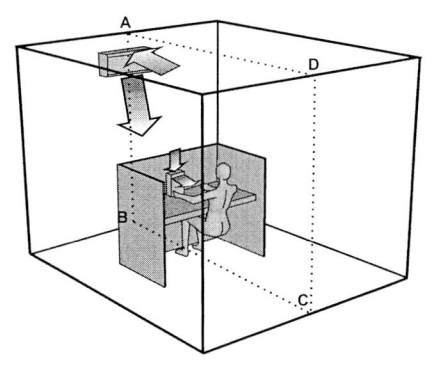 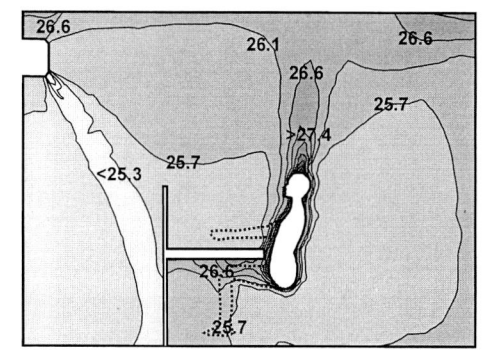

図 1-2-5　コンピューターによる数値シミュレーションにより解析された室内の空気の温度分布の例

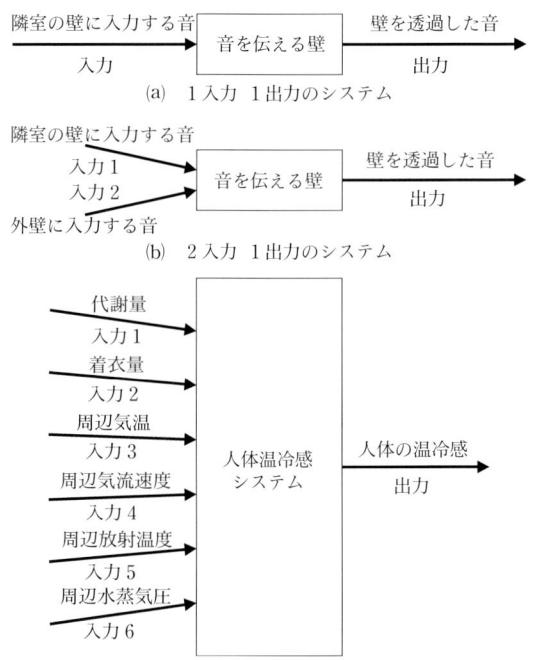

図 1-2-6　複数の入力のあるシステム

を用いて詳細に解析され，コンピューターグラフィックス（CG）により，現実に肉薄する迫力で予測されている（図1-2-5）。

　入力と出力を伴うシステムの概念は，物理現象だけでなく経済や社会現象，地球生態系，人体の生理現象や心理現象などさまざまなものに対応するものを考えることができる。これらは，物理現象のように単純普遍な原理で記述されるものではなく，実現象が複雑なため，複雑な現象の特定あるいは包括的部分のみを概略的に説明できるモデルを考案し，このモデルに基づくシステムが予測や制御に用いられる。当然のことながら，これらのモデルシステムは，実現象を簡略化して模擬するモデルであり，その予測精度が確保されているのは，モデルを作成する際，簡略化のため仮定した条件が成立する場合のみである。現在社会では，経済現象や社会現象，地球生態系，人間の心理などさまざまなものに対して予測システム（予測モデル）が提案され，使用されているが，その予測精度は十分でないことも多い。

　システムには，入力や出力が一つのパラメーターだけで表されるものもあれば，複数の独立パラメーターが入力となることや，出力が複数のパラメーターで表されることもある。また入力パラメーターと出力パラメーターの種類が同じこともあれば，異なることもある。音が壁を透過する現象をシステムとして考えれば，入力は壁に入射する音，出力は壁を透過し放射される音となり，入力，出力パラメーターはそれぞれ一つとなる。隣室と屋外から室内に透過する音をシステムとして考えれば，入力は隣室と屋外からそれぞれ室内に向かう二つの音，出力は室内の音となり，入力パラメーターは2，出力パラメーターは1となる（図1-2-6）。この際，隣室と屋外からそれぞれ室内に向かう二つの音は，それぞれが他方にかまわず一方的に変化させることのできる独立したパラメーターである。しかし出力パラメーターである室内の音は，入力と深く相関しており，入力の値が変化すれば出力の値も変化する強い従属関係にある。人間が感じる暑さ寒さの温冷感もシステムとして考えることができる。実際の人体温冷感は複雑なシステムであり，現在，これを詳細に模擬するシステムが数学的に記述されているわけではなく，人体温冷感の大略を模擬することのできるモデル人体温冷感システムが提案されている。このモデル人体温冷感システムにもさまざまなものがある。簡略的なものとして，人体の代謝量および着衣量，人体周辺の空気温度，気流速度，放射温度（MRT），水蒸気圧を入力とし，人体温冷感を出力とする6入力パラメーター，1出力パラメーターのシステムが有名である。このシステムでは，これら6個の入力パラメーターの数値により，暑い，寒い，暑くも寒くもない中立などの人体温冷感が予測される。この六つの入力パラメーターも，相互に独立して，その値を変えることのできる独立したパラメーターとなっている。

線形システム

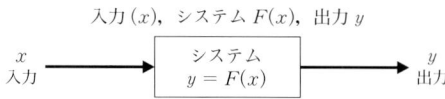

図 1-2-7 線形システムの定義

線形なシステムとは,システムへの入力が二つの入力の和で表現されれば,出力もそれぞれの入力値に対応する出力の和で表現されるものをいう(図1-2-7)。線形なシステムは,一見複雑な入力でも,これを単純な入力の重ね合せに分解できれば,その単純な入力と単純な出力の対を重ね合せで,これら複雑な入力による複雑な出力を解析,予測することができる。システムが物理的な因果関係に対応していれば,入力は原因であり,出力はその結果になる。線形システムで生じる現象は,たとえ入力が複雑であっても,これを単純な入力の重ね合せ(合成)に分解し,それぞれ単純な入力に対応する出力の合成として複雑な現象を分析し,予測することが可能となる。

例として,光や音が物質を透過する現象を考える。光や音は波としての性質を持つ(くわしくは1-3節を参照)。われわれが通常,耳にしたり,目にする音や光がさまざまな波長(周波数)の音や光を含んでいることはよく知られている。透過は線形なシステムとなっており,各波長(周波数)ごとに入射する光や音の強さが大きくなれば,透過する光や音の強さもこれに比例して大きくなる。入力と出力の比である透過率は,一般に波長(周波数)依存性であることが多く,周波数によってその透過率が異なることも多い。複雑な音色の音が壁を透過する現象は,それぞれの波長の音が壁を透過する音の出力の関係が明らかにされれば,どのような音色の音の透過に関しても入力となる音色をそれぞれの波長の音に分解し,各波長の音が壁を透過する関係を合成して分析することができる。光に関しても同様である。さまざまな波長の光により合成された光がカラーフィルターを透過する現象は,各波長の光がカラーフィルターを透過する際の入力と出力の関係が明らかであれば,どのような配色の光であろうと,入力となる光の各波長別大きさがわかれば,透過する光の配色は明らかに予想することができる。すなわち複雑な入力は,①数々の単純な入力に分解され,②分解されたそれぞれの入力に対応する出力を,ふたたび合成することにより,複雑な入力に対応する複雑な出力を合成することができ,入力を知ることによって,出力を予測することができる(図1-2-8)。システム入力が物理現象における原因であれば,複雑な原因により生じる現象は,原因を単純な原因の重ね合せとして分解し,それぞれの単純な原因の大きさを明らかにすることにより,複雑な原因に対する複雑な結果を,その単純な結果の重ね合せで予測できることを意味する。これは,複雑な原因により生じる複雑な現象を合理的に予測し,制御するための強力な道具となっている。

入力と出力との間での線形は物理現象の多くの分野で観察される。固体力学,構造力学,電磁気,波動など線形解析が有効な物理科学分野は多い。線形現象は分析的検討が有効であり,比較的初等の数学解析を用いて予測を確定的に行うことができる。そのため現象の理解,現象を利用した工学機器の設計にきわめて有用な概念となっている。

熱の伝わり方に関して着目すれば,固体中の加熱源から周囲に伝導される熱流は,加熱源が複数あれば,それぞれ単独の加熱源による熱流が重ね合わされた熱流となる。複数熱源による複雑な熱流は単一熱源による単純な熱流現象に還元して理解される。しかし,前述した人体温冷感は,人体の代謝量,人体の着衣量,人体周辺の空気温度,人体周辺の気流速度,人体周辺の放射温度(MRT),人体周辺の水蒸気圧を入力とし,人体温冷感を出力とするシステムであるが,線形システムではない。人体の代謝量が比例的にふえた場合,他のパラメーターが一定であっても,出力である人体温冷感は比例的に暑くならない。人体温冷感は,これにかかわるさまざまな要素が複雑に関係し合ってできている複雑系システムである。人体温冷感に限らず,このような複雑なシス

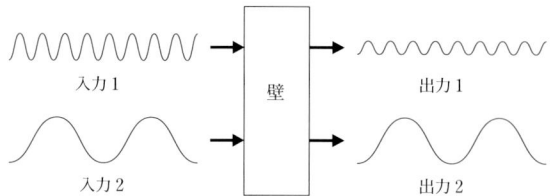

(a) 高い音(入力1)はよく減衰し 1/10 の大きさ(出力1)
　　低い音(入力2)はほとんど減衰せず 9/10 の大きさ(出力2)

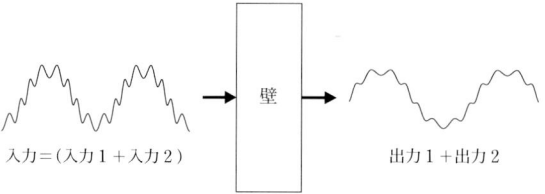

(b) 入力が高い音と低い音の重ね合せの場合,出力はそれぞれの出力の重ね合せとなる

図 1-2-8 線形システムは重ね合せ可能

テムは，システムを構成するより小さい単位であるサブシステムの間で出力が入力にフィードバックされる現象があり，システム全体としての線形性が消失していることも多い。しかし，このような複雑なシステムでもサブシステムの線形性を仮定し，その間のフィードバックを考慮したシステムを構築して，これを予測し，制御することが可能な場合も多い。人体温冷感システムは，いわゆる線形システムではないが，与えられた入力パラメーターにより出力を予測することが可能である。

入力関数の直交関数展開

　入力と出力をもつシステムでの入力にはさまざまなものを考えることができる。前述の人体温冷感システムのように，人体の代謝量，人体の着衣量，人体周辺の空気温度，人体周辺の気流速度，人体周辺の放射温度(MRT)，人体周辺の水蒸気圧のそれぞれに対して一定値を入力として与え，対応する人体温冷感を出力として得るシステムもある。このように入力に一定値を与えるシステムばかりでなく，物理現象を扱うシステムでは，時間的に変動する現象や空間的に変動する現象(時間の関数や空間の関数)が入力になることもある。音や光は，その振幅が時間的に変動する波である。また，その値が連続的(アナログ的)に変化する現象のほか，値がオン，オフ(0か1)の二値しか取らない現象を入力とするシステムもある。

　音，光や熱，流れなどの物理現象を扱うシステムでは，時間的に変化する物理量や空間的に変化する物理量が入力となることが多い。屋外から室内に壁体を介して伝導する熱を考える場合，壁面における屋外および室内の温度の時間的変化の二つが入力パラメーターとなり，壁体内を屋外から室内に伝導する熱量(この出力も入力に対応して時間的に変動する)が出力パラメーターとなるシステムを考えることができる。このシステムは，時間的に変化する二つの入力から，時間的に変化する壁体内の熱流量を出力するものとなる。この具体的な予測システムは，物理的な壁体内の熱伝導方程式から導くことができ，プログラム化して，計算機シミュレーションにより，対応する二つの入力(屋外および室内の壁面温度の時間的変化)から，出力として壁体内を屋外から室内に伝導する熱量を求めることができる。この際，入力となる屋外もしくは室内壁面の温度の複雑な時間的変動を単純な直交関数の合成として評価し，それぞれの単純な直交関数を入力とし，その直交関数に対応する出力を解析的に解いて，入力の直交関数の展開に対応してこれを合成し，出力値を求めることができる。このように入力

となる空間的・時間的変動は，さまざまな波長，周波数の空間的，時間的な周期関数(波)として直交関数展開(フーリエ展開)されることが多い(図1-2-9)。

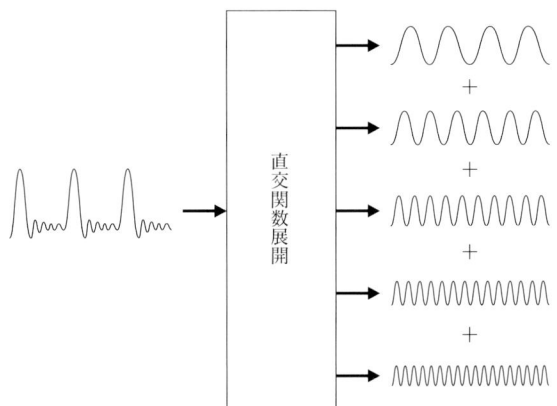

複雑な変動は，直流成分(平均値成分)互いに独立な直交関数の和で表すことができる。独立な関数とは，両者の相関がゼロであることを意味し，直交していると称する。

図1-2-9　時間的・空間的変動の直交関数展開

知　覚

　聴力や視力，触覚や嗅覚などの人の環境に対する知覚も，対応する物理環境を入力とし，人の知覚を出力するシステムとして考えることができる。聴覚であれば，どの程度の物理的音の強さが人の聴覚(耳)に到達した場合どの程度の音の大きさを感ずるかというシステムや，発音されている言葉を入力として，人がどの程度その言葉を知覚し理解するかというシステムを考えることができる。後者の言葉の聴音を入力として，その意味を知覚し理解するシステムは，光環境であれば人の網膜に映る光景を入力とし，その意味を知覚し理解するシステムに対応し，その構造は人の脳内での情報処理システムとして理解される。光や音の物理的大きさを，人がどの程度の大きさと感ずるかは，比較的容易にモデル化し，具体的にシステムとして記述することができるが，音環境や光環境から，人が必要な情報を抽出，知覚，理解する過程は，脳認知科学として，いまだ解明の途中にある。

環境を変える

　人は，室内や屋外の環境を，視覚，聴覚，触覚，臭覚，味覚や温冷感覚で入力し，これに対して安全，快適などの観点から環境を判断し，その環境を自己に都合のいいように変化させる行動を起こす。これは，システムとして考えると環境を入力とし，その入力に対応して環境を変化させる行動を出力する人間を中心とするシステ

ムと，人間の行動や，外界の気象条件などを入力とし，人を取りまく物理的環境を出力とする建築環境システムの相互システムにより状態が定まると考えることができる。建物の室内環境を人にとって都合のいいよう設計するためには，この人間と環境のそれぞれのシステムと両者の相互関係を詳細に知る必要がある（図1-2-10）。

参考文献
日本建築学会編『アトリウムの環境設計』彰国社，1994

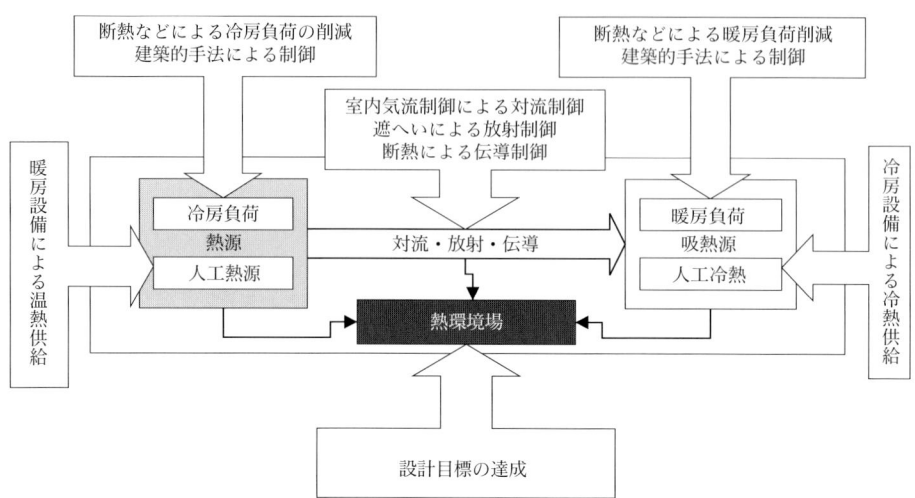

図1-2-10　温熱環境を，人にとって都合のよい目標として達成させるよう設計する

1-3 波の性質をもつ音と光

小さな池に石を投げ入れると，落ちたところから波が同心円状に広がる。このとき水面をよく見ると，水面は上下に移動するだけで，波の広がりとともに進むわけではない（図 1-3-1）。
広がるものは水面の振動であり，水そのものではない。このように，ある場所で生じた振動が次々に隣に伝わる現象を波という。波を伝える物質を媒質といい，最初に振動しはじめたところを波源という。波は，媒質自身を伝達しないが，振動のエネルギーを伝達する。振動にはいろいろなものがあるが，円運動を直線上に投影したときに見られる単振動は，その基本的なものである。単振動は，変位を y [m]，振幅を A [m]，角速度を ω [rad/s]，時間を t [s] とした場合，$y = A \sin \omega t$ で表される。変位 y を縦軸，時間 t を横軸に，この単振動の時間変化を表すと正弦（sin）曲線となる。単振動が一往復するのに要する時間 T [s] を周期，単位時間当りの往復回数 f [Hz] を振動数という。単振動の周期は，角度 2π [rad] を角速度 ω [rad/s] で周回するのに要する時間であり，振動数の逆数となる。$T = 2\pi/\omega = 1/f$ の関係がある。波の形が正弦曲線となる波を正弦（sin）波という（図 1-3-2）。
波の最も高いところを山，低いところを谷という。隣り合う山と山のように媒質の振動が同じ状態にある最も近い距離を波長 λ [m] という。波が移動，伝搬する速さを波の速さ v [m/s] という。波源が 1 振動する間に波が 1 波長進むことから，波の速さ v [m/s] と波長 λ [m] と周期 [s] には $v = \lambda/T = f\lambda$ の関係がある（図 1-3-3）。
原点 $O(x = 0)$ の媒質が $y_0 = A \sin \omega t$ で表される単振動をし，その振動が x 軸の正の方向に速さ v で伝わる正弦波を考える。時刻 t における位置 x の媒質の変位を y とすると，原点における変位が位置 x に達するまでに必要な時間は x/v である（図 1-3-4）。
したがって変位 y は，時刻 $(t - x/v)$ における原点の波の変位と等しくなり，$y = A \sin \omega(t - x/v) = A \sin 2\pi(t/T - x/\lambda)$ で表される。正弦関数のなかの $2\pi(t/T - x/\lambda)$ を，時刻 t における位置 x における波の位相という。波の山と山，谷と谷のように振動状態が等しい点を互いに同位相であるという。媒質の振動方向が波の進行方向に垂直な波を横波という。媒質の振動方向が波の進行方向と一致する波を縦波という（図 1-3-5）。
縦波は媒質の密度の疎密の状態が伝わっていく波で疎密波ともいわれる。空気中の音は疎密波であり，光（電波）は電界と磁界の相互振動であり，横波である（図 1-3-5 参照）。

石が落ちたところを中心として，波が同心円状に広がっていく。

図 1-3-1　水面を広がる波

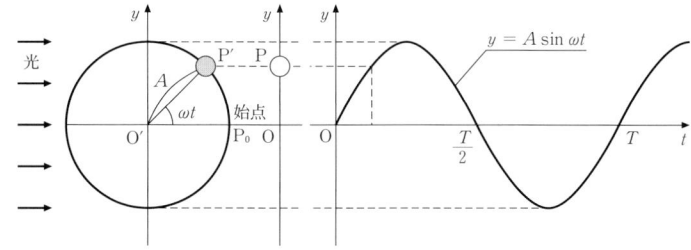

(a) 等速円運動とその影の運動　　(b) 影の運動の変位と時間

図 1-3-2　等速円運動を直線上に投影して得られる単振動[1]

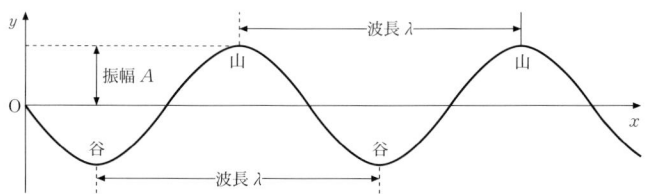

波の要素として，波長，振幅，山および谷と，その関係を示す。

図 1-3-3　波の山，谷，波長および振幅[1]

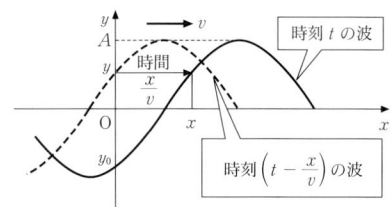

図 1-3-4　進行する波[1]

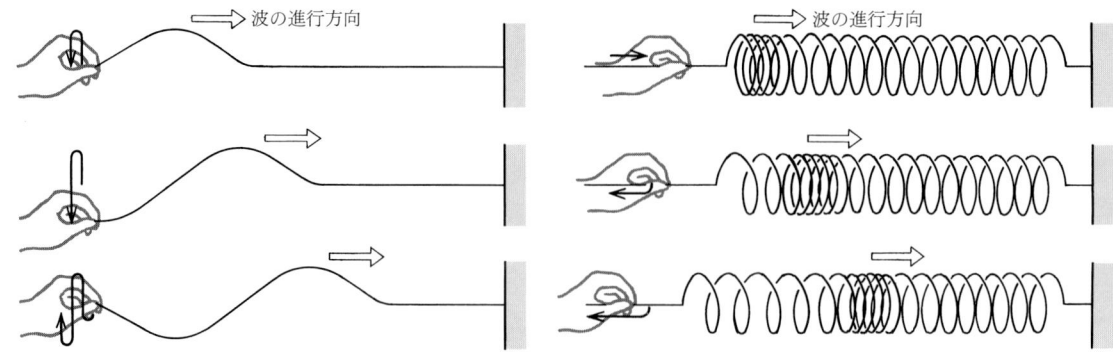

図 1-3-5　ひもを伝わる横波(左図)とばねを伝わる縦波(右図)[1]

波の性質1　波の重ね合せと干渉

　波は重ね合せができる。波による媒質の変位は，各波が単独で存在するときの変位の和で表される。進行する波は，ほかの波とぶつかり合っても，それぞれの波が通り過ぎた後，互いに他の波の影響を受けずに進行する（図1-3-6）。この性質を**波の独立性**という。たくさんの波が重なり合う例として，たくさんの船の行き交う港を考える。港の海面には，船の往来に伴う波が形成されるが，これらの波は，一つひとつの船がつくる波の重ね合せであり，ほかの波と交差しても，これを通り過ぎた後は，交差した影響もなく広がっていく。波が重なり合ったところでは波の振幅が大きくなって強め合ったところと，小さく弱め合ったところが交互に並ぶ波の干渉が生じる。同じ位相，振幅で周波数の等しい波源の波の干渉では，波が強め合う点，弱め合う点は，その点と二つの波源との距離の差によって決まっている。それぞれの波源からの距離の差が波長の整数倍であるところは，常に同じ位相の波が重なり合って波が強め合う（図1-3-7 P点）。距離の差が波長の整数倍より半波長だけ長い点では，常に逆位相の波が重なり合って弱め合う（図1-3-7 Q点）。波は，媒質の端や異なった媒質との境で反射される。媒質の端や境に向かう波を**入射波**，そこから

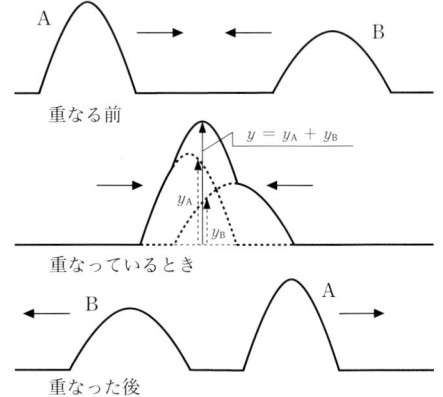

図 1-3-6　波の合成と独立性[1]

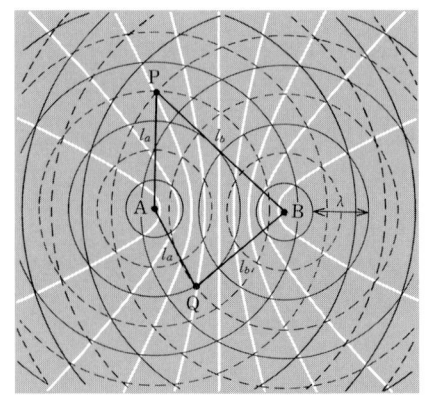

ある時刻の波の山を細い実線で，谷を細い破線で示す。

図 1-3-7　波の干渉[1]

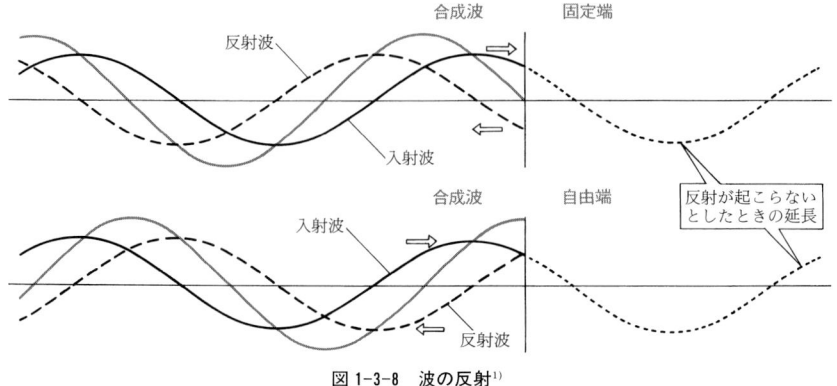

図 1-3-8　波の反射[1]

戻る波を**反射波**という。反射面で媒質の変位が常にゼロとなる場合を**固定端**，自由に変位できるようにした場合を**自由端**という。固定端では入射波と半波長ずれた波が逆方向に反射し，自由端では入射波と同位相の波が逆方向に反射する（図1-3-8）。入射波と反射波は波長と振幅が等しく，進む向きが反対の波であり，二つの波の重ね合せにより定常波が生じる。定常波で互いの波が弱め合い，変位が常にゼロの場所を**節**，互いの波が強め合い，振幅が最大になる場所を**腹**という。固定端は節に，自由端は腹になる。節と節，腹と腹の間隔は**進行波の半波長**である（図1-3-9）。

波の性質2　回折と屈折　ホイヘンスの原理

池の水面に石を投げ入れたときにできる波の山なら山，谷なら谷の各点をつないだ線は円周となって周囲に広がる。このように同位相の点を連ねてできた線または面を**波面**という。波面が球面または円である波を**球面波**，平面や直線であるものを**平面波**という。波の進行は，波面の進行であり，波の進行方向は常に波面に対して垂直である。

ホイヘンスは，波の進み方を次のように説明した。

一つの波面上のすべての点は，それらを波源とする球面波を出している。これらは**素元波**と呼ばれる。この素元波は，波の進む速さと等しい速さで広がり，これらの素元波に共通に接する面が次の瞬間の波面になる。これは**ホイヘンスの原理**と呼ばれている（図1-3-10）。平面波には回折や屈折という現象があるが，これは，このホイヘンスの原理により明快に説明される。

波が進行方向にある障害物の陰になるところまで回り込む現象を**回折**という。壁に隙間をつくり，この隙間に平行な波を送ると，波は壁の後ろにも回り込む。回折は隙間を波が通過するとき，壁の後ろにも素元波を出すことで説明できる。一般に隙間に比べて波長が長いときには，回折の程度が大きく，波長が短いときには小さい。

平面波が二つの異なる媒質の境界面に向かって斜めに入射すると，波の一部は境界面で反射し（図1-3-11），残りは屈折して異なる媒質内を進行する（図1-3-12）。この屈折して進行する波を**屈折波**といい，屈折波の進行方向と境界面の法線がなす角を**屈折角**という。入射角をi，屈折角をrとすると，$\sin i / \sin r = n$（ただしnは屈折率）の関係を満たす。これを**屈折の法則**という。屈折は，波の速さが異なる媒質で異なることにより生じる。媒質Ⅰ，Ⅱにおける波の速さをそれぞれv_1，v_2，波

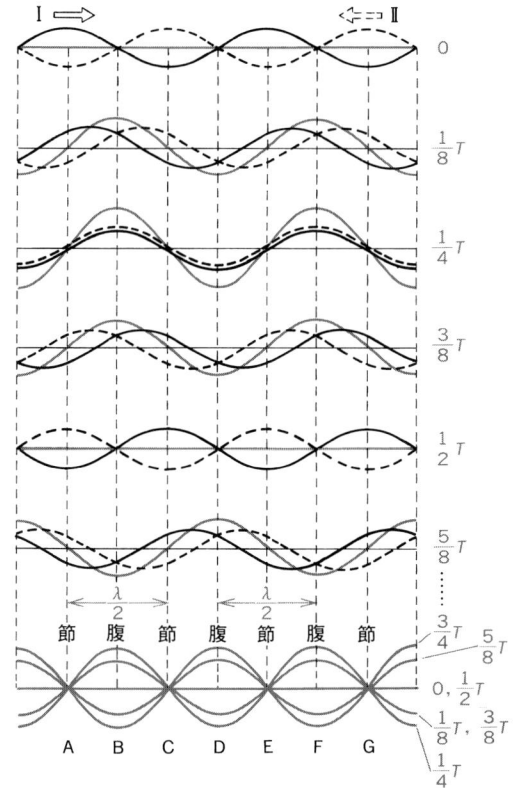

図1-3-9　入射波と反射波の合成による定常波[1]

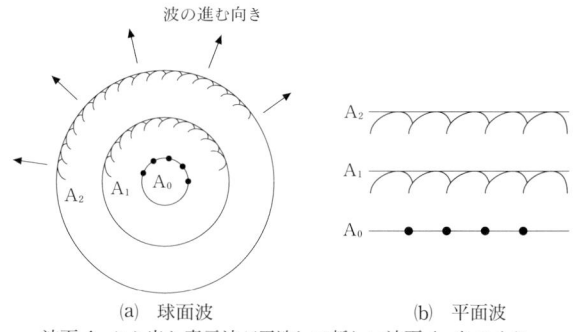

波面A_0から出た素元波が干渉して新しい波面A_1をつくり，さらに波面A_2ができ，波が進行する。

図1-3-10　ホイヘンスの原理[1]

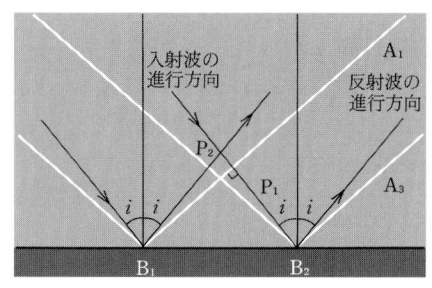

図1-3-11　波の反射[1]

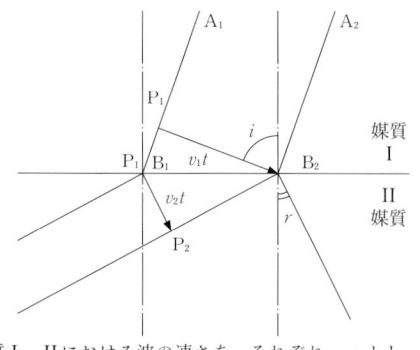

媒質 I, II における波の速さを、それぞれ v_1, v_2 とし、入射波の $t=0$ における波面を A_1B_1 とする。この波面が時間 t 後に A_2B_2 に達したとする。B_2 から A_1B_1 におろした垂線と A_1B_1 との交点を P_1 として
$$P_1B_2 = v_1 t$$
この間の t に B_1 を出た波は P_2 に進する。このとき、
$$P_1B_2 = v_1 t = B_1B_2 \sin i$$
$$P_2B_1 = v_2 t = B_1B_2 \sin r$$
したがって $\dfrac{\sin i}{\sin r} = \dfrac{v_1}{v_2}$

図 1-3-12 波の屈折[1]

長 λ_1, λ_2 とすると、屈折の際に波の振動数は変わらないので、屈折率 n と、これらの間には $n = v_1/v_2 = \lambda_1/\lambda_2$ の関係が成り立つ。媒質 I から境界面に達した平面波の屈折は、ホイヘンスの原理に基づき、境界面を波源とする媒質 II を進行する素元波の包絡線を求めて平面波を得ることにより、明快に説明される。

波としての音

音は音源の振動による疎密波（縦波）である。音の伝搬速度 V [m/s] は、空気中で $V = 333.5 + 0.6\theta$（ただし θ は温度 [℃]）である。液体中では 1,000〜1,500 m/s であり、固体中は数千 m/s に達する。音には高さや強さがある。音の高さは基本となる波の振動数、音の強さは波の振幅に比例する。音の高さや強さが等しくても、異なる楽器の音は音色が違う。これは音の波形が異なっているためである。音の高さ、強さ、音色は、**音の三要素**といわれる。

音は、波であるので、回折、反射、屈折が生じる。また二つの音源からの音は、その合成により、干渉やうなりを生じる。

波としての光

光は、ラジオ電波などと同じ電磁波であり、横波である。光の波長は、ラジオ電波が数メートルから数十センチであるのに対し、0.4〜0.8 μm 程度ときわめて短い。電磁波は音と異なり、真空中であっても伝搬する。これは、磁石による磁界や電荷による電界が真空中でも生じるように、電磁波の媒質となる電場と磁場が真空も含め、どのような物理空間にも存在するからである。これに対し、音は物質中を伝搬するため、真空中では伝搬しない。光の伝搬速度は、$c = 3.0 \times 10^8$ m/s であり、よく言われるように 1 秒間に地球の円周 4 万 km の 7.5 倍を進行する。光も波であるので回折、屈折、干渉等が生じる。太陽光や白熱電球からの光をプリズムに通すと、プリズム中の光の速度が、波長が短くなる赤、橙、黄、緑、青、紫の順に小さくなるため、屈折率がこの順序で大きくなり（紫の屈折率が最も大きい）、スクリーンに映すと虹のように一連の色の帯をつくる。このようにプリズムによって赤から紫までの一連の色に分かれる光は、いろいろな波長の光が交じり合ったもので白色光といわれる。これに対し、ただ一つの波長に対応する光を**単色光**という。

出典
[1] 中村英二ほか『高等学校 改訂 物理 IB』第一学習社, 1998

1-4　熱と風

物質には，一般に固体，液体，気体の三つの状態がある（図1-4-1）。物質を構成している分子（原子）は静止しているのではなく，どの状態にあっても不規則な運動を続けている。この運動を分子の熱運動といい，物体の温度が高いほど熱運動は激しい。固体では，分子（原子）は分子間（原子間）に働く強い力により結ばれており，定まった位置を中心に振動している。固体の温度を上げると分子の振動は激しくなり，分子は定まった位置から離れて動き出して液体となる。液体は分子の位置が定まっていないので固体のように一定の形をもたない。しかし分子間の距離はほぼ同じである。この液体の温度をさらに上げていくと分子の熱運動はますます激しくなり，やがて分子間の力を振り切って飛び出して気体となる。気体は分子間に働く力がほぼゼロで，分子が自由に飛び回っているので定まった形はない。気体の体積は，同じ分子数の固体や液体の体積に比べてはるかに大きい。液体や気体は形がないので，自由に形を変え，移動することができる。

熱とは何か

温度は物体の分子（原子）の熱運動の状態を表す。分子の熱運動のエネルギーが大きいものは温度が高く温かであり，小さいものは温度が低く冷たい。温度は℃（セルシウス温度）で表され，1気圧における氷の融点を0℃，水の沸点を100℃として定めている。一定量の気体の体積は温度が下がるにつれて収縮し，この関係は物体が気体の常態でほぼ直線関係となる（シャルルの法則）（図1-4-2）。この直線で，体積がゼロとなる温度は，−273.15℃であり，これをゼロ [K]（ケルビン）とし，0℃を273.15 Kとする温度を絶対温度という。絶対温度は分子の熱運動エネルギーの平均値に比例する。0 Kは，分子の熱運動のエネルギーがゼロとなる温度で，これより低い温度は存在しない。高温の物体と低温の物体が接すると，高温の物体の分子の激しい熱運動が低温の物体の分子に移動して，高温の物体の温度は下がり，低温の物体の温度は上がる。物体の間で移動する分子の熱運動のエネルギーを熱といい，その量を熱量という。高温の物体が失った熱量は，低温の物体の得た熱量に等しく，この関係を熱量の保存則という。熱量は仕事（力と距離の積）であり [J]（ジュール）で表す。熱量の単位はJの他に [cal]（カロリー）も用いられる。1 calは1 ccの水を1℃上昇させる必要な熱量であり，1 cal＝4.19 Jの関係がある。物体の温度を1 K上げるのに必要な熱量を熱容量といい，単位は [J/K] となる。物質1 kgの温度を1 K上げるのに必要な熱量を比熱といい，単位は [J/kg・K] となる（図1-4-3，図1-4-4）。

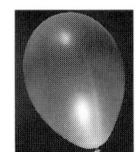
(a) 気体
風船の中のガス
流動性があって，一定の形をもたず，体積がほとんど自由に変化する状態にあるもの。

(b) 液体
コップの中の水
流動し，容器によって自在に変形する状態にあるもの。水や油など。

(c) 固体
木　片
一定の形と体積とをもち，容易に変化しないもの。石や金，木材など。

図1-4-1　気体，液体，固体

気体は，1気圧(1,014 hPa)，0℃(273 K)，22.4 l の体積中に$6×10^{23}$個の分子を有する。分子は，ランダムに運動しているが，その平均速度は音速に等しく，0℃で331 m/s程度である。分子は平均0.1 μm程度で，ほかの分子と衝突し，運動の方向を変える。分子がほかの分子と衝突するまでの平均的な飛行距離を平均自由行程という。
分子のもつ運動エネルギーが気体の内部エネルギーであり，温度の関数である。

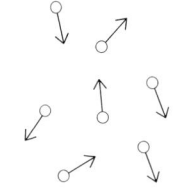

図1-4-3　気体の熱量は，気体分子の運動エネルギーを表す

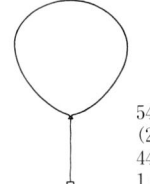

546 K
(273℃)
44.8 l
1 atm (1気圧)

273 K
(0℃)
22.4 l
1 atm (1気圧)

一定量の気体の体積は，圧力が一定ならば絶対温度に比例する。0℃(273 K)の気体は273℃(546 K)で，圧力が同じなら体積は2倍となる。

図1-4-2　シャルルの法則

1 ccの水を1℃上昇させる熱量を1 calという。
1 l の水を50℃上昇させるには，50 kcalの熱量が必要である。
(a) 熱量

ジュールは，水槽中の羽根車を重りの落下で回わし，その際の水温の上昇によって重りの落下がなした仕事（働いた力と移動した距離の積）と，その水に加えられた熱量の関係を調べた。 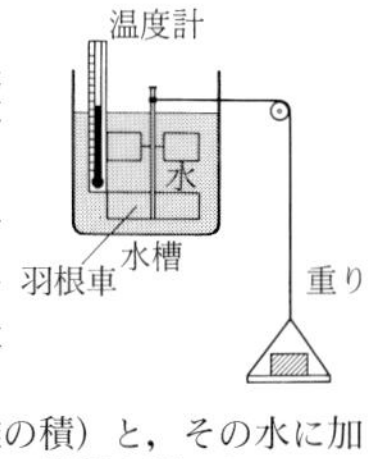
4.19 Nm＝4.19 J → 1 cal
1,000 J/s＝1,000 W → 860 kcal/h
1 kWhの仕事は860 kcalの熱量
(b) ジュールの実験

図1-4-4　熱量と仕事

熱の伝わり方／伝導と対流と放射

熱が伝わるには高温の物体と低温の物体の二つが必要である（図1-4-5）。高温の物体が独りでに冷えることはない。冷えるのは、周囲のより低温の物体に熱が移動して生じる。熱は物体の分子の熱運動エネルギーであり、熱が伝わることは、この分子の熱運動が高温の物体では弱まり、低温の物体で強まることを意味する。この分子の熱運動の移動は、分子同士が接触して生じる。液体や気体であれば、大きな熱運動エネルギーをもった分子が、熱運動エネルギーの少ない分子に衝突して、固体であれば、分子の熱運動の振動が隣接する分子に伝わって、その熱運動エネルギーの一部を交換することにより生じる。気体の分子間の距離は固体のそれより大きいものの 10^{-7} m 以下ときわめて短い。また気体は、密度の小さい(体積当りの分子数が少ない)場合でも、幅0.3 m程度の立方体中に約 10^{23} もの分子が含まれている。このため熱が、ある程度の距離を伝わるにはかなりの時間を必要とする。分子の接触もしくは衝突による熱の伝達を**伝導による熱移動**という（図1-4-6）。

分子の接触もしくは衝突による熱の移動は、熱運動のエネルギーの差異が大きいほど効率的に行われる。高温の物体と熱運動エネルギーを、すでに交換し、運動エネルギーが大きくなった分子より、常に低温側の熱運動エネルギーの小さい分子が高温の物体と熱運動エネルギーを交換したほうが、熱移動は速やかに行われる。固体の分子は分子間の力により自由にその位置を変えられないため、このようなことはできない。しかし、液体や気体など流体の場合は流れによって絶えず分子の位置を入れ替えることができる。流れにより熱運動エネルギーの交換を行っていない分子を供給し、熱交換の終了した分子を取り去れば、効率的な熱移動が行われる。このような熱移動を**対流による熱移動**という（図1-4-7）。

物体の分子は、その分子のもつエネルギーに対応した電磁波を放出する。この電磁波は、物体の温度が高いほど波長が短くなる。太陽の表面に約6,000 Kのガスがあり、そのエネルギーに対応した電磁波が出ているが、これは主に可視光線である。300 K程度の常温の物体から出る電磁波は主に赤外線域である。物体の熱エネルギーは、この電磁波の放出により低下し、温度が下がる。これとは逆に、物体の分子はこれら電磁波を吸収すると熱エネルギー状態が高くなり、物体の温度は上昇する。高温の物体と低温の物体は、たとえ真空中に置かれて、分子の接触や衝突による熱移動ができなくとも、この電磁波の放出、吸収による熱の移動を行う。このような熱移動は**放射**といわれている。なお、放射による熱移動では、低温側の物体も高温側の物体も共に電磁波を放出しているが、高温側の物体が放出する電磁波のエネルギーが低温側の物体の場合より大きく、その差引きで高温側から低温側に熱が移動する（図1-4-8）。

伝導、対流、放射のいずれの熱の伝わり方にせよ、他に熱源がなければ最終的に熱移動が生じなくなり、熱平衡状態に達する。

運動の法則

対流は、熱を効率的に伝える。液体や気体などの流体は、形を変えることができない固体と異なって熱運動する分子群(流れの塊)を自由な位置に移動させることができる。この流れの塊(流体の分子群)が空間を移動する原理は、投げられた小石が放物線を描いて落下する運動法則と同じ力学原理が働いている。物体の移動は、物体の移動する速さと、その経過時間によって表すことができる。電車の速度がわかっていれば、一定時間経過後の電車の位置を知ることができる。物体の速さは、物体の移動した距離を、その移動に要した時間で除して求められる。速さが一定の運動は**等速運動**といわれる。ニュートンは、運動の基本的性質として、運動する物体に力が働

● **熱の伝わり方の大原則**
熱は高温から低温に伝わる。熱は分子の運動エネルギー(固体、液体であれば振動エネルギー)である。大きな運動エネルギーをもった分子が小さい運動エネルギーしかもたない分子にぶつかると、その運動エネルギーは小さい分子に与えられる。大きな運動エネルギーをもつ分子の運動エネルギーは小さくなり温度は下がる。逆に、小さな運動エネルギーをもつ分子の運動エネルギーは大きくなり、温度は上昇する。小さな運動エネルギーをもつ分子が、大きな運動エネルギーをもつ分子に、さらに運動エネルギーを与えて、より少ない運動エネルギー状態になることはない。すなわち、冷たい物体がより暖かい物体に熱を与えて、より冷たくなることは通常の熱移動の場合では生じない。

(a)
伝導：カイロでの暖

(b)
対流：空気対流による暖

(c)
放射：赤外線放射による暖

図1-4-5　熱は伝導、対流、放射で伝わる

かなければ，その物体は，静止状態も含め等速運動することを明らかにした。これは**慣性の法則（運動の第一法則）**といわれる。運動する物体の速度が変化する際，変化に要した時間に対する変化した速度差から加速度が求められる。加速度は運動する物体に力が作用した場合により生じる。力が働かなければ，物体は慣性の法則により等速運動を続ける。物体の加速度の大きさは，働いた力の大きさに比例し，物体の質量に反比例する。これは**運動の法則（運動の第二法則）**といわれる（図1-4-9）。静止していた電車が動く場合，あるいは走行していた電車が停止する場合，速度は時間的に変化し，加速度が生じている。この加速度は電車に力が作用することにより生じており，力が働かなければ静止した電車は静止したまま，走行している電車は摩擦の力による減速が無視できれば，等速で走行しつづける。この運動の法則により力の単位が定義されている。$F = ma$ ただし，力 F [N]（ニュートン），質量 m [kg], 加速度 $α$ [m/s²]。力の単位 [N] は，したがって [kgm/s²] の次元をもつ。

物体に力が働くとき，力が働く物体と，この物体に力を働かせる第二の物体があり，その二つの物体で相互に力を及ぼしている。指で机を押せば，机は指に反対方向で同じ大きさの力を指に作用させている。物体は地球により鉛直方向に引っ張られているが，地球は物体により，その逆方向に同じ力で引っ張られている。このような二つの力の一方を**作用**というとき，他方を**反作用**という。二つの物体が及ぼし合う作用と反作用は一直線上にあり，逆向きで大きさが等しい。これを**作用・反作用の法則（運動の第三法則）**という（図1-4-10）。

人が歩くとき地面を蹴るが，地面は人を蹴り返しており，この地面が人に作用する力で人は前に進む。液体や気体の流れも，この慣性の法則，運動の法則，作用・反作用の法則によって，その運動が規定されている。静止している空気が移動して流れる場合は，空気に力が作用したためであり，力を作用させた物体が存在する。

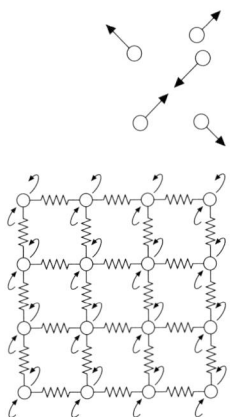

(a) 気体
気体分子は互いに衝突を繰り返して熱が伝わる。

(b) 固体
固体の分子は分子間を「ばね」のように働く分子間力でつながっている。分子の熱運動は，この「ばね」を介して伝わる。

図1-4-6　伝導で伝わる熱

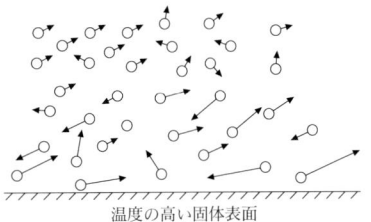

温度の高い固体表面近傍の流体分子は，伝熱により大きな熱エネルギーをもつ。この流体分子を流れにより継続的に取り去り，温度の低い流体分子を供給すれば，流れのない場合に比べて，はるかに効率的に固体表面を冷却できる。

図1-4-7　対流で伝わる熱

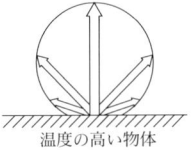

温度の低い物体の電磁波放射量は小さく，高い物体は大きい。その結果，温度の低い物体は自分が放射して失うエネルギー以上のエネルギーを高い物体からの放射により得て温度が高くなり，温度の高い物体は，低い物体から受け取る放射エネルギーが自ら発する放射エネルギーより小さいため，エネルギーを失い，温度が低くなる。

物体（固体，液体，気体）は，その温度に対応して電磁波を放射する。高い温度の物体ほど大きなエネルギーの電磁波を放射し，自身はそのエネルギー放射で温度が下がる。

物体は，電磁波を吸収して熱エネルギーを増大させる。ただし，気体は液体，固体に比べて電磁波の吸収が悪い。これは電磁波である可視光線が空気中をよく透過するが，水中，固体中の透過が悪いことにも対応している。
物体は，電磁波の吸収により，その温度が上昇する。

図1-4-8　放射で伝わる熱

駅に近づく電車は，慣性の法則によって，モーターによる駆動力を停止しても，それまでの運動方向に進み続ける。

電車を駅のホームで止めるためには，ブレーキをかけて，運動とは反対方向の力を作用させる必要がある。電車を止める力は，電車の質量が大きいほど，また，急激に停止させる（減速の加速度を大きくする）場合ほど，大きくする必要がある。電車を止めるために働いた力と，その間の電車の移動した距離の積がブレーキのなした仕事である。この仕事は電車がもっていた運動エネルギーの減少分と等しい。

図1-4-9　慣性の法則と運動の法則

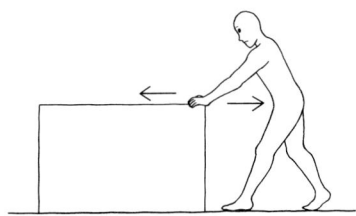

人が物体を押して，物体に力を作用させるとき，物体に作用された力とは逆方向に，同じ大きさの力を作用させた人に働く。これを反作用の法則という。

図1-4-10　作用，反作用の法則

流れの原理

電車,車のような物体の移動は,電車や車を一つの質点(体積が点に集中した物体)もしくは剛体(力の作用によって一切変形しない物体)と考え,これに作用する力と加速度から,その運動の仕方を考えることができる。しかし液体や気体は,どこまでもつながっており,一つひとつの質点や剛体として,その運動をとらえることはできない。このような連続した物体の内部に働く力や運動は,連続体の力学により説明される。連続体の力学では,仮想的な流体の塊を考え,この塊に作用する力と,その速度を考えて,質点系の力学と同様に,その運動の仕方を解析している。

パイプの中を流れる液体は,途中で分岐や合流がなければ,パイプに流入した液体の量と同じ量が必ずパイプから流出する。これは,物質に対し何か力が作用し変形したり,時が経過したり,場所が変わるなどの変化が生じても,物質そのものが消滅したり,新たに生成することがなく,以前の量がそのまま保存されることを意味し,**質量保存則(連続条件)**という(図1-4-11)。パイプの断面積が大きくなったり,小さくなったりしても,流れの流量はこの質量保存則により変わらないので,パイプの断面積が大きい部分では,速度が遅くなり,断面積が小さい部分では速度が速くなる。ここで,速度が変化すること,すなわち加速度が働いたことは,ニュートンの運動法則により力が作用したためであることを思い出そう。パイプの断面積が大きい部分で速度が遅くなることは,この仮想的な流体の塊に速度を減少させる力が作用していることを意味する。この力は,流体に働く圧力によって生じている。液体の塊に働く圧力は,すべて液体の塊を押し縮めようとする圧縮力である。パイプの断面積が大きくなった部分では,この圧力がパイプの断面積がより小さい部分より大きくなっている。すなわち流体の塊に作用する圧力がパイプの断面積が大きい側と,より小さい側では異なり,この力のアンバランスにより流体の塊には速度を減少させる力が働いて,速度が減少する。パイプの断面が細い部分では逆に液体の圧力,すなわち流体の塊を押し縮めようとする圧縮力が小さくなり,塊の前後の圧力差により塊の速度が加速され,流速が速くなる(図1-4-12)。このようにパイプ中の流れは,パイプの断面の変化によって,その速度や圧力を変えるが,流量のように断面の変化によっても変化せず保存される量がある。流量のほかに保存される量として流れのもつエネルギー量(流れのなす仕事率)がある。流れのもつエネルギー量は,流れの圧力,運動エネルギー,位置エネルギーの合計に流量を乗じたものである。流量は保存されるので,圧力,運動エネルギー,位置エネルギーの和は保存される。このパイプ流のように流量が保存される流れにおけるエネルギー保存則を**ベルヌーイの法則**という。

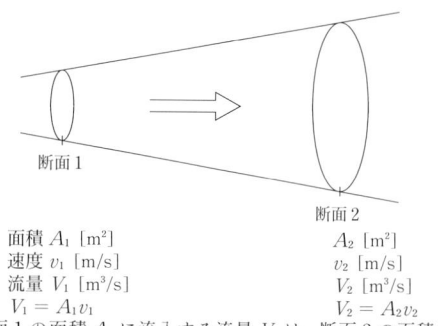

面積 A_1 [m²] 　　　　　　A_2 [m²]
速度 v_1 [m/s] 　　　　　　v_2 [m/s]
流量 V_1 [m³/s] 　　　　　　V_2 [m³/s]
　　　　$V_1 = A_1 v_1$ 　　　　$V_2 = A_2 v_2$

断面1の面積 A_1 に流入する流量 V_1 は,断面2の面積 A_2 から流出する流量 V_2 に等しい。

$$V_1 = V_2$$
$$\therefore A_1 v_1 = A_2 v_2$$
$$v_2 = \left(\frac{A_1}{A_2}\right) v_1$$

A_2 での速度は流入速度 v_1 に対し,A_2 と A_1 の面積比 A_1/A_2 を乗じた

$$v_2 = \left(\frac{A_1}{A_2}\right) v_1$$

となる。

図 1-4-11　質量保存の法則

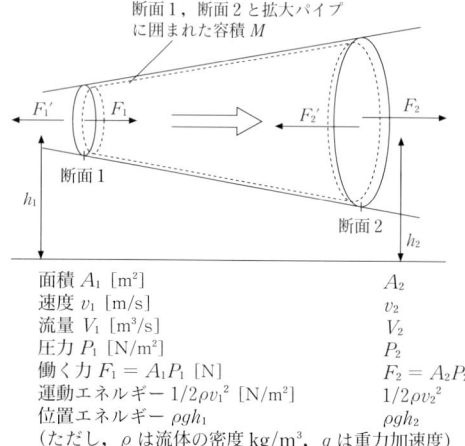

面積 A_1 [m²] 　　　　　　A_2
速度 v_1 [m/s] 　　　　　　v_2
流量 V_1 [m³/s] 　　　　　　V_2
圧力 P_1 [N/m²] 　　　　　P_2
働く力 $F_1 = A_1 P_1$ [N]　　$F_2 = A_2 P_2$
運動エネルギー $1/2 \rho v_1^2$ [N/m²]　$1/2 \rho v_2^2$
位置エネルギー $\rho g h_1$ 　　　$\rho g h_2$
(ただし,ρ は流体の密度 kg/m³,g は重力加速度)

断面1での速度 v_1 が,断面2で v_2 に減速することは,力が働いたことを示す。これは,実際には断面1の圧力に対し,断面2の圧力が大きくなり,断面1の圧力 P_1 により容積 M に働く流れ方向に押す力 $F_1(=A_1 P_1)$ に対し,断面2の圧力 P_2 により働く流れと逆方向に働く力 $F_2'(=A_2 P_2)$ が大きくなることを示す。容積 M に働く力 F_1 には,その反作用 F_1',F_2' に反作用 F_2 がそれぞれ上流側および下流側に働く。この F_1 と F_2' の合力は流れと逆方向に流れを減速する力として作用する。
この際,断面1と断面2で流入および流出するエネルギー量(仕事率)が等しい場合,

$$V_1\left(P_1 + \frac{1}{2}\rho v_1^2 + \rho g h_1\right) = V_2\left(P_2 + \frac{1}{2}\rho v_2^2 + \rho g h_2\right)$$

ただし,$V_1 = V_2$ であるので,

$$P_1 + \frac{1}{2}\rho v_1^2 + \rho g h_1 = P_2 + \frac{1}{2}\rho v_2^2 + \rho g h_2$$

が成立する。これをベルヌーイの法則という。

図 1-4-12　ベルヌーイの法則

1-5 太陽と地球

われわれの住む地球は，太陽系の惑星の一つである。太陽は地球上のエネルギーの根源であり，地球大気における風や雨，海流の源となっている。太陽は半径 $7×10^8$ m，質量 $2×10^{30}$ kg の巨大なガス球である。地球の半径が $6.4×10^6$ m，質量が $5.7×10^{24}$ kg であるので，半径で約100倍，質量で約40万倍の大きさをもつ（図1-5-1）。その中心部では核融合によってエネルギーがつくり出され，宇宙空間に電磁波として放射されている。太陽からの電磁波放射は，およそ $0.2〜3.0\,\mu$m の波長の間にあり，可視域（$0.38〜0.78\,\mu$m）と赤外域に約46%ずつ分布しており，紫外域は約7%である（図1-5-2）。地球の大気圏外に到達するこの太陽の放射エネルギーは，$1.37\,kW/m^2$ である。生物の細胞遺伝子を形成する核酸は，$0.26\,\mu$m の紫外線をよく吸収する。またタンパク質も $0.27〜0.29\,\mu$m の紫外線をよく吸収し，いずれも強い紫外線により変性してしまう。太陽からのエネルギー放射は，生命活動の源となっているが，紫外線は地球における生物の存在にとって重大な脅威である。幸いにも今のところ，この紫外線は地球大気のオゾン層により効率よく吸収され，地上には少量しか到達しない。

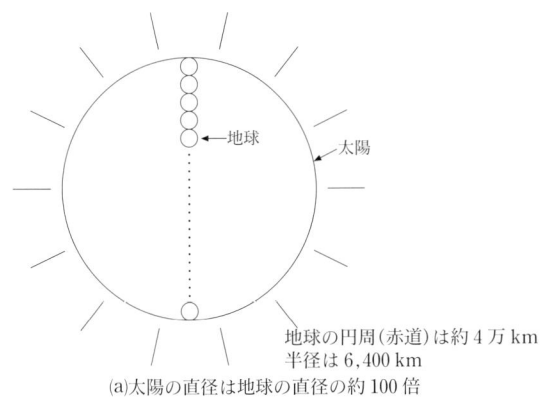

図1-5-1　太陽と地球

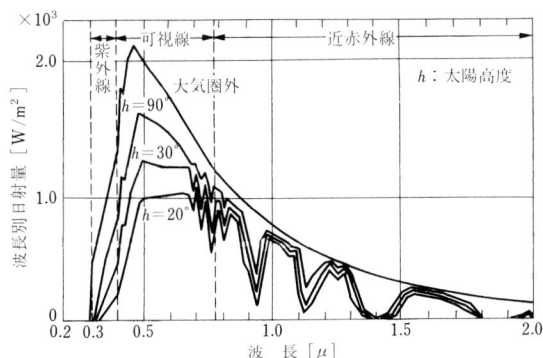

図1-5-2　太陽放射と地表面到達放射[1]

太陽位置と地球の公転，自転

地球は平均距離約 $1.5×10^{11}$ m（すなわち太陽の直径の約100倍）の円に近い楕円軌道で太陽の周りを公転している。ただし，地球の自転軸（地軸）は公転軌道より常に約23度傾いている。この傾きが北半球と南半球での日射受照量の変化の原因となり，四季を生み出しており，また地上から見た太陽の動きを複雑にさせている。地球の公転周期は365.26日であり，自転周期は，23時間56分4秒である。地球の自転方向と太陽の周りの公転方向は同じである。地上から見て太陽が真南にくることを南中というが，南中から翌日の南中までの見かけの自転周期は24時間である。

日本など中緯度にある地点から見た季節による太陽の動きの違いを図に示す（図1-5-3）。春秋分には太陽は真東から出て真西に沈むが，夏期は真東より北側から出て，かなり高く上がり，真西より北側に沈む。冬期は日の出，日の入りともに南側に寄り，太陽の高さも低くなる。このように日常的には，公転や自転を考えるよりも，考える地点を中心として太陽が動くと考えるほうが便利である。図に示したように，ある地点を中心に地平面と球を仮想し，その球面上を太陽や星が移動すると考える球を**天球**という。地平面の中心からの垂線が天球と交差する点が**天頂**となる。太陽は天球面上を移動し，その軌跡が太陽の軌道であると考える（図1-5-4）。

太陽位置は，地上から見た太陽の位置，日射の来る方向を意味し，太陽方位角 α と太陽高度 h で表される（図1-5-5）。方位角は真南から見た太陽の水平方向の角度で真南を0とし，東側を負，西側を正として表す。太陽高度は地平面と太陽のなす角度であり，天頂に太陽が来れば太陽高度は90度となる。太陽高度 h と太陽方位

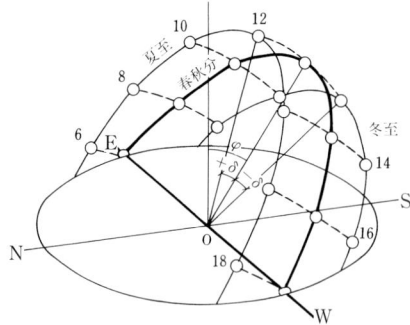

図 1-5-3　季節別の太陽の動き[2)]

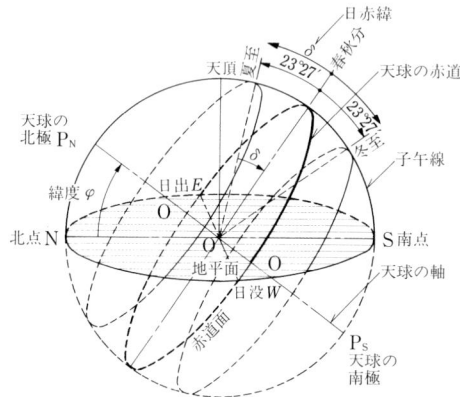

図 1-5-4　天球上の太陽の動き[3)]

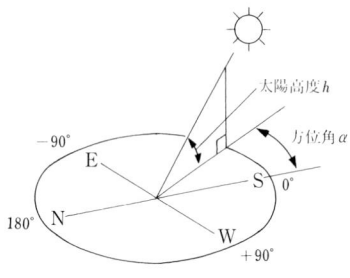

図 1-5-5　太陽の位置

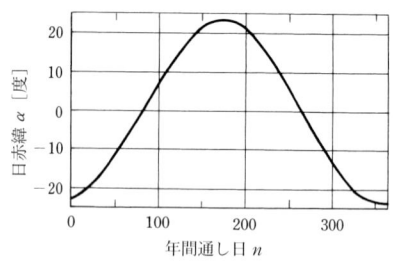

図 1-5-6　日赤緯の年変化[4)]

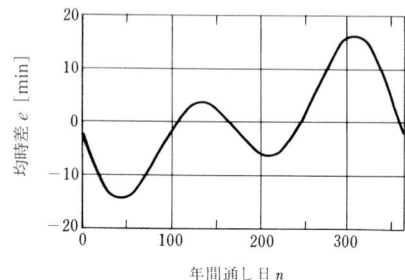

図 1-5-7　均時差の年変化[4)]

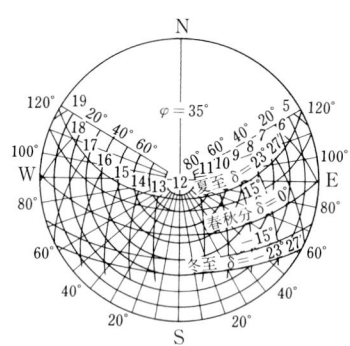

図 1-5-8　太陽位置図（等距離射影）[3)]

角 α はその土地の緯度 ϕ，日赤緯 δ，時角 t が与えられると次式により求められる。なお，この節では角度はすべて「度」で表している。

$$\sin h = \sin\phi \sin\delta + \cos\phi \cos\delta \cos t \quad (1\text{-}5\text{-}1)$$
$$\sin \alpha = \cos\delta \sin t / \cos h \quad (1\text{-}5\text{-}2)$$

日赤緯 δ は，天球の赤道面から太陽の高度のことで，赤道上を0とし，天球の北極側を正とする。日赤緯は±23.45°（夏至から冬至）の範囲で毎日変わる。元旦からの通し日 n を用いて

$$\delta \approx 23.45 \sin(0.983540n - 80.145404) \quad (1\text{-}5\text{-}3)$$

と見積もられている（図1-5-6）。時角 t は，太陽が南中してから翌日南中するまでの1日を360°に換算したもので，1時間が15°に相当する。南中時を0，午前を負，午後を正とする。この1日を**真太陽日**といい，その1/24を**真太陽時**という。真太陽日の1日の長さは，地球の公転軌道が楕円であることと，地球の自転軸が公転軌道と直角でないことから季節によって異なっている。真太陽時は，季節により長さが異なり，不便であるため，1年を通して平均した**平均太陽時**が用いられる。この真太陽時と平均太陽時との差が**均時差** e（単位分）であり，年間±15分程度変動する（図1-5-7）。均時差 e は次式で見積もられている。

$$e \approx 9.8\sin(1.967080n - 160.2908089) - 7.6\cos(0.983540n - 65.145356) \quad (1\text{-}5\text{-}4)$$

東経135°における日本標準時 T と，その土地の東経 L および均時差 e を用いると，時角 t は次式で表される。

$$t = 15(T - 12) + L - 135 + \frac{e}{4} \quad (1\text{-}5\text{-}5)$$

天球上の太陽の軌跡を平面に射影した図を**太陽位置図**という。これは緯度別に描かれており，任意の日時の太陽高度と太陽方位を読み取ることができる（図1-5-8）。天球から平面への射影の方法により，正射影，極射影，等立体角射影，等距離射影などがある。日照の程度を検討するのには，魚眼レンズによる天頂方向の写真撮影に太陽位置図を重ね合わせることが便利である。ただし魚眼レンズの射影方法に一致する射影法の太陽位置図を用いる必要がある。

日照と日影

太陽からの放射エネルギーは，昼光利用による光環境や太陽熱エネルギー利用による暖房，また紫外線による殺菌作用などさまざまに利用される。太陽の放射エネルギー利用の目安になるものとして，日照時間がある。日

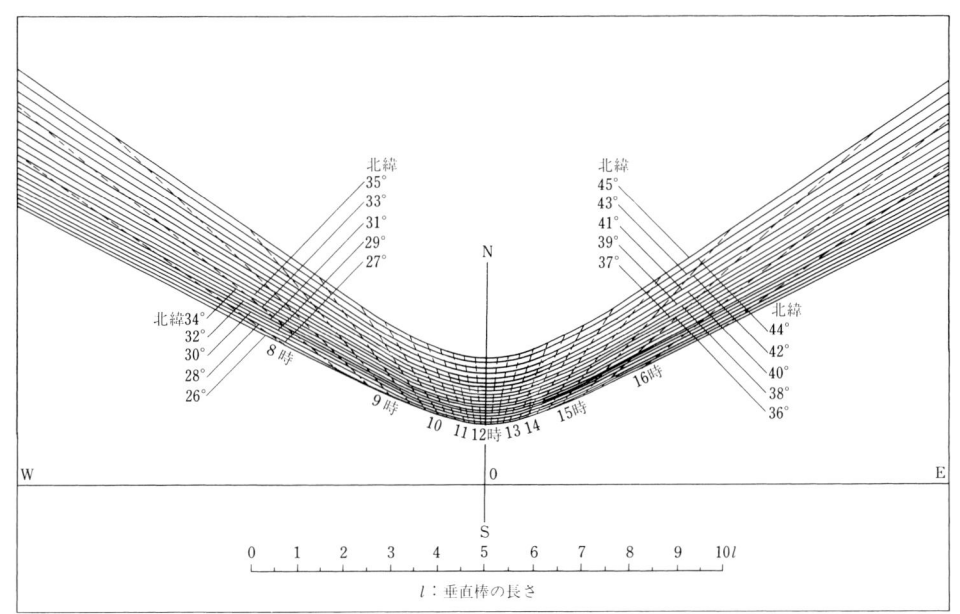

図1-5-9　緯度ごとの冬至の日の日影曲線[3]

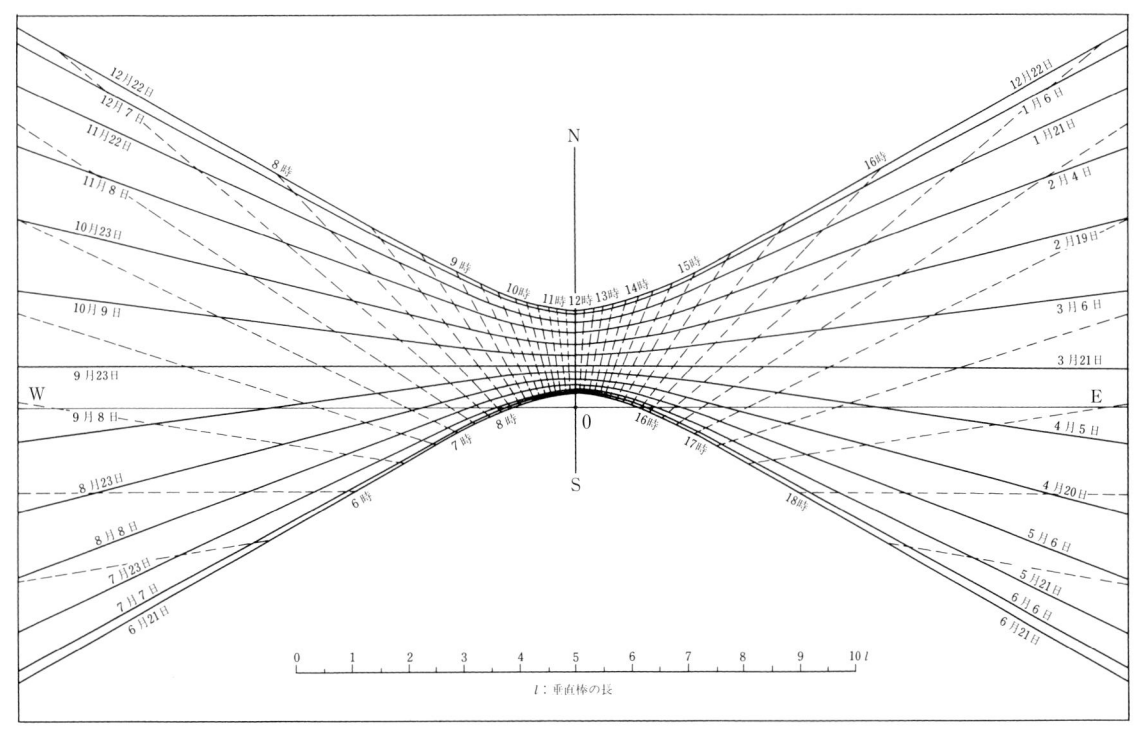

図1-5-10　水平面日影曲線図（北緯35°）[3]

照時間は，気象学的には計測地点において日照計により計測された日照時間数をいうが，建築的には日の出から日没までの可照時間を指している。たとえば冬至4時間日照といったときは，天気とは関係なく隣接建物や地形の影響を含んだ冬至の可照時間をいう。可照時間は，太陽位置図に同じ射影方式で隣接建物を書き込むことや，魚眼レンズによる写真撮影との照らし合わせによって評価できる。コンピューターを利用すれば，複雑な形状の隣接建物でも比較的容易に検討が可能である。

日照時間を建築図面上で検討する場合，日影曲線がよく利用される（図1-5-9）。これは，平面上に垂直に立てた単位長さの棒の影の先端がその平面上に描く軌跡である。この平面を水平面としたものを**水平面日影曲線**という。この水平面日影曲線を年間にわたってまとめて描いたものを**日影曲線図**という（図1-5-10）。緯度が異なれば太陽位置が異なるため，日影曲線図は緯度ごとに作成される。図の時刻は真太陽時であり，時刻を除くと左右（東西）は対称な図となる。この図を用いて建物の日影図を描くときは，影の長さは中央原点と対象とする日時の日影曲線上の点との距離を図中のスケールを用いて測り，建物の高さに乗じて求める。影の方向は中央の南北軸となす角度となる。昼間に常時，太陽からの直射光があるとして，建物の影が推移する様子を描いた図を**日影図**という（図1-5-11）。季節によって日影のでき方には特徴がある。日本など中緯度の北半球では，冬至には建物より北側に影ができるが，夏至には北側にできる影範囲は小さく，朝夕は東西軸より南側に影ができる。また春秋分では，影の北側のラインが一直線となる。建物により影になる時間が等しい点を結んだ線を**等時間日影線**という。日影図や等時間日影線の作成は建物の形が複雑になるほど煩雑になるので，その作成には，しばしばコンピューターが利用される。

建物の形状と，その建物の方位によっては1日中直射光が射さない場所ができる。このような場所を**終日日影**という。夏至に終日日影になる場所は1年中日影であり，直射光が射すことがない。このような場所を**永久日影**という。

太陽からの放射と地球放射

地球の大気圏外に到達するこの太陽の放射エネルギーを**太陽定数** J_0 という。$J_0 = 1.37 \text{ kW/m}^2$ である。その内訳は紫外線が約7％，可視光線と赤外線がそれぞれ約46％ずつである。これらの一部は，大気圏外から地表に達するまでに，反射，吸収，散乱される。その結果，地表では太陽からの指向性の強い**直達日射**と，空全体か

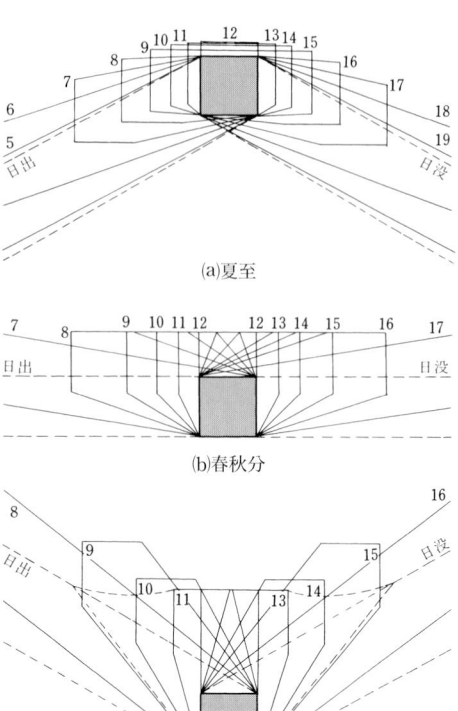

図1-5-11　各季節の日影図[5]

らの指向性の弱い**天空日射**として観察される（図1-5-12）。直達日射，天空日射の強さは，緯度，時刻，季節，天候，大気の透明度などの影響を強く受けるが，晴天日の直達日射 J_D に関しては，太陽高度 h，大気透過率 P を用いた**ブーゲの式**による値が，天空日射に関しては**ベルラーゲの式**による値がよく用いられる（図1-5-13）。

法線面直達日射　ブーゲの式
$$J_D = J_0 \cdot P^{\mathrm{cosec}\, h} \tag{1-5-6}$$

水平面天空日射　ベルラーゲの式
$$J_S = \frac{1}{2} J_0 \cdot \sin h \cdot \frac{(1 - P^{\mathrm{cosec}\, h})}{(1 - 1.4 \ln P)} \tag{1-5-7}$$

大気透過率 P は，大気の透明度を表しており，太陽が天頂にあるときの地表に到達する直射日射の割合 $[J_D/J_0]$ を表す（図1-5-14）。水平面において直達日射と天空日射を併せて測定したものは**水平面全天日射量** J_H といわれる。壁や窓など鉛直面に入射する日射量 J_V については，水平面と異なり，鉛直面は天球の半分しか見えないこと，および太陽と鉛直面の方位角を用いて次式で表される。

$$J_V = J_D \cdot \cos h \cdot \cos(A - A_V) + \frac{J_S}{2} \tag{1-5-8}$$

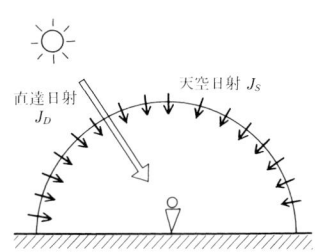
図 1-5-12　直達日射と天空日射[6]

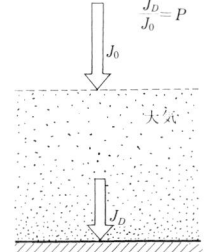
図 1-5-13　大気透過率[6]

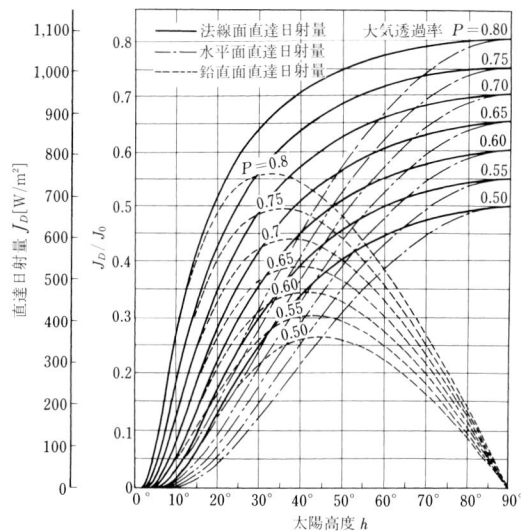
図 1-5-14　大気透過率と直達日射[7]

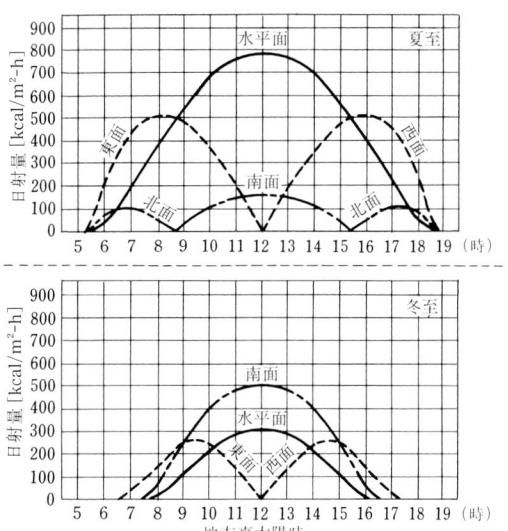
図 1-5-15　水平面と鉛直面の直達日射量[8]

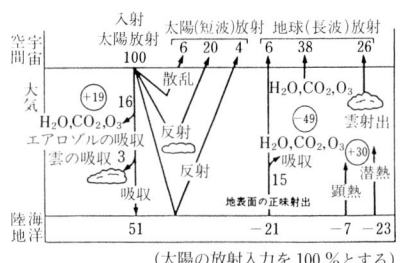
図 1-5-16　大気－地表面系の放射収支（浅井，1988）

　壁や窓などに入射する直達日射量は，太陽との位置関係により大きく変化する。中緯度の東京における日射量をみると，夏至は太陽高度が高いため，南面の日射量がきわめて小さく東西面の1/2程度である。水平面の日射量は太陽高度が高いために大きい。冬至は南面の日射量が最大であり，東西面の3倍程度になる。このように南面は，日射を取り入れたい冬期には日射量が最大となり，遮蔽したい夏期には最小となり，きわめて好都合な方位となる（図1-5-15）。

　地球は，大気に向かってその温度（平均15℃）に応じた放射（地球放射）を行っている。この放射エネルギーは日射に比べ，波長が長い赤外域となっている。この波長の違いと大気の波長に対する吸収の違いが，地球表面の温度を決めている。地球は日射を受熱して，ある温度になり，その温度に対応した赤外線放射（地球放射）を放出している。この地球放射もまた大気により吸収され，大気は日射と地球放射を吸収することにより，ある温度になる。そして大気は，またそれ自身から赤外線放射を行い，地球の温度はこれら熱のやり取りによって決まる平衡温度になっている。大気は可視光など比較的短い波長を多く含む日射に比べ，地球よりの赤外線放射の吸収率が高い。大気がないとした場合，地上に到達する日射量もふえるが，地球放射もすべて宇宙に逃げていき，その増加割合は日射の増加より大きくなるので，平衡温度が下がる。大気がないとした場合の地球表面の平衡温度は−18℃である。なお，大気の水蒸気量，炭酸ガス量が増加すると，大気の日射に比べた地球からの赤外線放射の吸収率が高まり，地球の平衡温度は高くなる。大気が，大気がないときに比べて地球表面温度を高めている効果を大気の**温室効果（グリーンハウス効果）**という（図1-5-16）。

地球の大気と気象

　大気の厚みは，地球の半径に比べるときわめて薄い。海水面での空気の圧力を単位とする（1とする）圧力単位を**気圧**といい，大気は，海水面では1気圧（1,013 hPa＝1.013×10^5 N/m^2）の圧力をもつ。これは水柱で約10 mの圧力とほぼ同じである。地球における海水面から大気の上端までの空気の柱の重さは，水でいえば10 mの高さである。海水面での標準的な空気の密度は1.2 kg/m^{3}であり，水の1,000 kg/m^{3}の約1,000分の1

である。空気の密度が仮に上空まで一定とすると，大気の厚みは大雑把にはわずか10 kmしかない。地球の半径は約6,300 kmであるから，1/630しかない。海の平均的な深さは3,000 mから4,000 mという。空気の海の深さを水で測ると10 mしかないのに比べてはるかに深い。逆にいえば大気の海は，海水の海に比べて，その容量が極端に少ない。人類が，大気の海を改変することは，海水の海に比べてはるかに簡単かもしれないことがわかる。

この大気の海は，太陽からの熱授受が赤道部と北極や南極など緯度の違いで異なること，地球から宇宙に放射される熱が，この熱授受の強度に比例しないことから自然対流を生じ，地球の自転の影響もあって複雑な流れを形成している。赤道部の大気は相対的に暖かく，極地の大気温度は低い。この複雑な流れにより，暖気は極地へ，冷気は赤道部に運ばれる。この流れは，海や川の流れと同じく絶えず波打って，盛り上がって圧力が高くなる高気圧の部分や，減り下がって圧力が低くなる低気圧の部分が波状的に形成される。低気圧領域は，周辺の高気圧領域から中心に向かって空気が押し寄せ，上昇流を形成し，高気圧領域では，逆に下降流が形成される（図1-5-17）。水蒸気を含む大気は，低気圧領域の上昇流域で，上空に行くに従って圧力低下に伴い膨張し，この膨張効果により冷却して雨滴を形成し，地表面に雨を降ら

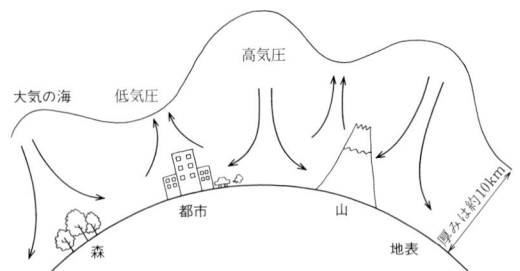

大気は波打っており，波面が高くなったところが高気圧帯，低くなったところが低気圧帯である。低気圧帯は，周囲から空気が集まり，上昇気流が生じる。

図1-5-17　大気の海における高気圧と低気圧

せる。人は，このように絶えず変動する大気の海の底に住んでいる。変動する大気の海からの雨風を防ぎ，強い日射を避けて健康的に生活するために，建物を建て，穏やかで衛生的な暮らしを守っている。

参考文献
環境工学教科書研究会編著『環境工学教科書　第二版』，彰国社，2000
出典
1)　日本建築学会編『建築設計資料集成　2』丸善，1960
2)　木村建一・木内俊明『建築士技術全書　2　環境工学』彰国社，1976
3)　日本建築学会編『設計計画パンフレット　24　日照の測定と検討』彰国社，1977
4)　宿谷昌則『光と熱の建築環境学』丸善，1983
5)　渡辺要『建築計画原論　I』丸善，1962
6)　環境工学教科書研究会編『環境工学教科書　第二版』彰国社，2000
7)　日本建築学会編『建築設計資料集成　1　環境』丸善，1978
8)　日本建築学会編『建築の省エネルギー計画』彰国社，1981

1-6 建築と地球

建物は，シェルターによる外界からの隔離や窓からの通風や採光のように外部環境の導入により，安全で健康的で快適な内部空間を実現するものである。日射・気温・湿度・風などの外界の環境は，この室内環境の形成に作用する外界条件であり，人が左右することのできない，いわば与えられた条件として考えられていた。しかし現代社会は，この外界条件に人間が大きな影響を与えるようになってきている（図1-6-1）。都市では，エネルギーの多消費による都市の気温上昇（ヒートアイランド現象），さまざまな排気ガスによる大気汚染，道路騒音などが生じている。地球全体では，二酸化炭素排出増加による地球の温暖化，フロンガスによるオゾン層の破壊などが進行している。

人が快適に暮らすためには多くのエネルギーが必要である。このためのエネルギー使用の増大や資源の乱開発は，都市や地球環境の悪化の大きな一因である。省エネルギーや自然エネルギー利用などにより，環境破壊のインパクトを最小にして快適な建物内の環境を維持することが求められている。人間の生活や行動は建物内だけでなく戸外でも行われる。環境の予測と制御は，室内だけではなく，屋外においても重要であるから，積極的に外界環境を調整することも重要である。都市の環境は建築が深く関与しており，その制御は建築の重要な課題である。街路の風速を適度に制御して歩きやすい環境をつくり，街路樹を植えて日陰をつくり，暑熱環境を和らげることが行われる（図1-6-2）。

原始時代の地球の大気には，酸素がほとんど含まれていなかったが，地球上に発生した植物が大気中の二酸化炭素を固定し，酸素を供給した。

(a)生命の誕生と進化（特に植物）は太古の地球環境から現在の地球環境への変化の原動力であった

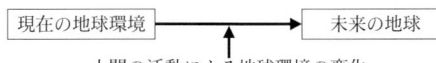

現在は，人類の活動により地球環境の変化をもたらす大量の温室効果ガスが大気中に放散され汚染物質も拡散している。

(b)人の活動は，現在の地球環境を大きく変え，別の地球環境へと導く

図 1-6-1　地球環境と人の活動

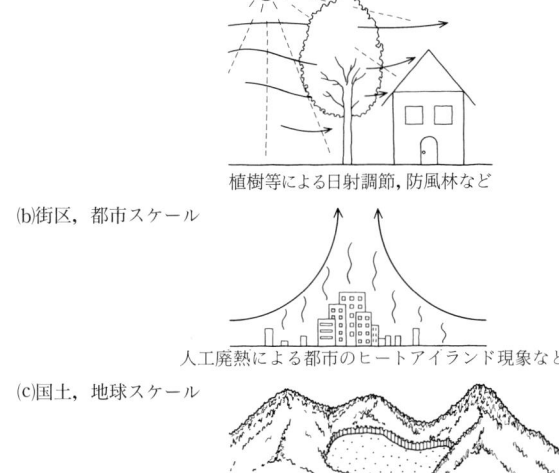

図 1-6-2　人の活動による環境の変化

建物にかかわる地球温暖化とオゾン層破壊

人間による環境破壊は，文明の発展とともに続いている。地球上の各地で進んでいる砂漠化は，人が森の木を切り倒し，建物の材料や燃料にすることにより促進されている。このような人による環境破壊は，加速度的にエスカレートし，いまや地球上では，大気，海洋から動植物を含む生態系まで，人類という種の存続にもかかわるような地球規模の環境問題が生じてきている。これらの環境問題には，建物がかかわるものも多い。耐用年限の短い建築を乱造し，すぐに取り壊すことによる資源やエネルギーの無駄遣い，建築用木材の乱開発による熱帯雨林の破壊，室内の快適さ，利便さの維持のためのエネルギー多消費に伴う CO_2 発生による地球の温暖化，冷凍機中のフロンガス排出によるオゾン層破壊など，建築は主要な地球環境問題に深くかかわっている。

前節で述べたように大気の温室効果は，大気がない場合の地球の熱平衡温度−18℃を33℃上昇させ，地球の地表面平均温度は15℃に維持されている。この効果により，地球は氷の世界から開放されて生命が躍動する環境が保たれている。適度な温室効果は，生命存続の基盤となる地球環境維持に不可欠である。この温室効果で重要な役割を担っているのは，地表面からの赤外線放射の吸収に関与している二酸化炭素 CO_2，フロン，一酸化二窒素 N_2O，メタン CH_4，水蒸気 H_2O，オゾン O_3 などであり，これらは**温室効果ガス**といわれている。今ここで，水蒸気，オゾン以外のガスの人為的な増加が問題

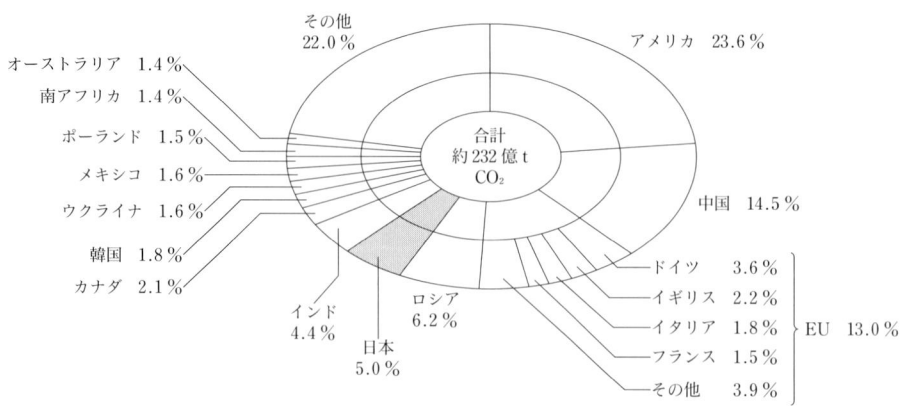

図 1-6-3　世界のCO_2発生量(1997年, 米国オークリッジ国立研究所ホームページ資料より環境省作成による)

となっている。温室効果は，ガスの種類と大気中での存在量が関係する。赤外線放射の吸収効果は，CO_2に対してフロンは数千倍，一酸化二窒素は数百倍，メタンは数十倍の効果をもつ。効果自身は小さいが，化石燃料の燃焼による発生量が膨大なためCO_2の影響は大きく，今最もその発生量の削減が急がれている。CO_2発生量を炭素の重量に換算した世界全体の発生量は，約232億t/年(1997)である。日本は，その5.0%を占め，世界第4位である（図1-6-3）。このまま対策なしに温室効果ガスが増加すれば2030年には産業革命以前の2倍に匹敵する温室効果が現れ，気温が1.5～4.5℃高くなり，海面も20～140cm上昇すると予測されている。日本の建設にかかわるCO_2発生量は，鉄鋼やセメント等，建材製造にかかわる産業分野のものも含めると国内全発生量の約1/3ともいわれており，建築分野の温室効果ガス削減の責任は重大である（図1-6-4）。これらのガス発生は，空調など，建物運用時のエネルギー消費で発生するものだけではなく，建設から解体まで，つまり建物のライフサイクル(Life Cycle)全体で評価する必要がある。エネ

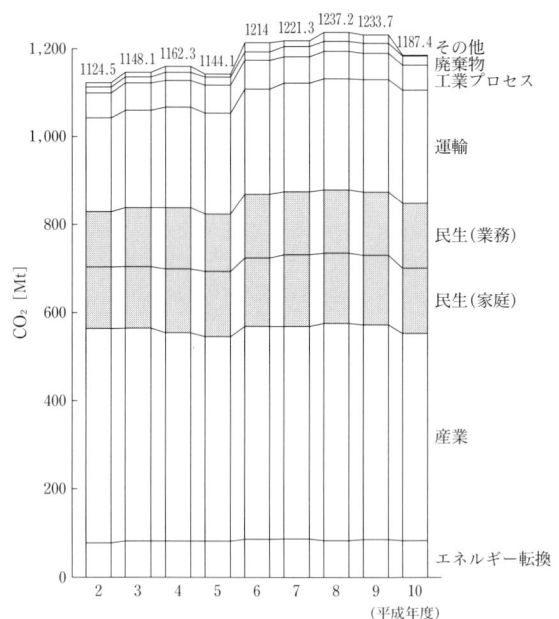

図 1-6-4　部門別CO_2発生量推移(『環境白書2000』より)

表 1-6-1　フロンの用途と地球温暖化およびオゾン層破壊[1]

物質名	地球温暖化係数[*1]	オゾン層破壊係数[*2]	建築設備関連用途	モントリオール議定書(1999年改定)規制内容	
				先進国	途上国
CFC-11	4000	1	低圧空調冷媒，発泡断熱材	1996年全廃	2010年全廃
Halon-1301	5600	10	ハロン消火剤	1994年全廃	2010年全廃
HCFC-22	1700	0.055	高圧空調冷媒，発泡断熱材	2020年全廃(既存機器補充用を除く)	2040年全廃
HCFC-123	93	0.02	低圧空調冷媒		
HCFC-141b	630	0.11	発泡ポリウレタン		
HCFC-142b	2000	0.065	発泡ポリスチレン		
HFC-134a	1300	0	高圧空調冷媒，発泡断熱材		
パーフルオロブタン	7000	0	FC-3110消火剤		
六フッ化硫黄	23900	0	ガス絶縁遮断器・変圧器		

注） [*1] CO_2重量に換算するための係数で，IPCC報告書(1995年)のうち100年間積算値
　　[*2] CFC-11を基準とした相対値

ルギーの多くは建設時と運用時に消費されるので，削減には建築寿命の延長と運用時の省エネルギーが効果的となる。

地球温暖化とは別の重大な地球環境問題に，フロンガスによるオゾン層の破壊がある（表1-6-1）。上空の成層圏は，日射による紫外線が強く，この紫外線により，酸素分子からオゾンが生成されている。オゾンは紫外線の吸収能力が高いため，地表面に有害な紫外線が到達するのを防いでいる。大気に放出されたフロンガスは拡散して上空の成層圏に至り，その強い紫外線で分解されて塩素を遊離する。この塩素は，オゾンが紫外線により分解して酸素になる反応を促進するため，フロンガスの大気濃度がふえるに従って，上空のオゾン層が破壊され，地上面に達する紫外線量が増加する。そもそも太古の世界で海中で初めて生命が発生できたのは，水がこの有害な紫外線を吸収し，生命を守ったこと，この海中の生命が地上に進出できたのは，炭酸同化作用により酸素をつくる生命体がふえて大気中の酸素濃度が上昇し，上空にオゾン層が形成され，地上での有害な紫外線量が減少したためである。現代のオゾン層の破壊は，地上での有害な紫外線の増大をもたらし，皮膚がん，白内障，植物の生長阻害，突然変異などを誘発する。建物においてフロンガスは主に冷凍機，断熱発泡材など室内の温熱環境の調整にかかわる分野で用いられている。

オゾン層の破壊力は，フロンの種類により異なる。現在，破壊力の大きいフロンを破壊力の小さいものに変更しながら，フロンに代わる代替物質を開発する努力が行われている。

サステイナブルな循環社会

今，特定の人びとだけが限られた資源を使う権利をもち，残りの人びとがそれを使用する権利を否定されたなら，それは人の平等の権利を否定する重大な人権侵害となる。有限な資源を限られた人が先に全部使ってしまえば，残された人は，その資源を使う権利を実質的に否定されてしまう。これと同じく今，地球に生きる人びとが特定の資源を使い尽くしてしまえば，次の世代はその資源を使う権利を否定されてしまう。次の世代は，まだこの世に存在もしていないけれど，現代人は未来の人の権利を侵す正当性を持ち合わせているのであろうか。現代人が未来の人の，このような権利を侵すことができないとしたのなら，未来の人にも現代人と同じだけの資源を利用する権利を認めなければならない（図1-6-5）。これは，現代人が未来の人の権利を侵す危険性のあるような有限な天然資源の開発をもはやできないことを意味し

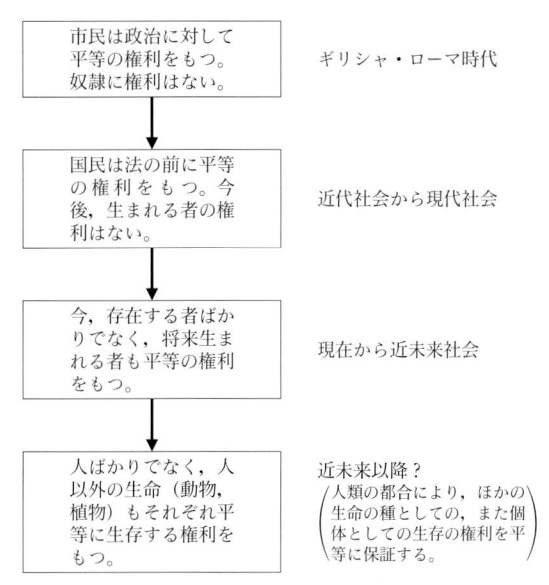

```
┌─────────────────┐
│市民は政治に対して│  ギリシャ・ローマ時代
│平等の権利をもつ。│
│奴隷に権利はない。│
└────────┬────────┘
         ▼
┌─────────────────┐
│国民は法の前に平等│  近代社会から現代社会
│の権利をもつ。今 │
│後，生まれる者の権│
│利はない。       │
└────────┬────────┘
         ▼
┌─────────────────┐
│今，存在する者ばか│  現在から近未来社会
│りでなく，将来生ま│
│れる者も平等の権利│
│をもつ。         │
└────────┬────────┘
         ▼
┌─────────────────┐
│人ばかりでなく，人│  近未来以降？
│以外の生命（動物，│ （人類の都合により，ほかの
│植物）もそれぞれ平│  生命の種としての，また個
│等に生存する権利を│  体としての生存の権利を平
│もつ。           │  等に保証する。）
└─────────────────┘
```

図1-6-5 平等の概念の変化（現在以降，未来は予測）

ている。未来の人は，時間の経過により知識を蓄積し，科学技術も進展しているであろうから，未来の人が現代人とまったく同じように今ある有限な資源の利用の権利をもつという議論を，今，地球に暮らす現代人が必ずしも認めないことも致し方ないことかもしれない。しかしながら，未来の人への権利の侵害を最小限にするための努力が今，強く求められることは明らかである。さもなければ，人類という種は地球の有限な資源の破壊と枯渇により将来，その存続の危機さえ迎えるかもしれない。この未来の人に対して，現代人と同じ程度の資源の利用を認めるためには，現代人の資源の使い捨ては許されるものではない。あらゆる物質は廃棄されることなく再利用され，新たに開発される資源も廃棄されるものもない社会を実現する方向に努力することが求められる。このような社会は**循環型社会**といわれる。

現代人による環境破壊は動物や植物の生態系にも及んでいる。多くの生物種が，人の活動圏の広がりにより消滅している。未来の人に現代人と同じだけの生存する権利を認めるとき，今，この世界に存在する生物種や自然環境そのものが，今も，また将来もそのままのかたちで存在することを侵害する権利が現代人にあるのであろうかという疑問が生じる。人が今も，またその将来も，同じように存続する権利をもつならば，人と同じように存在する生物や無生物の自然そのものも，今と同じように存続する権利があるように思われる。そのような権利は，現代人が取り囲まれている自然環境や生態環境を，未来の人が同様に享受する権利を認めることにもつながる。現代人は，現代人の利己的なわがままで未来の人びとや，今ある自然や生態系を破壊する権利はないと自覚

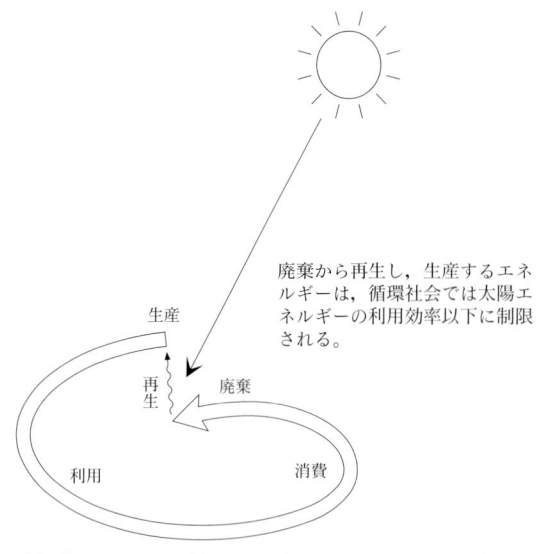

循環社会において，循環の間に失われるエネルギーは，太陽から地球に供給される放射エネルギー利用による効率の範囲内にする必要がある。循環量の増大は，失われるエネルギーの増大を意味する。循環量は，この太陽からの放射エネルギー利用効率（環境容量）に限定される。

図 1-6-6　循環社会における環境容量

都市環境

　世界のあらゆる国で，都市への人口集中が進行している。先進国ではこの傾向がすでに終息しているが，アジア，アフリカなど発展途上の国々では，この傾向は今後ますます顕著になっている（図1-6-7）。将来は世界人口の 60～70 ％は都市生活者になるともいわれる。都市への人口集中は効率的であり，さまざまな長所がある。都市への人口集中により都市以外の領域では，自然環境が保全され得る可能性も増大させている。しかし，集中化の歪みとしてのさまざまな問題も抱えている。この集中化の歪みの問題を解決し，サステイナブルな循環型社会に導く都市へ転換させることが今後の課題となる。この歪みには次のようなものが挙げられる。
①汚染発生の集中化により大気汚染が悪化する。
②植生が制限され，緑が少なく，保水能力がなくなる。
③都市の発熱密度の上昇により，ヒートアイランド現象が起こり，気温が高くなる。
④高層建物の障害により風速が小さくなる。
など。

　大気汚染は都市の大きな環境問題である。汚染の元凶は工場施設，車，建物での暖房等の燃料使用などであり，時代とともに変遷してきている。現在もあらゆる国の都市で大気汚染は発生し続けている。日本では，1960年代の高度成長期に最悪の状況となり，大気汚染物質による喘息などの健康被害が生じた。当時は，コンビナートなどの工場が主たる汚染源であったが，公害対策基本

し始めているし，自然の一部である人間が今あるように，将来も同じように自然の一部であり続けることが必要と考えるようになってきている。

　循環型社会には，その社会が健全に運営される範囲の定員や容量がある。現代人は，このような定員や容量のもとで生活することを求められている。建物や，都市の建設や運営に，このような社会の制限が強く働いていること忘れてはならない（図1-6-6）。

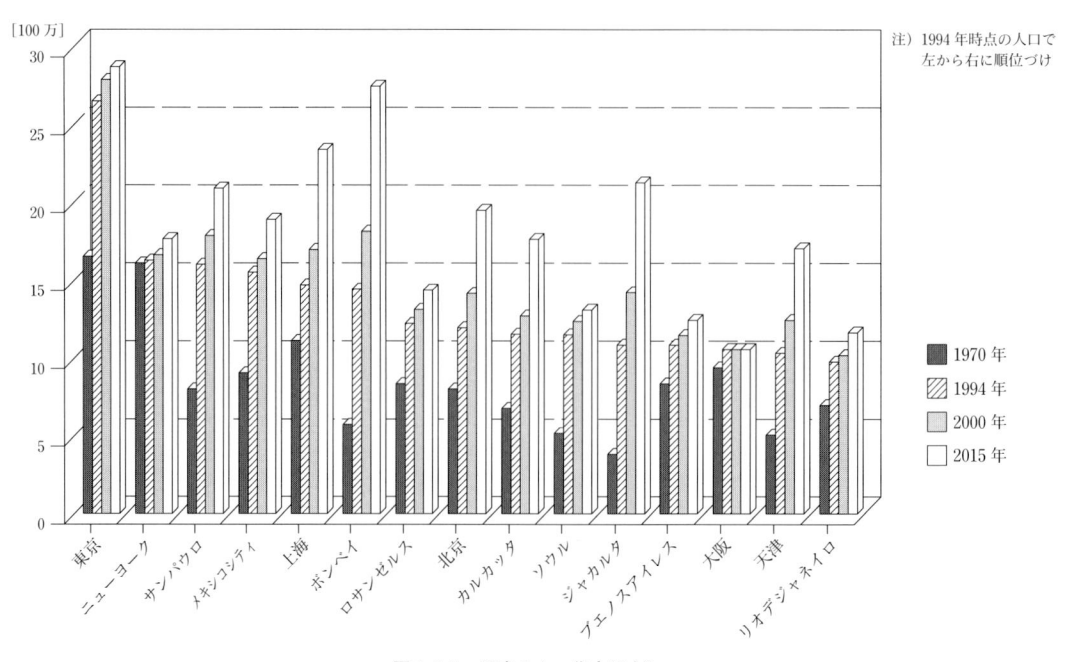

図 1-6-7　都市の人口集中傾向[2]

法に基づき，1970年代に燃料が電気・ガスなどのクリーンなエネルギーに転換され，以来，車の排気ガスが最大の汚染源となり現在に至っている。近年でも，石油分に多少含まれる硫黄分の燃焼によるSO_xは激減したが，熱効率の高い燃焼に伴うNO_xは減る気配はなく，大気汚染問題はなかなか解消していない。

大気汚染に次いで問題となるのは都市の**ヒートアイランド現象**である（図1-6-8）。これは都市域における集中的な排熱と，緑地の減少，コンクリート建物による熱放散の起こりにくい都市構造との相乗効果で発生する。冬期には暖かい都市は快適であるが，夏期の高温は耐えがたい。

都市のヒートアイランド化は上空に上昇気流を生む。そのため，郊外から都市に向かう都市特有の大気の流れが形成され，都市の汚染物質が拡散する。このようなヒートアイランド現象に対し，都市計画的な対処も行われている。ドイツの都市では，都市の風通しがよくなる都市計画を推進し，汚染物質や熱を運び去ることに成功しているという（図1-6-9）。都市の緑化は，樹木の蒸散作用による気温低減，保水による水循環改善と乾燥の阻止，空気浄化などに役立っている。都市環境の改善は，人間を中心に環境を変革してきているが，最近，動植物の種を保存する観点から，都市にも**ビオトープ**という動植物が生息する空間を積極的に取り入れようとする動きがある。緑化や豊かな水環境の創出は，このような自然との共生という広い観点からの位置づけも大切である。

環境共生建築

サステイナブルな循環型社会を形成するには，資源の有効利用，リサイクル，省エネルギーを徹底するなど，地球的視野で考えながら，小さく地道な努力の積み重ね（think globally and act locally）が必要である。サステイナブルな循環型社会の実現のためには，たとえば冷房をやめて自然通風に頼るというような，ライフスタイルを過去に戻す極端な主張から，技術の発展により，未来は何とか解決されるという楽観的主張もある。この間に適正な管理の下で開発と環境保全を目指す調和型開発の主張もある。この中間的な理念に基づいて，従来型の浪費的ライフスタイルを，近代的利便性は保持しつつ小さな環境負荷が達成できるライフスタイルへと変えようという動きがある。これは建築，都市などのハードウェアにおいて省エネルギー，自然エネルギー利用を推進し，地球環境への負荷も小さくする安全で健康的な生活，コミュニティの実現を目指している。これは，**環境共生建築**であり，**エコロジー建築**とも呼ばれている。

環境共生建築・都市では，自然の利用や自然との調和が最重要の課題となる。すでに世界各地での伝統的建築は，その土地の気候，風土にマッチした自然利用の工夫がなされてきている。日本における庇を利用した日照調節，風の利用による自然換気，採光，緑の利用による冷却，大地の蓄熱効果利用による熱環境維持などさまざまな工夫がある（図1-6-10, 11）。これらは，制御の正確

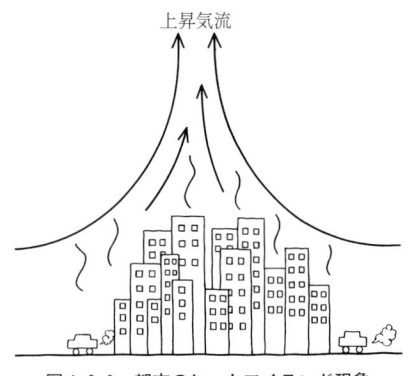

図1-6-8　都市のヒートアイランド現象

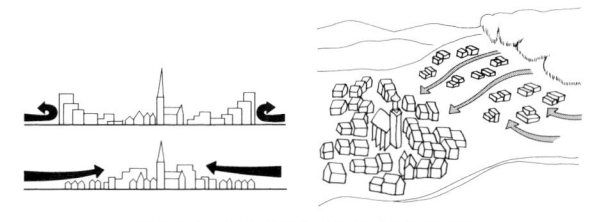

図1-6-9　ドイツの都市における風の道[3]

図1-6-10
日本における環境共生建築の例／世田谷区深沢環境共生住宅[4]
（設計・監理／世田谷区＋市浦都市開発建築コンサルタンツ・岩村アトリエJV）

図1-6-11　ヨーロッパにおける環境共生建築の例[5]
ゲルノート・ミンケの旧自邸（ドイツ）

性，厳密性には欠けるものの，その効果は近代技術に勝るとも劣らない優秀さをもつものも多い。現代の室内環境調整システムは，その制御性は優れているものの，人工のエネルギーに頼るところが多い。その点，これらの伝統的な環境調整技術と，信頼性が高く制御性の優れた現代技術を上手に融合させることが，環境共生建築・都市には求められる。室内環境設備などのハードウェアだけの環境共生建築は，環境負荷の低減に実効はない。利用者としてのユーザーが，自然の一部としての人間の在り方を自覚し，場合によっては，少々の利便性の低下が生じても積極的にライフスタイルを変えて，安全で健康な建築を実現していくことが求められている。

参考文献
環境工学教科書研究会編著『環境工学教科書 第二版』彰国社，1996
出典
1) 空気調和・衛生工学会編『空気調和・衛生工学便覧 第13版』空気調和・衛生工学会，2001
2) United Nations：World Urbanization Prospects, The 1994 Revision, 1995
3) 卯月盛夫『エコロジーに配慮したドイツの都市政策と事例』緑の読本シリーズ26, 1993 春
4) 撮影：内木政治
5) 撮影：岩村和夫

第2章
光の美　光の機能

「生活工房サッポロファクトリー」(北海道札幌市)のアトリウム[1]
(設計／大成建設)

　降り注ぐ太陽の光。きらきらとまぶしく，暖かい陽射し。光というものを思い浮かべてみると，人間の知覚としては二つの要素が入っていることがわかる。一つは明るさや色といった目で感じる要素であり，もう一つは暖かさのような皮膚全体で感じる要素である。
　この章では目で感じる光の側面について扱う。

2-1 光の知覚と物理量

人間の視覚は，光を網膜によってとらえ，空間を三次元的に認識することができる。人間の知覚のなかで最も精密で情報量の多い知覚である。
また，光は空間のさまざまな情報を取り入れることができる便利な道具(知覚)であるだけでなく，人間がより良く生きるために必要な潤いとしても作用している(図2-1-1)。

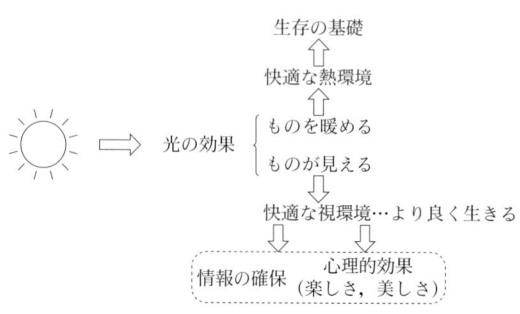

図2-1-1 光の効果の二つの側面

光の知覚

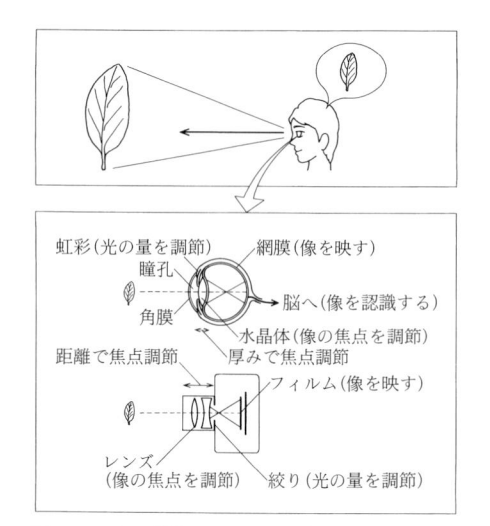

図2-1-2 目の構造とカメラの構造の類似点と相違点

目の構造

目はカメラの構造と似ている。水晶体はレンズとして機能して，眼球の奥にある網膜に像を映し出す。網膜はフィルムに相当する。

最適な反応が得られるようにするためには，網膜に到達する光の総量を調節する必要がある。虹彩が伸縮して，瞳孔を大きくしたり小さくしたりすることで，この機能を実現している。カメラの絞りにあたる働きである。

目の中で光を感じる網膜上には2種類の視細胞が存在する。錐状体と桿状体である。錐状体は通常の強さの光をとらえて，形や色を明確に認知することに役立っている。網膜中心部に集中的に分布しており，その数は約600万個といわれる。桿状体は弱い光に対しても反応し，網膜全体に1億個以上分布している。

これら視神経の数は聴覚の神経などよりかなり多く，脳内の処理によって色や形といった高度で複雑な情報をわれわれにもたらしてくれているのである(図2-1-2)。

見える光

光は，ラジオの電波や放射線などと同様の電磁波(輻射エネルギー)である。そのなかでも，特に目で見ることのできる領域の電磁波を**可視光線**と呼んでいる。波長で表すと380 nmから780 nmの間である(図2-1-3)。波長の違いは，感覚的には色の違いとして感じられる。

太陽の光をプリズムに通すと，波長ごとの屈折率の違いによって紫から赤の色の光に分かれる様子を見て取れ

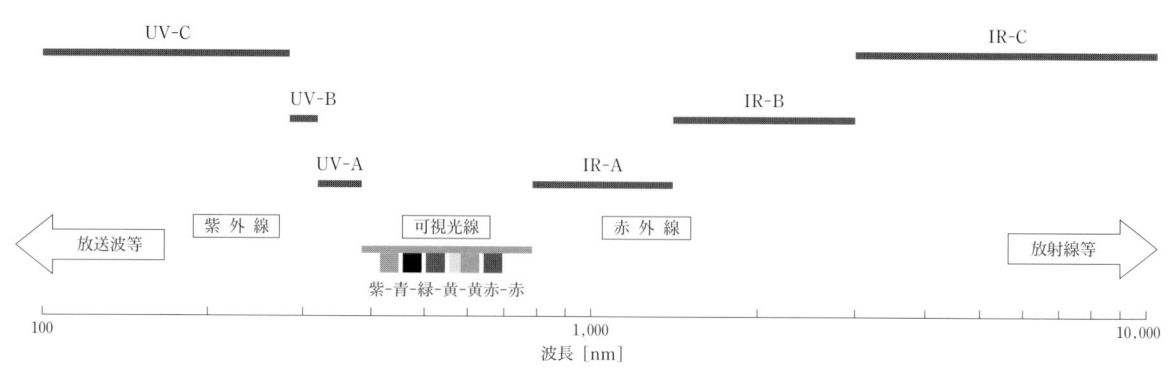

図2-1-3 電磁波の波長と可視光線の領域

る。波長の違いが色として感じられるということは，まったく不思議なことである。物体の形を知るだけであれば色の違いなど不要である。実際，動物には色盲と思われる種のものもいる。また，波長の領域も，人間が知覚できない領域を感知する種の動物もいる。

見えない光

780 nm 以上の波長の電磁波は，可視光線の赤よりも外側にあるので**赤外線**と呼ばれる。赤外線は水分子に吸収されやすく，熱のエネルギーに効率的に変換される。人体など水分を多く含んだ物体に当たると，すぐに暖かく感じるという特徴があるため，コタツなど暖房器具によく使用されている。

赤外線とは逆に 380 nm 以下の波長の電磁波は，可視光線の紫よりも外側に位置するということで**紫外線**と呼ばれている。太陽光に含まれる UV-C の領域の光は，大気によって吸収されてしまうが，UV-A，UV-B は地上まで到達する。紫外線は体内でのビタミン D の生成に関与しているので，人体に必要な光であるが，特に波長の短い光は生体組織を損傷させる作用もある。長時間紫外線に暴露されると，皮膚がんなどの危険性が高くなるので注意が必要である。

順　応

明るいところから暗いところに入ると，最初は周りがよく見えない。これは明るいところに目の感度が順応して，**閾値**(知覚できる最小の物理量)が高い状態にあるためである。環境が明るいと主に錐状体が機能する。この状態を**明順応**と呼ぶ。

明順応していた目も暗いところにしばらくいると，だんだん目が慣れて周りが見えてくるようになる。暗い環境に置かれることで，閾値が下がって，わずかな光も検出できるようになる。これを**暗順応**と呼ぶ。

錐状体の集中する網膜上の中心付近では暗順応時の閾値はそれほど下がらない。桿状体の多く分布する周辺部で閾値が大きく低下する。感度は高いが，その代わりに色の判別能力は低くなってしまう。

明順応状態から完全に暗順応する時間は，波長によって異なるが，通常 30 分程度とかなりの時間がかかる。それに対して，暗順応状態から明順応に要する時間は短い。1 分ほどで閾値は明順応時の値まで上昇してしまう(図 2-1-4)。

波長からみた目の感度

物理的な光の強度が同じであっても，すべて均等な明るさで見えているわけではない。波長は可視域であっても端部ほど目の感度は低下してくる(図 2-1-5)。目の感度を**視感度**という。明順応時の平均的な視感度は標準視感度として規定されている。

また，明順応しているときと，暗順応しているときでは最も感度の良い波長が異なる。暗順応時のほうが波長の短いところにピークがあるので，暗順応時は明順応時と比べて青から緑の色が相対的によく見えることになる。これを**プルキンエ現象**と呼ぶ。

光の物理量

光は輻射エネルギーであるので，熱と同じ単位である W(ワット)もしくは J(ジュール)を使って表すことができる。ここでは温熱効果は扱わないので，目で感じる明るさとしての量の測り方について述べる。

光束 (ϕ)

光のエネルギーを波長ごとの強度に分けたものを**分光分布**という。これは可視光線以外の輻射エネルギーをも含み，目の感度の影響を考慮していないため，人間が感じた明るさを表すには不適当である。

明るさを妥当に表すためには，単位波長ごとの光のエネルギーである分光密度に，標準視感度に応じた 0 から 1 の間の補正重み(標準比視感度)を掛け合わせ，すべて足し合わせるという操作をする。こうすることで，目に見える領域の総合的なエネルギーを表せる。この値が光

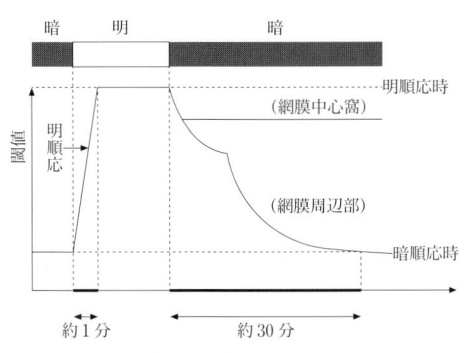

図 2-1-4　明順応，暗順応に要する時間のモデル図

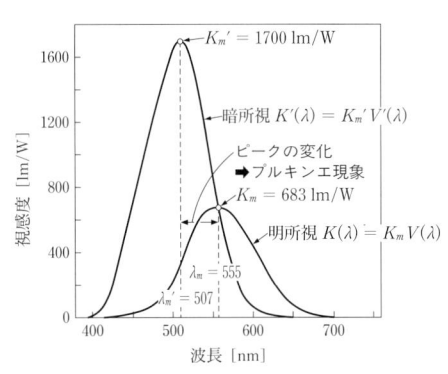

図 2-1-5　目の感度の特性

の物理量の基礎となり，光束と呼んでいる。単位を[lm]（ルーメン）とする。直接計測できる量ではないが，光の基礎概念として重要なものである（図2-1-6，2-1-7）。

$$\Phi = K_m \int V(\lambda) P(\lambda) d\lambda \qquad (2\text{-}1\text{-}1)$$

Φ：光束 [lm]
P：分光密度 [W/m]（ワット毎メートル）
V：標準比視感度
λ：波長 [m]
K_m：最大視感度 683 [lm/W]（ルーメン毎ワット）

照度（E）

照度とは，平面のある点に入射する光束の単位面積当りの量である。光を受ける点の明るさを表す量として最も一般的に用いられている。単位の次元としては [lm/m²]（ルーメン毎平方メートル）であるが，通常は [lx]（ルクス）を用いる。明るさの測定で使う量として一般的にもよく知られている（図2-1-8）。

$$E = \frac{d\Phi}{dS} \qquad (2\text{-}1\text{-}2)$$

光が単一の方向からのみ来る場合，その光の進行方向に対して垂直な面の照度を法線（面）照度（E_n）という。

電灯に対してまっすぐ置いた本の面の明るさを確かめてみよう。本を傾けると，その面が徐々に暗くなるのがわかるだろうか。受照面が傾くと，到達する光束が減少する。減少の割合は傾いた角度の余弦（コサイン）に比例する。これは照度の計算時にしばしば使用される原理であり，則光量が入射角のコサイン（余弦）に比例することから余弦則と呼ばれている（図2-1-9）。

$$E = E_n \cdot \cos\theta \qquad (2\text{-}1\text{-}3)$$

明るさの基準値や予測計算のときに使うのは，大抵は照度である。照度は照度計によって誰でもすぐに測定可能な指標であり，頻繁に使用されている。

光束発散度（M）

光束発散度とは，照度とは逆に，光を発散する面の明るさを表す量である。平面のある点から放射する光束の単位面積当りの量である。単位の次元は照度と同じ[lm/m²]（ルーメン毎平方メートル）であるが，[rlx]（ラドルクス）という単位を用いる（図2-1-10）。

$$M = \frac{d\Phi}{dS} \qquad (2\text{-}1\text{-}4)$$

光度（I）

光源から，ある方向に向けて放射される立体角当りの光束の量を**光度**という。単位は [cd]（カンデラ）である。照明器具から放射される光度の分布は**配光分布**と呼ばれ，器具を中心として光がどちらの方向に光を多く放射するかが表現される（図2-1-11）。

$$I = \frac{d\Phi}{d\omega} \qquad (2\text{-}1\text{-}5)$$

立体角 ω は，ある点からある物体を見通したときの見かけの大きさが，三次元的な空間に対してどの程度の大きさを占めるかを表す。半径1mの単位球の表面上に，単位面積1m²の部分を見通す立体角が単位立体角になる。単位は [sr]（ステラジアン）である（図2-1-12）。

$$\omega = \frac{A}{r^2} \qquad (2\text{-}1\text{-}6)$$

輝度（L）

光を自ら発生したり，反射したりする物を見たとき，その点はある程度の大きさをもっている。この明るさは，単位面積当りのその方向への光度によって表せる。

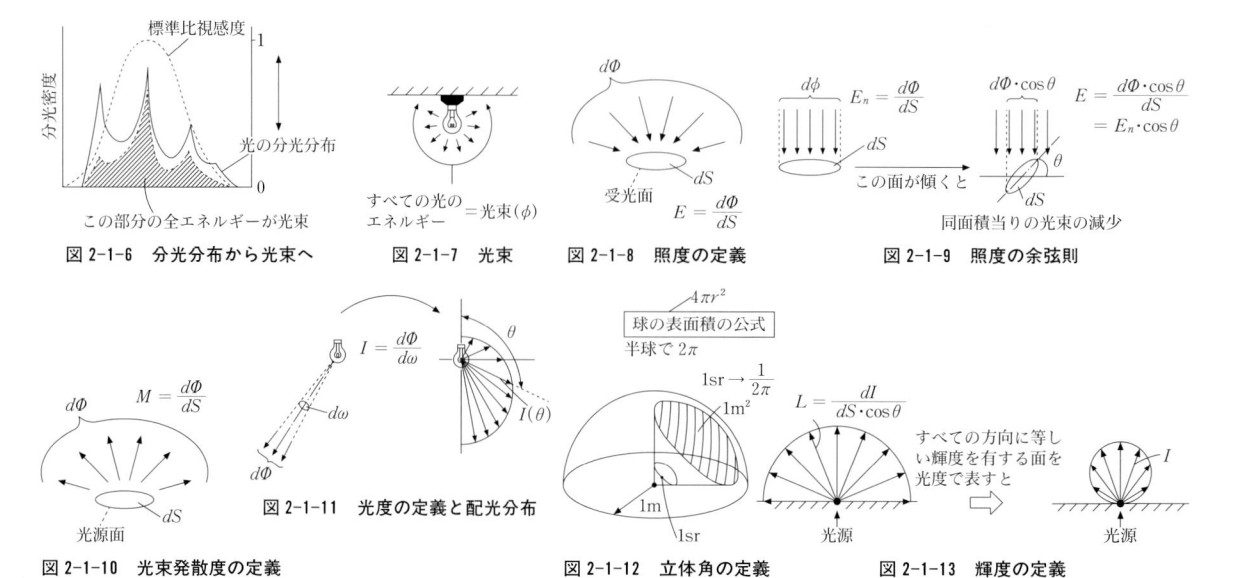

図2-1-6　分光分布から光束へ

図2-1-7　光束

図2-1-8　照度の定義

図2-1-9　照度の余弦則

図2-1-10　光束発散度の定義

図2-1-11　光度の定義と配光分布

図2-1-12　立体角の定義

図2-1-13　輝度の定義

これを**輝度**と呼んでいる。単位は［nit］（ニト），もしくは［cd/m²］（カンデラ毎平方メートル）である。

$$L = \frac{dI}{(dS \cdot \cos\theta)} \quad (2\text{-}1\text{-}7)$$

光度は光束の方向に対して常に垂直な方向で計測するが，輝度は光束を発散する面に対する角度を想定する。そのため，光源を見通す角度が大きいと，見かけの光束量が減衰するとみなせる（図2-1-13）。すなわち，ある面から等しい光度で光が放射したとしても，面からの放射角度によって輝度は変わる。輝度は視線方向への光束の密度であり，目で見たものの明るさと比例することになる。

出典
1）松下電工提供

2-2　明るさと快適性

快適な視環境のために

照明の考え方には二通りの考え方がある。一つは作業しやすさや安全性の確保など機能性に重点を置いた照明（明視照明）であり，もう一つは建物内外を美しく演出することに重点を置いた照明（雰囲気照明）である。両者は完全に独立なものとはいえないが，空間の視環境を計画するうえで，どちらに重点を置くかは最初に考えなければならない（図2-2-1）。

また，昼間は多くの場合，太陽の光を取り入れて建物内部を明るくする。これを**昼光照明**と呼んでいる。開口部のつくり方によって，どの程度光が入るかが決まってくる。

それに対し，電気を利用した照明器具による照明を**電灯照明**と呼んでいる。電灯照明は昼光照明の補助として使用する場合と，夜間の明るさを確保する主要な照明として使用する場合がある（図2-2-2）。

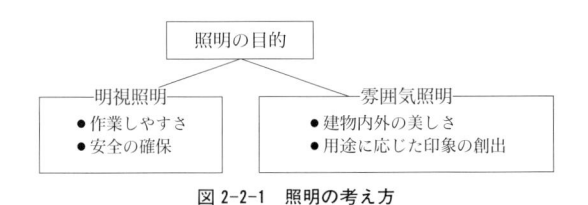

図 2-2-1　照明の考え方

図 2-2-2　照明の大分類

電灯照明以外の人工光源，たとえばろうそく，松明，ガス灯，石油ランプなどもある。

明視照明と雰囲気照明

見やすさを確保するという機能的な視点から照明の仕方を考えるのが**明視照明**である。

視認すべき対象についての明視条件には，

- 見やすい大きさであること
- 輪郭がわかるような対比（コントラスト）があること
- 十分な時間
- 適当な明るさ

という四つの条件がある。建築的には変更不可能である場合もあるが，これらの条件を満足させるための照明方法を考えることが必要である。

明視条件をふまえ，視環境上の障害が生じないようにしなくてはならない。明るいだけでは十分な条件にはならないのである。

さらに，空間を演出する照明の質といった点から照明の仕方を考えるのが**雰囲気照明**である。もしも，食事に出掛けたレストランが，オフィスのようにただ機能的に明るいだけの照明であったならば，食事は味気のないものとなってしまうだろう。

演出としての照明では，明視照明のような一律的な基準はない。さまざまな照明方法を組み合わせることが可能であり，多様なデザインが考えられる。明視照明では障害と考えられていることをあえて取り入れることも行われる。たとえば，明るさは必ずしも十分明るい必要はない。ほんのりとした明るさにすることも可能である。ただし，その場合は逆効果とならないように十分な検討が要求される。

照度の基準

快適に過ごすための生活空間では，ある程度の明るさが必要である。そのため，室用途，作業条件，使用頻度等を考慮してCIE[*1]（国際照明委員会）やJIS[*2]（日本工

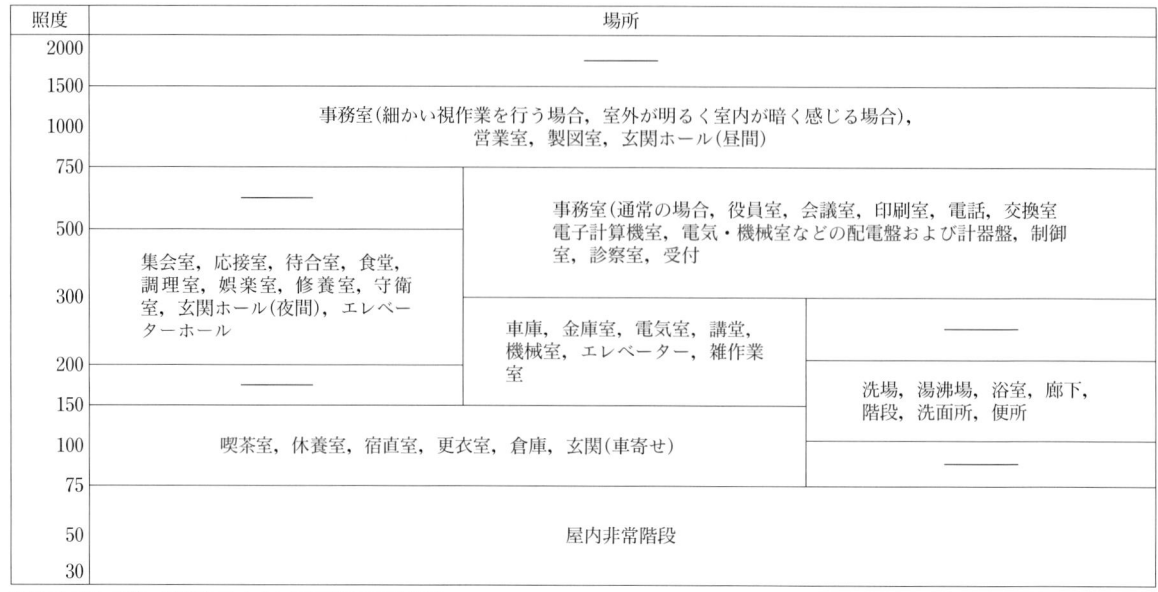

表 2-1-1 JIS の照度基準(JIS 9110-1979)の例(事務所)

照度	場所			
2000				
1500				
1000	事務室(細かい視作業を行う場合,室外が明るく室内が暗く感じる場合), 営業室,製図室,玄関ホール(昼間)			
750				
500	―	事務室(通常の場合,役員室,会議室,印刷室,電話,交換室 電子計算機室,電気・機械室などの配電盤および計器盤,制御室,診察室,受付		
300	集会室,応接室,待合室,食堂,調理室,娯楽室,修養室,守衛室,玄関ホール(夜間),エレベーターホール			
200		車庫,金庫室,電気室,講堂,機械室,エレベーター,雑作業室	―	
150	―		洗場,湯沸場,浴室,廊下,階段,洗面所,便所	
100	喫茶室,休養室,宿直室,更衣室,倉庫,玄関(車寄せ)		―	
75				
50	屋内非常階段			
30				

ほかにも工場,学校,美術館など,いろいろな場所での規定がある。

業規格)で推奨照度を定めている(表 2-2-1)。学校の教室など公共性の高い場所については、条例によって基準が定められているものもある。

基準の基本的方針は、使用頻度、作業内容に応じて決定されている。深夜灯、非常灯など使用頻度が低く、物が認識できればよいという程度の空間では、最低限度の明るさでもよい。住宅の居室のように連続して居住するスペースでは、より明るい照明が求められる。文字を長時間見たり、手元での細かい作業を行ったりする場合には、さらに明るさが必要である。

明るさの分布

作業面の明るさは必ずしも完全に均一である必要はない。しかし、場所によって大きな差があるのは、オフィスなどの機能的な場では不自然である。また、通常の生活場面においても、視野内にあまり明るいところと暗いところがあると、明視を阻害しやすい。目の順応状態によっては良好な視環境でなくなる原因となる(図 2-2-3)。

明るさの分布を表す指標として、室内の最小照度を平均照度で除した値を用いる。これを**均斉度**(きんせいど)と呼ぶ。

通常、明るさの分布は作業を行う水平面で評価する。しかし、壁面に設置した黒板のように、垂直面の明るさを評価しなくてはならない場合もある。また、会議室のように人の顔が見えやすいことが求められる場合や、博物館の展示や教室の黒板のように壁面の明るさが重要な場合もある。この場合、水平面だけでなく、鉛直面の明るさについても考慮すべきである。

また、体育館などでは上部に暗い空間があると、空中のボールを見失いかねない(図 2-2-4)。

光色と明るさ

後述するように、電灯は種類によって光色(光源自体)の違いがある。白熱電球は赤みの強い光なので、暖かく落ち着いた雰囲気をもたらすことができる。従来、蛍光灯は照度が低いと陰気な感じを与えてしまうので、高い

図 2-2-3 明るさの分布

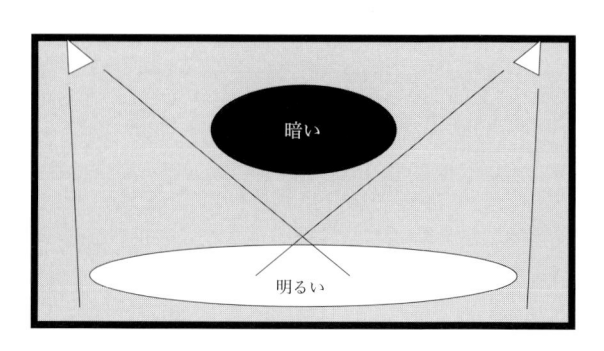

図 2-2-4 体育館などでは空間全体の明るさの分布も考えなければいけない

照度で使用するのが通例であった。しかし，近年はさまざまな光色の蛍光灯が開発され，蛍光灯でも多様なイメージの光環境をつくり出せるようになった。

光源周辺のデザイン

照度という尺度では，照明器具自体の光の放射は計測できない。たとえば，シャンデリア等器具自体のデザインによってきらきらと華やかなイメージをつくり出すことができる。照明器具のシェード（覆い）自体もさまざまなデザインが可能であり，視覚的なイメージに訴えることで空間全体の雰囲気に大きな影響を与えている。

電灯照明における照明器具のデザインと同様に，開口のデザインによって昼光照明でも雰囲気を大きく左右する照明が可能である。教会のステンドグラスは単に教会内部を明るくするだけではなく，教会内部を美しい光で満たし，宗教的な意味を付加することができる。

ステンドグラスのような具象的なものでなくとも，光をうまく取り入れることで場の雰囲気は大きく変わる。良好な視環境という視点からすると，多少の問題があっても，それを上まわる建築的意義がここにはあるものと考えられる。

---

* 1 CIE：Commission Internationale de l'Éclairage の略称。照明に関する国際基準の作成および研究的交流や情報交換などを目的とする委員会。
* 2 JIS：Japanese Industrial Standard の略称。日本の鉱工業品および建築物その他の構築物に関し，工業標準化のための基準を示す国家規格。

視環境に影響する諸現象

快適な視環境を実現していくうえで大きく影響する状況をいくつか示してみよう。明視照明としては，これらの現象は好ましくない場合が多いが，雰囲気照明のためには用いることがある。

グレア

視野内に輝度の極端に高い点などがあると，まぶしさを感じる。このまぶしさのために対象の見にくさ，疲労，不快感といった現象が引き起こされる。これを**グレア**という。

光源から直接目に光が差し込むことを**直接グレア**，物体の反射光によるものを**反射グレア**と呼ぶ。

また，機能上の視点から見やすさを損なうものを**減能グレア**と呼び，心理的な不快感を引き起こすものを**不快グレア**と呼ぶ。この両者は必ずしも分離できない場合がある。

グレアの生じやすい定性的条件としては，四つの条件が挙げられる（図2-2-5）。

まず，**光源が注視点への視線方向に近い場合**。どんな

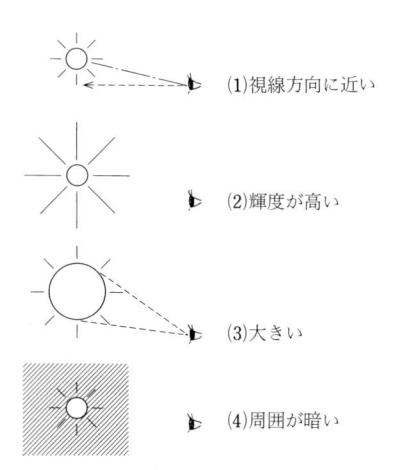

図 2-2-5　グレアの生じやすい条件

(1)視線方向に近い
(2)輝度が高い
(3)大きい
(4)周囲が暗い

照明でも，光源自体を注視するとかなりまぶしい。野球選手が照明でボールを見失うのは，注視点と光源が一致して，そのまぶしさのために視認能力が低下するためである。

当然，**光源の輝度が高い場合**はまぶしさを感じる。

光源の立体角が大きい場合もグレアを生じやすい。さざ波できらきらと乱反射する水面などは，この場合に相当する。

光源の周囲が暗い場合もグレアが生じる。周囲の暗さに目が順応し，目の感度が上がっているため，相対的に光源の輝度が高く感じられることになる。

作業面となる机上，壁面，コンピューター・ディスプレイといったものは，グレアの発生条件に当てはまらないようにしなくてはならない。直接グレアだけでなく，作業面への反射グレアも含めて考えておく必要がある（図2-2-6）。

グレアを防ぐためには，視線がどの方向を向いているかをまず知ることが必要である。そのうえで目に入る光束量があまり多くなり過ぎないような計画や制御を行うのがよい（図2-2-7）。

モデリング

側面や上面など一方向だけから強い光が当たると，強い影が現れる。逆に，視線方向からだけの光しかない場合には影がまったく生じない。このような現象が起きると物の立体感がとらえられなくなったり，人の表情がどぎつくなったりする。対象の立体感，形状の見え方を指して**モデリング**という。

光の分布が一方向だけに偏らないような，バランスのとれた照明を心掛けるべきである（図2-2-8）。

シルエット

明るい窓などを背景にすると，その窓の前にある物体の正面が影になる。周囲の明るさに目が順応してしまう

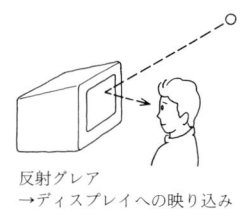

図 2-2-6 グレアを生じる例 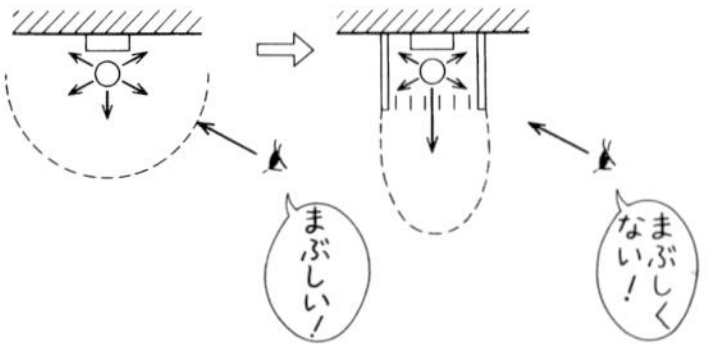　　図 2-2-7 グレアを防ぐ光の制御の例 　　図 2-2-8 モデリングが悪くなるとき 　　図 2-2-9 シルエット現象

ため，影となった部分が見にくくなる。この現象を**シルエット現象**という。

シルエット現象を防止するには，背景となる部分の明るさを下げるか，影となっている部分を明るくするか，どちらかの方法で明るさのコントラストが高くなり過ぎないようにする。背景が窓面であるような場合に生じやすいので，カーテンやブラインドを使用して強い光が差し込むのを遮るか，対象正面にも十分光が当たるような照明ができるよう照明計画を考えたい（図 2-2-9）。

光源の種類と特徴

人間は太陽の光の下で生活していたため，太陽光で物を見るのが一番自然に見える。波長分布から見ても，太陽の光は幅広い範囲の光を含んでいるという特徴がある。

それに対して電灯照明は種類によって，発光の仕組み，寿命，効率，光源色といった点でかなり異なる。ここでは，それらの特徴について述べる。

発　光

光の発生する原理は，大きく分けて二つある。一つは温度上昇に伴う放射作用によるもので，代表的なものは白熱電球である。もう一つは電気的エネルギーや化学的エネルギーなどの状態変化に伴う発光によるものである。これを**ルミネッセンス**という。蛍光灯，水銀灯，高圧ナトリウム灯は気体中のルミネッセンスであり，発光ダイオードは固体のルミネッセンスである（図 2-2-10）。

人間が昔から使用してきた人工光源は「火」であろう。火は同時に暖を取り，調理にも使えるという，人間生活の質を格段に高める重要な文明であった。最初は木や草といった自然素材をそのまま燃やしていたのだろうが，室内で扱いやすい灯火の燃料として，油脂を使用するようにもなった。このような光は風に弱いので，風除けのための覆いが必要であった。日本の和室に見られる電灯のかさは，これに由来する。一方，洋室における電灯のランプシェードは，白熱電灯の強い光によるグレアを防ぐとともに，明るさを適当な範囲へと制御するために工夫されたものである。

寿命および効率

一般的にいえば，ルミネッセンスによる光源のほうが，寿命が長く，電力当りの光束の値（効率）も高い。高所など手の届きにくい場所の電灯に寿命の短い物を用いると，取り替える手間が多くかかることになる。

また，長時間使用する場合には経済性のことも考慮しておく必要がある（図 2-2-11）。

演色性

光源の波長の分布（スペクトル）を見ると，太陽光は広範囲な波長をすべて含んでいる。物体の色とは，光源からの光の反射であり，太陽光にいろいろな色の成分が含まれているから，それぞれの色を正しく認識できる。しかし，人工照明の波長の分布は太陽光とは異なるものである。特にルミネッセンスによる光源の場合，ある特定の波長しか含まないこともある。そのような光源の場合，物体色が正しく認識できないことがある。

たとえば，トンネルなどで多く使われる低圧ナトリウムランプ（オレンジ色の照明）のもとでは，色を正しく認識することがむずかしい。これは，低圧ナトリウムランプの光にはいくつかの波長成分しか含まれていないことが原因である。このような物体表面の色が自然に見える度合いを，光の**演色性**と呼ぶ。

多様な波長を含んでいることが，演色性のよい光の条件である（図 2-2-12）。

ある光源の下での色の見え方が，基準の光源と比較して，どの程度ずれているかを表した指標を**演色評価数**という。色の見え方という主観的なものを定量的な数値で表せる。色ごとに求めることができるが，総合的な演色性を表す数値としては，決められた代表色八つに対する平均値（平均演色評価数：Ra）を用いている。

色温度

ある光源の色が，黒体からの熱放射による光の色と等しいとき，その光源の色を放射黒体の絶対温度 K（ケルビン）によって表現できる。このような表現の仕方を**色温度**という。

熱をもった黒体の放射する光の色は，温度が低いときは赤みがかった色になり，温度を高くしていくと白くなり，さらに高くしていくと青みがかった色になる。

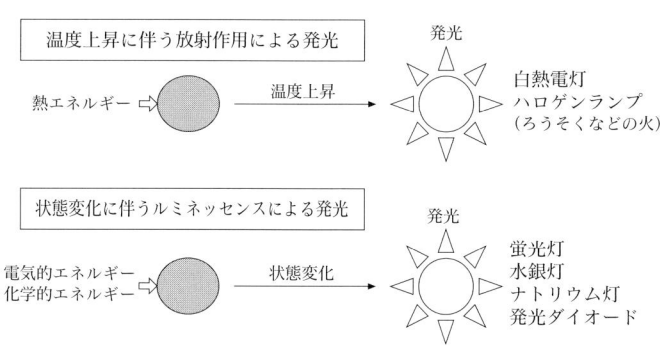

図 2-2-10　発光の原理

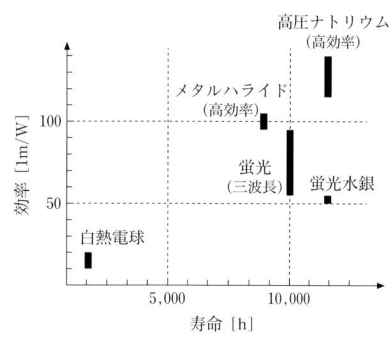

図 2-2-11　光源の寿命と効率(値は目安)

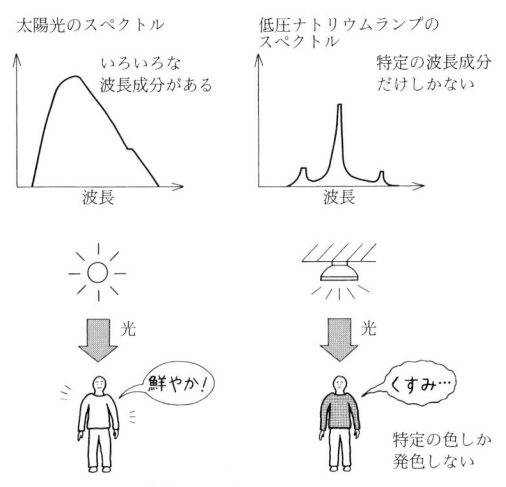

図 2-2-12　演色性とは色の見え方の自然さを示す

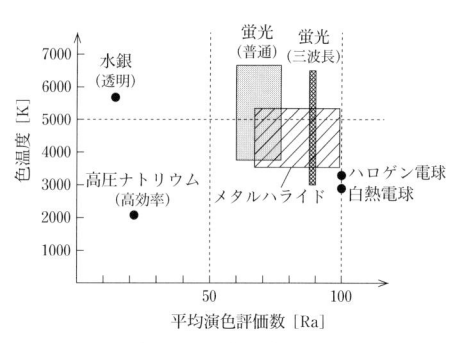

図 2-2-13　各種光源の色温度と演色性(値は目安)

青白い光は冷え冷えとした感じを与えるが，色温度は高い。赤い夕日のような光は暖かい感じを与えるが，色温度は低い。直感的な印象と異なる点に注意しなければならない(図 2-2-13)。

電灯照明の方式

明視照明であろうと雰囲気照明であろうと，室内に光を配分する方法は，照明の目的を達成するための重要な技法である。

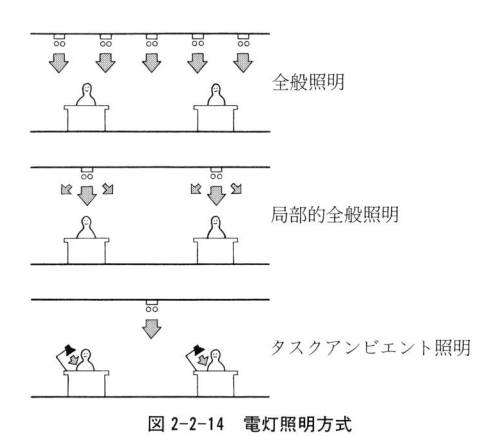

電灯照明は，光の強さや方向などを，室内で自由に制御することができる。その方法によって室内のイメージや使いやすさは大きく変わる(図 2-2-14)。

全般照明

全般照明とは，室内全体をくまなく照らす照明器具によって，作業面も周辺も同時に明るくする手法である。多くの場合，天井に照明器具を均等に設置することで，明るさを確保している。

室内全体が一様に明るくなるので活気があり，また，順応状態が変わらないので，目の負担の少ない照明方法であるといえる。その反面，常に全体を照明することになるので，エネルギー消費の点からは不利になる。

局部的全般照明

局部照明は，作業面などの限られた領域のみを照らす手法である。しかし，室内全体も作業面より暗くてよいとはいえ，多少の明るさが必要である。そのため全般照明と同様の照明器具を使って作業面を重点的に照明しつつ，その光で周辺の明るさも同時に確保する方法をとっている。

全般照明にみられるエネルギー消費の無駄を少しでも

図 2-2-14　電灯照明方式

第 2 章　光の美　光の機能

抑えるという点からは有効であるが，室内のレイアウト変更などがある場合に柔軟に対応できないという欠点がある。

タスクアンビエント照明

作業面の明るさは手元の照明で各居住者が確保するというのが，タスクアンビエント照明の基本的考え方である。共用部分である周辺は，専用の照明器具によってある程度の明るさを確保しておくという手法である。

全体の明るさを低く抑えられるので，エネルギー消費の点からは有利であるが，手元灯の設置などで初期コストは高くつく。また，必要な場所しか明るくないので，全体的に暗くなり，活気のある雰囲気になりにくい。

照明器具の配光

照明器具は，光源の種類，向き，シェードの形状といった要因によって，どの方向に光束がたくさん分布するかが異なる。放射角ごとの光度を測定したものを**配光分布**という。

照明器具の全光束の何％が下向きかによって，**直接照明，半直接照明，全般拡散照明，半間接照明，間接照明**と分類されている。

光を配置する方法にもいろいろある。天井からだけでなく，壁や床に近いところからなどがあると考え出されている。それぞれ配光分布も多様である（図2-2-15）。

通常，住宅の照明などでは，電源だけを確保して，照明器具はあとから変えられるようになっている。市販の安価な照明器具を，好みに応じて取り替えられるという利点がある。

それに対して，光天井，コーブライト，ダウンライトのように，建築と一体化して簡単には変えることのできないものもある。これを**建築化照明**という。室内のデザインにすでに盛り込まれているので，建築時に同時施工する必要がある。仕上がりとしては，統一感のあるすっきりとしたデザインが可能だが，その反面，変更することがむずかしくなり，保守管理がやりにくくなるという問題もある（図2-2-16）。

昼光照明の方式

昼光照明の場合，どのような開口を設けるかによって室内の光の分布が違ってくる。また，開口周辺の付属物によって光を制御することもよく行われる手法である。

昼光照明の場合は，光源自体を変えることができないので，いかにうまく取り入れるかは開口部の構造によって決まる。どのような場所を開口とするかというプランにかかわることなので，建築の設計と照明の設計を相互に考え合わせつつ進めなくてはならない。

窓の位置

窓の位置は大きく分けて，壁に設置する**側窓**と，天井に設置する**天窓**がある。窓位置は，高い位置にあるほうが部屋の奥まで光が届きやすくなる。床面に近い窓は，一度床面に反射して室内に入るため，机の上を明るくする効果は弱いが，下から上に向けて陰影が生じるので独特の効果がある（図2-2-17）。

方位については，日本では南面の窓が好まれる傾向があるが，直射光が入るので安定性は低い。北側の窓は直射光が入らず，天空からの拡散光だけなので安定した光が得られる。

天窓の場合，側窓に比べて光を取り込む効果が大き

直接照明	半直接照明	全般拡散照明	半間接照明	間接照明
下方への光束が 90～100％	下方への光束が 60～90％	下方への光束が 40～60％	下方への光束が 10～40％	下方への光束が 0～10％

図2-2-15　配光のいろいろ

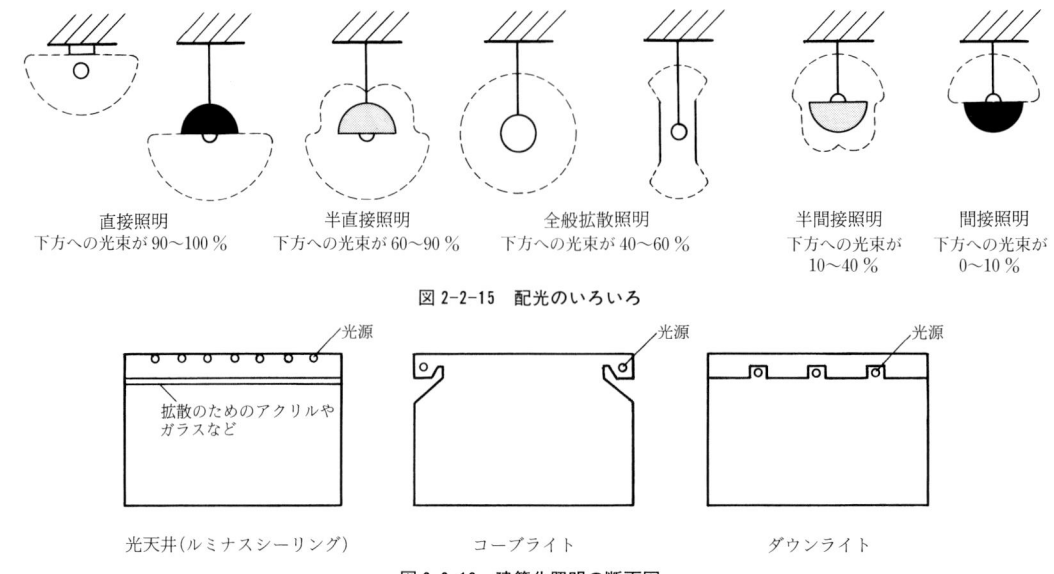

光天井（ルミナスシーリング）　　コーブライト　　ダウンライト

図2-2-16　建築化照明の断面図

く，照明としての効果は高い。また天窓は，隣接する建物や樹木による影響を受けにくい。このため建築基準法では，天窓の面積は側窓の3倍の面積に相当するとみなしている（図2-2-18）。

窓の構造

熱負荷の点からすると，太陽の光は冬には多く取り入れて，夏の直射はなるべく避けたい。昼光照明の点からは，明視性に悪影響を与えるような直射は取り入れたくない。このような条件を制御するために建築の開口部には各種の工夫がされてきた。

最も単純な例では庇(ひさし)があるだろう。そのほかにもルーバー，ブリーズソレイユといった窓の外に固定的な装置を設置することもある。オーニング，すだれ，ブラインド，カーテンといったものを開口部の内外に設置して，可変的な制御を可能にするものもある（図2-2-19）。

遮断材料

窓が素通しだと，冷たい風が侵入したり，外の音を防げなかったりと，環境工学的に不都合な点が多くなる。そのため通常は，サッシをはめて外部空間から遮断できるようにする。

窓の素材には光をよく透過するので，ガラスが多く用いられる。一口にガラスといってもいろいろな種類がある。プライバシー保護のためには歪みの多い型ガラスや摺りガラスやガラスブロックが使われる。日射の熱負荷が高い場所では吸熱ガラスや反射ガラスといったように使い分けがされている。

障子紙は光を拡散させる効果が大きい。人工光源の乏しかった時代には，障子窓は部屋の奥のほうまで明るくするためのよい方法であったといえる（図2-2-20）。

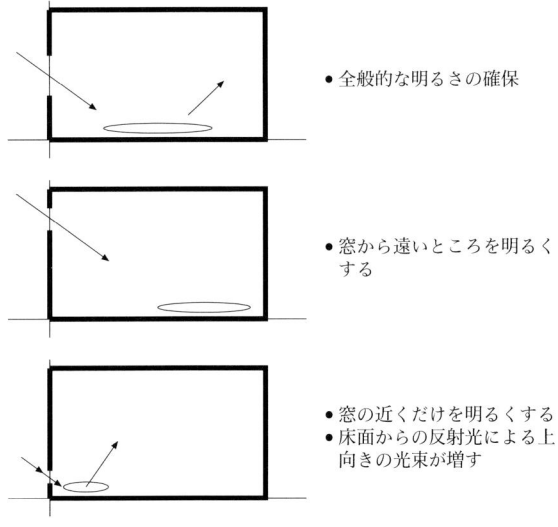

- 全般的な明るさの確保
- 窓から遠いところを明るくする
- 窓の近くだけを明るくする
- 床面からの反射光による上向きの光束が増す

図2-2-17　側窓の高さによる効果

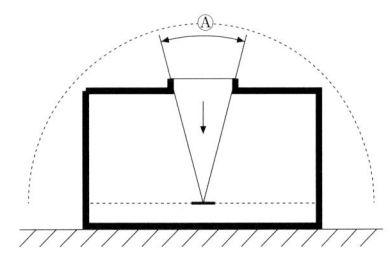

天窓と側窓の立体角，それぞれⒶ，Ⓑは同じであるが，天窓は受照面に光束がほぼ鉛直に入っている。側窓は入射角が大きくなるので，受照面照度は天窓のほうが大きい。ただし，天窓は通風には有効ではない。

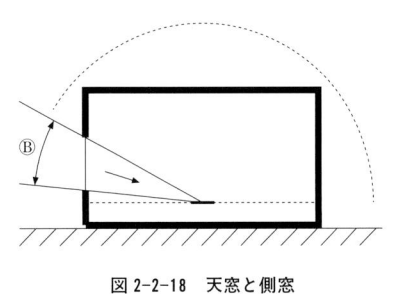

図2-2-18　天窓と側窓

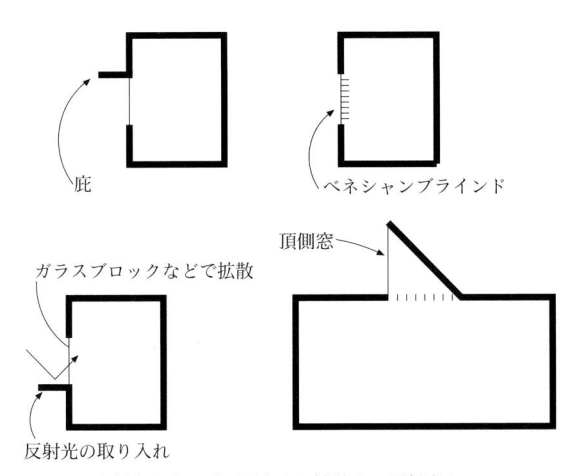

直射光を入れず，天空光や拡散光，反射光を室内に導く工夫はいろいろ考えられている。

図2-2-19　窓の工夫

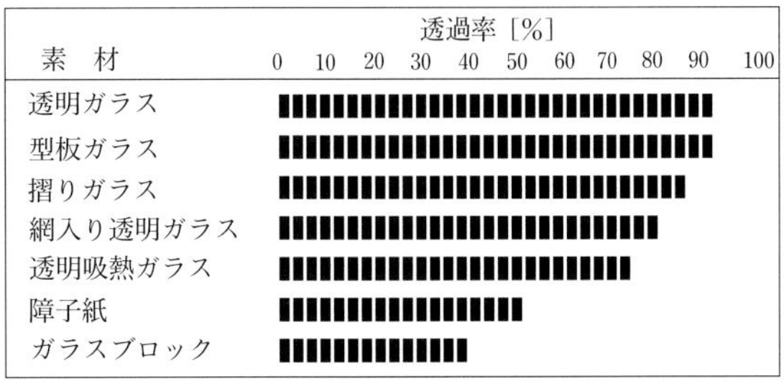

図2-2-20　窓の素材の透過率の目安

2-3 照明の設計

照明の設計では通常，照明計画として昼光照明と電灯照明をどのようなものにしていくかを検討する。空間の用途に応じた光環境を実現するためには，手順を追った設計が必要である（図2-3-1）。

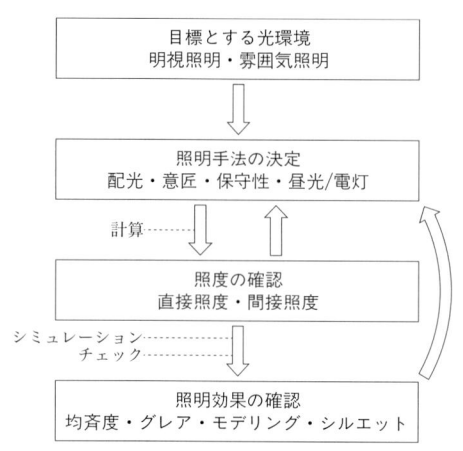

図 2-3-1　一般的な照明設計の概略

照明の設計手順

建築空間の照明設計をするには，目標とする光環境の想定が必要である。得たいと思う明るさ，空間の質，印象などを想定する。それらを実現するため，安全性や経済性のこともふまえて方針を明確化する。実際には，窓の配置，照明方式，照明器具の種類と量を決めるという作業を行う。

なお，舞台照明や景観照明については，また別の考え方も必要となるので本書では扱わない。

方針に基づいて作成した照明計画が適当であるかどうかをチェックするために，各種の照明に関する計算をする。居住者の視点に立って，さまざまな障害が生じないかをチェックすることが欠かせない。不都合な点があれば計画案を修正し，この手続きを繰り返す。夜であれば電灯照明だけを考えればよいが，昼間のオフィスや教室のように電灯照明と昼光照明の両者を同時に使用することもある。このような場合には，両照明の予測値の和をとったものが最終的な光環境となる。

確認のための計算としては，机の上などの室内作業面照度の分布を予測することから始まる。予測計算には精算法と略算法がある。

その後，空間の二次元的な分布のばらつきである均斉度や空間を三次元的な問題であるグレア，モデリング，シルエットといった点を確認し，障害が生じないよう照明計画を修正していくことになる。

電灯照明による室内の明るさ

夜間や，無窓空間ではどうしても電灯照明に頼らざるを得ない。また，障害の発生を抑制するために，昼間でも補助的な照明として電灯を用いる場合もある。最終的な光環境としては，昼光と電灯光の和を計算する必要がある。

また，光源から直接受照点に到達する光による照度は**直接照度**と呼ぶ。これに対して，光源から直接受照点に行かず，室内で反射を繰り返した後に到達する光による照度は**間接照度**と呼ぶ。実際の照度は，この直接照度と間接照度の和である（図2-3-2）。

ここでは，電灯照明によって適当な視環境を実現するための予測と設計方法について述べる。

直接照度

直接光による照度を直接照度と呼ぶ。直接照度の計算は基本的には前述「光の物理量」の項で定義した関係を用いる。ただし光束を直接計測することは少ないので，少々展開しておく。

まず，$I = \dfrac{\phi}{\omega}$ に $\omega = \dfrac{A}{r^2}$ を代入すると，

$$\phi = \frac{I \cdot A}{r^2} \tag{2-3-1}$$

ϕ：光束 [lm]
A：受照面面積 [m²]
r：光源と受照面の距離 [m]
I：光度 [cd]
E：照度 [lx]

これを照度の定義式に代入すると，

$$E = \frac{\phi}{A} = \frac{I}{r^2} \tag{2-3-2}$$

となる。これは光束が受照面に垂直に入射した場合の値である。受照面が θ だけ傾くと，その見かけの面積は，$A \cdot \cos\theta$ となる。したがって，

$$E_\theta = E \cdot \cos\theta \tag{2-3-3}$$

と一般化できる（図2-3-3）。

光源位置と受照点位置が定まっている場合は，この方法で直接照度を予測することができる。

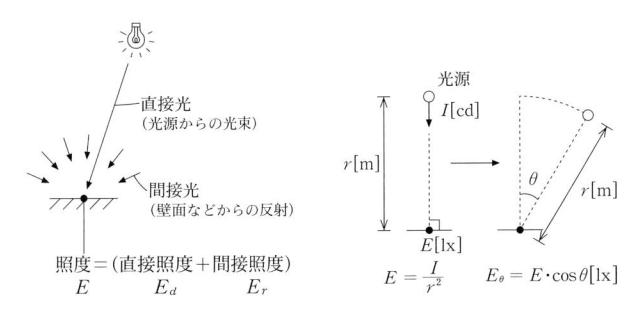

図 2-3-2　直接照度と間接照度

図 2-3-3　光度と照度の関係

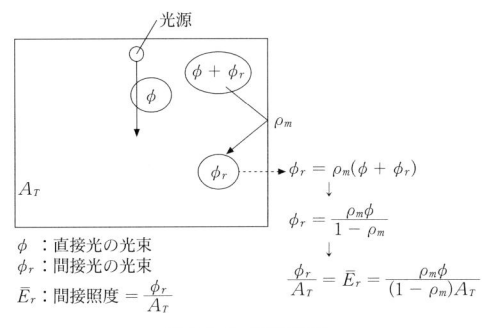

図 2-3-4　間接照度

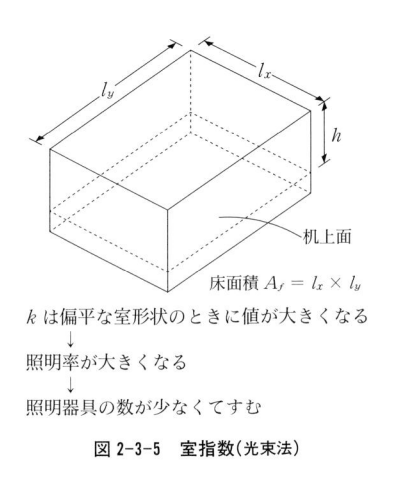

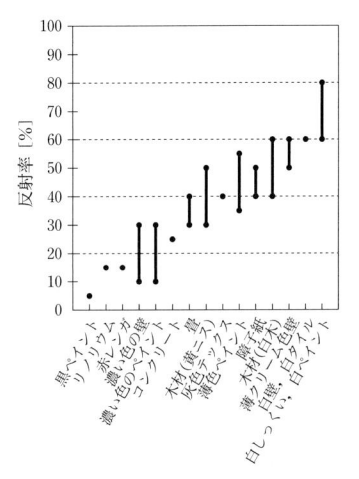

図 2-3-5　室指数(光束法)

k は偏平な室形状のときに値が大きくなる
照明率が大きくなる
照明器具の数が少なくてすむ

図 2-3-6　仕上げごとの反射率の概数

間接照度

間接照度は直接照度に比べると，正確な計算がむずかしい。また，直接照度と比較すると，その値は小さく，全体の照度のなかで間接照度を精算する必要性はあまりない。ここでは略算方法だけを示す。

照明器具などからの光束が全部合わせて ϕ であり，室内平均反射率を ρ_m（面積加重平均），室内全表面積を A_T とすると，全体としてのエネルギー収支を考えれば，

$$E_r = \frac{\rho_m \cdot \phi}{((1-\rho_m) \cdot A_T)} \quad [\rho < 0.5] \quad (2\text{-}3\text{-}4)$$

となる。これは光束を元にしているので，光源の形状によらない。したがって，電灯照明に限らず昼光照明でも同様のことが成り立つ（図2-3-4）。

光束法

照明器具の本数や器具数を求めるための略算法に，**光束法**（こうそくほう）と呼ばれる方法がある。

光束法では，まず部屋の偏平度を表す**室指数** k を求める。この値が大きいほど偏平であり，効率のよい照明が可能である（図2-3-5）。

$$k = \frac{A_f}{h(l_x + l_y)} \quad (2\text{-}3\text{-}5)$$

A_f：床面積
h：机上面から天井までの高さ
l_x, l_y：室の縦と横の長さ

表2-3-1より，室指数と室内の反射率，および照明器具の種類によって，**照明率 U** が決まってくる。この値と，得ようとする明るさ(所要照度)，器具1台当りの光束，保守率を考え合わせて，照明器具の台数 N を求めるのである。

$$N = \frac{A_f \cdot E}{U \cdot \phi_L \cdot M} \quad (2\text{-}3\text{-}6)$$

E：所要照度
ϕ_L：照明器具1台当りの光束
M：保守率

光束は器具メーカーのカタログによる値を用いる。照明率は室指数と天井，壁，床それぞれの反射率ごとに示された図表より求める（図2-3-6）。

保守率は，光束の目減りを表す数値で，おおむね0.65～0.75を当てることが多い（表2-3-1）。

表 2-3-1　照明率の例（アルミルーバー型照明器具）[1]

反射率[%] 天井	80						70						50				30	20	0
壁	70		50		30		70		50		30		50		30		30	10	0
床	30	10	30	10	30	10	30	10	30	10	30	10	30	10	30	10	10	10	0
室指数	照　明　率　（×0.01）																		
0.60	45	41	36	34	31	30	44	40	35	34	30	30	34	33	30	29	30	29	26	25
0.80	53	48	44	42	39	37	52	47	44	41	39	37	42	40	38	37	37	36	34	33
1.00	58	52	49	46	44	41	56	51	48	45	43	41	47	44	42	41	41	40	38	36
1.25	62	55	55	50	49	46	61	54	53	49	48	46	51	48	47	45	46	44	42	41
1.50	65	58	58	53	53	49	63	57	57	52	52	49	55	51	50	48	49	47	45	44
2.00	71	61	64	57	59	54	68	60	63	57	58	54	60	56	56	53	54	52	50	49
2.50	73	63	68	60	63	57	71	63	66	59	62	56	63	58	59	56	57	55	53	51
3.00	75	65	70	62	66	59	73	64	68	61	65	59	65	60	62	58	59	57	55	54
4.00	78	66	74	64	71	62	76	65	72	63	69	61	68	62	65	60	62	59	58	56
5.00	80	67	76	65	73	64	77	66	74	65	71	63	69	63	67	62	64	61	59	58
10.00	83	69	81	68	79	67	80	68	78	67	77	67	73	66	72	65	68	64	63	62

昼光照明による室内の明るさ

　普通，昼間の室内を明るくするには昼光照明を取り入れる。人工照明は補助的に使用するにとどまる。

　窓から光を取り入れるということは，外の景色を見ることができるということでもある。逆に窓がないと，圧迫感が大きくなり，空間の印象を悪くする要因となる。人工照明を最小限に抑えることは省エネルギーにも役立つ。

　しかし，むやみに窓を大きくし過ぎると，不都合なことが生じる可能性もある。冬には窓から熱が逃げやすくなり，夏は太陽の直射光によって室内が熱くなり過ぎるからである。また，直射光は明る過ぎてグレアを生じたり，モデリングを悪化させたりする要因にもなりやすいので，なるべく遮ることが望ましい。

　同じ窓面積でも，効率のよい照明効果をもつように窓の配置を考える必要がある。

昼光照明の特徴

　太陽の光を利用する昼光照明は，以下のような特徴がある。

- コストがかからない
- 明るい
- 演色性がよい
- 明るさが，時刻，天候，季節で変動する。

　コスト，明るさ，演色性は大きな利点であるので，室内の照明設計においては，まず昼光を有効に利用できるような計画をするべきである。ただし，明るさの変動という要因から，照度そのものを室内の明るさの指標とすることができないので，変動しない明るさの指標である昼光率を用いて設計を進めることになる。

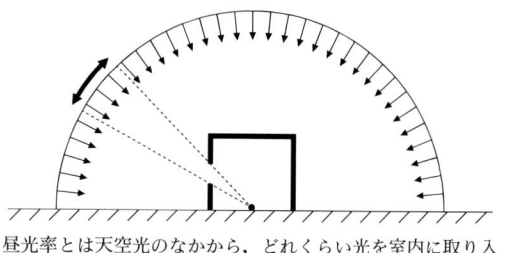

昼光率とは天空光のなかから，どれくらい光を室内に取り入れられるかを示す値である

図 2-3-7　昼光率

昼光率（D）

　昼光は太陽の位置や気象条件の影響を大きく受け，緯度，季節，時刻，天候によって変動する。そこで，外部光をどれくらいの割合だけ内部に取り込むことができるかという比によって昼光照明を評価する。この比のことを**昼光率**という（図2-3-7）。式で定義すると，

$$D = \frac{E}{E_s} \qquad (2\text{-}3\text{-}7)$$

　　D：昼光率
　　E：室内のある受照点の水平面照度
　　E_s：全天空照度（直射光は含めない）

　この昼光率は，室内の各点において独立な値をもつ。昼光率と全天空照度がわかれば，その点の照度もわかる。

　照度に直接照度と間接照度があるのと同様に，昼光率にも直接昼光率と間接昼光率がある。それぞれ，受照点照度を直接照度，間接照度にしたものとなる。直接昼光率と間接昼光率の和が全体の昼光率となる。

昼光率の基準

　昼光率は，基本的には照度基準を満たすように設定されていればよい。しかしそれでは，かなり計算をした後

表 2-3-2 基礎照度[2)]

段階	基準昼光率 [%]	平均的昼光環境のため		最低基準確保のため	
		行動のタイプ例	室空間の種別例（室中央床面上）	視作業・行動のタイプ例	室空間の種別例
1	5	—	—	長時間の精密な視作業（精密製図、精密工作）	設計・製図室（天窓、頂側光による場合）
2	3	—	—	精密な視作業（一般製図、タイプ）	公式競技用体育館、工場制御室
3	2	不特定多数の歩行、待合せ、休憩	駅・空港コンコース、アトリウム	長時間の普通の視作業（読書、診察）	事務室一般、診察室
4	1.5	食事、休憩	インテリジェントビル食堂・休憩室	普通の視作業（板書、会議）	一般競技用体育館、教室一般、病院検査室
5	1	待合せ、団らん、調理	病院待合室、住宅の居間・台所	短時間の普通の視作業または軽度の視作業（短時間の読書）	絵画展示美術館（展示絵画上）
6	0.75	多人数の歩行	事務所の廊下・階段	短時間の軽度の視作業（包帯交換）	病院病室
7	0.5	接客、休憩	住宅の応接室・玄関・便所	ごく短時間の軽度の視作業（荷作り）	倉庫
8	0.3	住宅内の歩行	住宅の廊下・階段	短時間出入りする際の方向づけ（通常の歩行）	病棟廊下
9	0.2	—	—	停電の際などの非常時	体育館観客席、美術館収蔵庫

この表にない視作業や室空間については JIS 照度基準等を参考にする

でないと結果がわからない。そのため、ある程度の目安は規定されている。この表にない空間については、JIS に定められた照度の基準に準じて昼光率を推定できる。

昼光率は室内の位置によって値が異なり、その導出の手間はかなり大きい。建築基準法では、これをもっと簡便化してわかりやすくするため、床面積に対する窓面積の比（開口率）で基準を設けている。昼光率のようなものでは実用的ではないのである。住宅などでは空間形態がそれほど突飛なものにはならないので、このような基準が有効なのである（表 2-3-2）。

直接昼光率（D_d）

直接昼光率 D_d は、窓を光源とした場合の、窓形状と受照位置との関係でほとんどが決まる。今、窓面が一様な輝度で完全拡散面であることを仮定する。すると、その窓から取り入れられる明るさは、その窓の見かけの大きさである立体角に比例する。しかし、窓位置が水平面に近いほど入射する光束と受照点との傾きが大きくなり、余弦則の原理と同様にして照度は小さくなってしまう。これを完全に反映する指標が**立体角投射率** U と呼ばれるものである。立体角投射率は、見かけの大きさを仮想的な天球に投影し、それを、さらに水平面に対して投影したものの面積と、天球全体の投影面積との比である。こうすることで、見かけの大きさが同じであっても、水平面近くの窓では、その値が小さくなり、天頂付近では大きくなる（図 2-3-8、図 2-3-9）。

$$U = \frac{S_w''}{S_c} \quad (2\text{-}3\text{-}8)$$

そして実際には、立体角投射率に素材の透過率 τ、保守率 m、サッシュ部分や壁厚による影響部分を考えた窓面積有効率 R などの補正の重みを掛け合わせた値が直接昼光率となる。

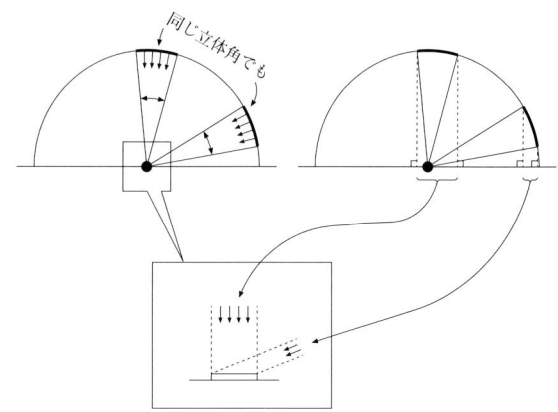

立体角を水平面に投影すると、その大きさが光束量を反映する

図 2-3-8 立体角投射率と明るさ

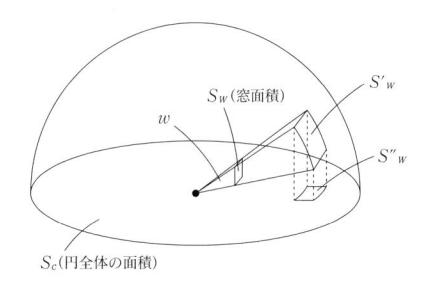

図 2-3-9 立体角投射率の定義

$$D_d = \tau \cdot m \cdot R \cdot U \quad (2\text{-}3\text{-}9)$$

単純な円形などの場合を除いた立体角投射率は、計算によって求めることが非常にむずかしいので、通常は図表を用いて求める（図 2-3-10）。

間接昼光率（D_r）

間接照度を求めるための間接昼光率 D_r の値は、窓面への入射光束量と室内の反射率によって決まってくる。

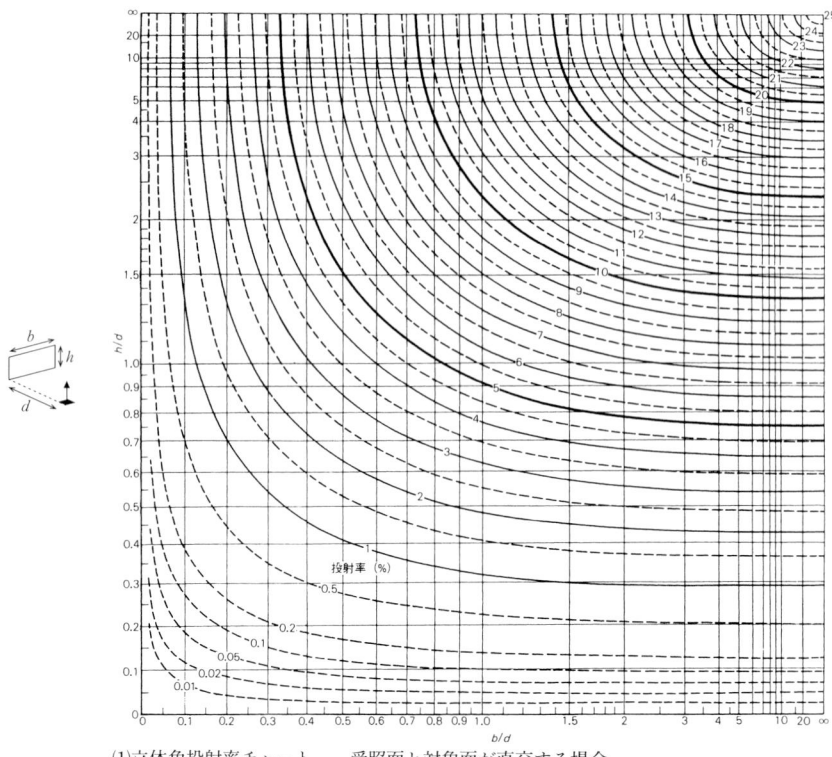

(1)立体角投射率チャート　　受照面と対象面が直交する場合
（机上面と側窓のような位置関係）

(2)立体角投射率チャート　　受照面と対象面が平行な場合
（机上面と天窓のような位置関係）

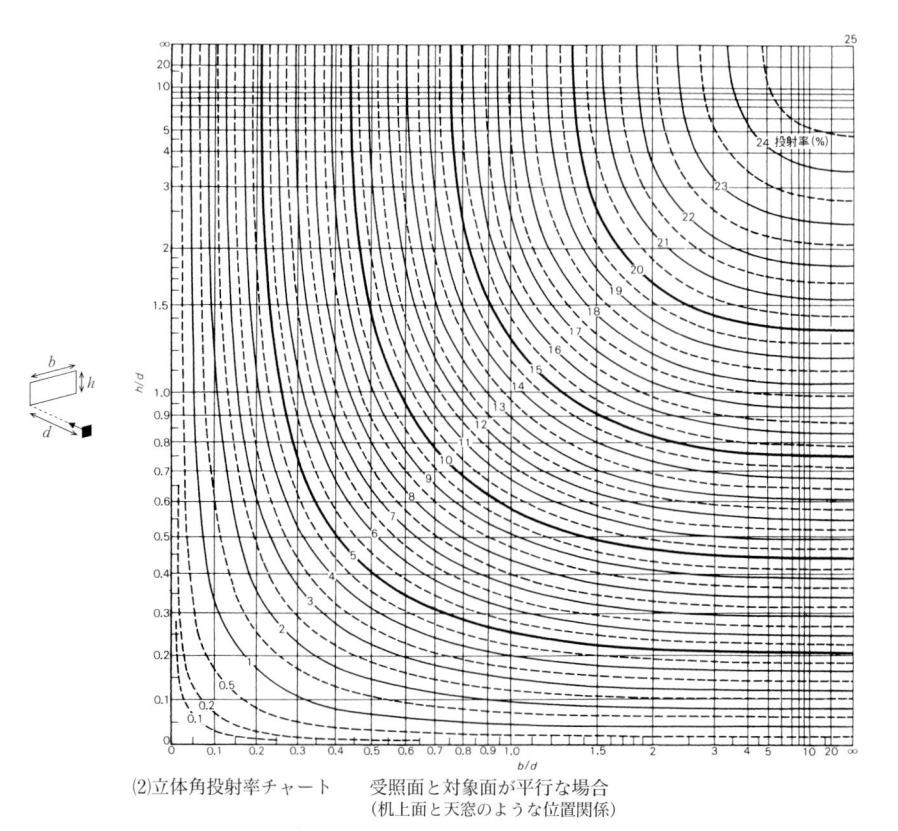

図 2-3-10　立体角投射率の考え方[3]

光源によらず間接照度は式 2-3-11 で示されるとおりであることから，これを全天空照度で割ると間接昼光率となる。

$$D_r = \frac{E_r}{E_s}$$

$$= \frac{\rho_m \cdot \left(\frac{\phi}{E_s}\right)}{((1-\rho_m) \cdot A_T)} \quad (2\text{-}3\text{-}10)$$

ここで窓面から入射する光束 ϕ を求めるため，窓面における昼光率という概念が必要となる。**窓面昼光率** D_W は全天空が一様な明るさで，窓の前に障害物がまったくないという条件であれば，天球の半分を見通すことになるので 50％となる。しかし，実際には全天空は一様ということはなく，隣接建物などの障害物があることも多い。そのため，計算によってこれを求めることができないので，通常は窓の方位と障害物の高度をパラメーターとした一覧表から求める。

$$\frac{\phi}{E_s} = D_W \cdot S_W \cdot \tau \cdot m \cdot R \quad (2\text{-}3\text{-}11)$$

という形で表せる（図 2-3-11）。

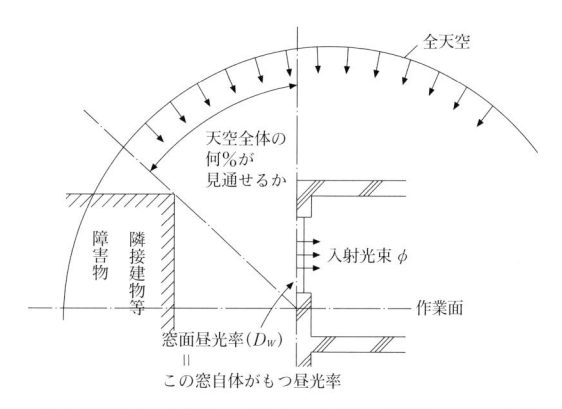

図 2-3-11　窓面昼光率 D_W

窓面昼光率は，採光窓の方位や，窓前面の障害物によって変わってくるので，計算式によって求めることができない（表から読む）。

出典
1) 東芝ライテック『施設照明器具カタログ』東芝ライテック，1989
2) 日本建築学会編『昼光照明の計算法』丸善，1993
3) 日本建築学会編『建築設計資料集成 1．環境』丸善，1978

2-4　建築の色彩設計

建築における色彩は，見た目のイメージを大きく左右するデザイン要素である。色は素材そのものの色に縛られることなく，塗料によって自由に彩色できる。そのため自由度は高く，色の使い方一つで同じ形の空間であっても，まったく異なる印象をもたらすことも可能である。

また，一口に色といっても，表面色（物体色）といって物質に当たった光の反射を認識するときの色と，光源から発生する光自体の色は区別して考える必要がある。ここで扱うのは物体色についてである。

色の名前

色の3属性

表面色には**色相，彩度，明度**という三つの基本的な心理的属性がある。**色相**とは，赤とか青のような，いわゆる色の種類の違いとして感じられるものである。**彩度**とは色の鮮やかさである。彩度が低くなると徐々に色相が感じられなくなる。色相を感じる色は**有彩色**と呼ばれる。それに対し，色相をまったく感じない色（白や黒や灰色）は**無彩色**と呼ばれ，明度という色の明るさの感覚だけを属性としてもつ（表 2-4-1）。

色の表し方

日常，私たちが使っている「水色」であるとか「オレンジ色」といった色の表現は**慣用色名**という。また，明度，彩度の修飾語と色相の修飾語と赤や青といった基本的色名の組合せによる色の表現は**系統色名**という。

人間は，何万色にもわたる色の違いを識別できる。しかし，慣用色名は限られた数しかなく，系統色名も表現に個人差などが入り込む可能性がある。微妙なニュアンスを伝えたり，正確に伝えたりできない。こういったことがないように，色を完全に再現できるようにするため，表色系が必要になる。数値や記号を使って色を表す

表 2-4-1　色の3属性 （3原色とは違う）

属性	内容
色相	色の種類。 青，赤……といった色味の違いを表す。
彩度	色の鮮やかさ。 純色に近いほど彩度が高い。
明度	色の明るさ。 白っぽいものほど明度が高い。 光の反射率との相関がある。

システムのことを表色系（ひょうしょくけい）という。

RGB表色系とXYZ表色系

色の3原色の混色によってすべての色を表そうとして考案された表色系が**RGB表色系**である。スペクトル三刺激値 R, G, B それぞれを直交軸にとり，ベクトルとして表現できる。この方法ですべての色を表そうとすると，原単位とする等色関数 $\bar{r}(\lambda)$, $\bar{g}(\lambda)$, $\bar{b}(\lambda)$ の波長分布に負となるところが生じる。これはマイナスの混色を仮定することになり，奇妙なことである。

このような不都合をなくすため，**XYZ表色系**が考え出された。この表色系では原単位となる**スペクトル三刺激値**の波長分布がすべて正になるように色空間を変換している。このとき R, G, B を変換したスペクトル三刺激値 X, Y, Z の等色関数 $\bar{x}(\lambda)$, $\bar{y}(\lambda)$, $\bar{z}(\lambda)$ は実在の色ではない（図2-4-1）。

$\bar{y}(\lambda)$ は標準比視感度と等しいので，Y の値は色の明るさを表す。また，$x = X/(X+Y+Z)$, $y = Y/(X+Y+Z)$ として，x と y の二つの指標で色の様子を表す。この x と y を**色度座標**と呼んでいる（図2-4-2）。

マンセル表色系

アメリカの画家マンセルの創案による表示法で，1943年にアメリカ光学会で修正し，発展させた表色系である。

マンセル表色系では，色の3属性をそのまま表示方法に用いている。色相は，主に赤(R)，黄赤(YR)，黄(Y)，黄緑(GY)，緑(G)，青緑(BG)，青(B)，青紫(PB)，紫(P)，赤紫(RP)と循環するよう並べ，さらにそれぞれの色を1から10まで細分化して，彩度と明度が感覚的に等間隔となるように段階分けした。

感覚的な分類であるので，彩度の最高値は一定の値ではなく，そのときの色相と明度によって異なる。

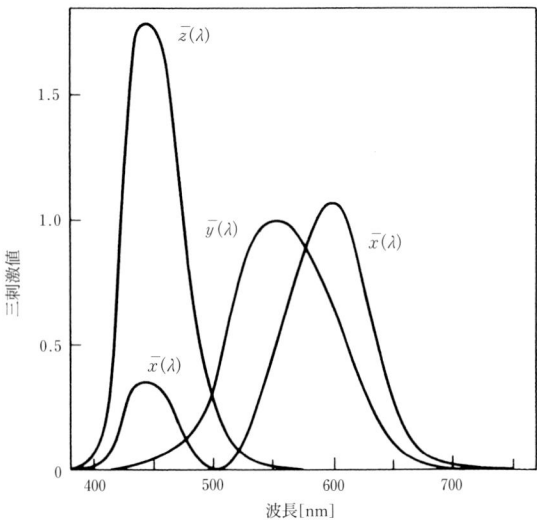

図2-4-1　等色関数（スペクトル三刺激値）

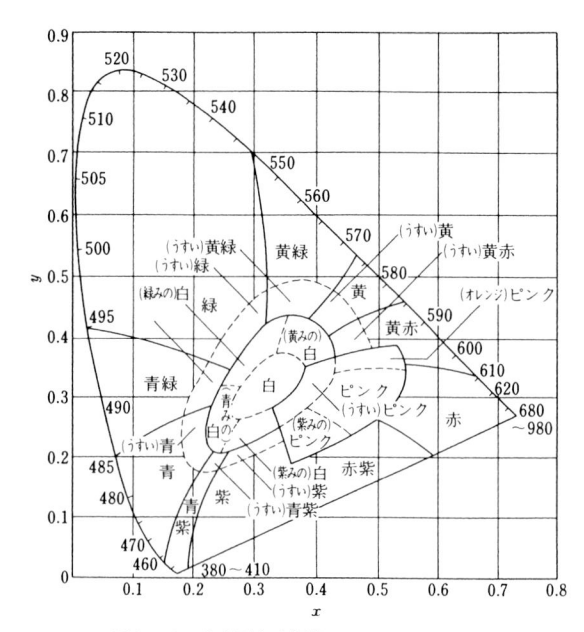

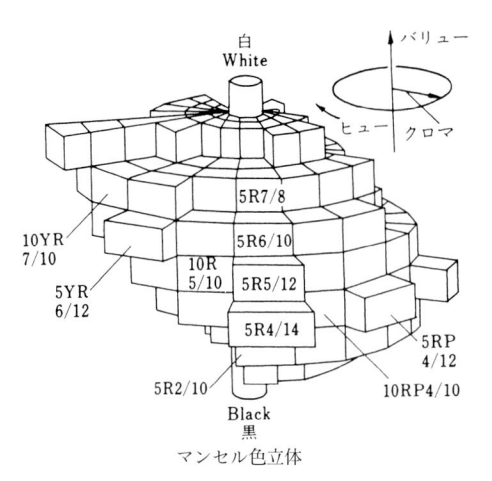

図2-4-2　色度図と光源色（JIS Z 8110-1984 より）

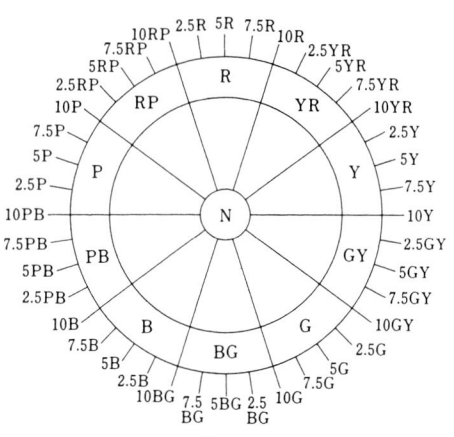

図2-4-3　マンセル表色系による色立体

色の表示方法は，色相を H(ヒュー)，明度を V(バリュー)，彩度を C(クロマ)として，記号で表記する。これを**マンセル記号**と呼んでいる。

有彩色の場合は，「[H] [V] / [C]」のように表記する。たとえば日本人の肌色のような色は 1YR の色相で明度が 6，彩度が 4 程度であるので「1YR 6/4」である。無彩色の場合は，「N [V]」と表記する。白は「N 10」，黒は「N 0」となる。

視感反射率 ρ の略算には，明度を用いることができる。間接照度の計算に必要な ρ_m も，これにより概算することもある。

$$\rho_m \fallingdotseq V(V-1) \quad \{2 < V < 8 \quad 単位は\%\} \tag{2-4-1}$$

マンセル表色系は，有限の色票を使って色を測定するため，離散的な段階でしか色を表現できない。また，色票の印刷という物理的制限から，特に高彩度の色を再現できないので，視覚で感じ取れる一部の色しか表現することができないという欠点がある。

その一方，色票さえあれば特に機器などを使う必要もなく，手軽に色を計測できる。配色を考えるうえでも，感覚を元にしているので考えやすい。このような特徴をもつことから，建築物の色彩計画にはよく用いられる(図 2-4-3)。

オストワルト表色系

ドイツのノーベル賞化学者オストワルトが考案した色の体系。塗料の混色規則を元にしており，非常に美しく体系化されている。純色と白，黒の比によってすべての色を表現しているため，いわゆる明度の概念がない。このため，光の反射との関係が記述できず，建築の計画段階ではあまり使われない (図 2-4-4)。

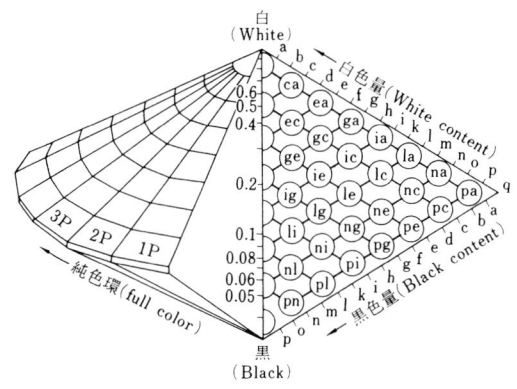

図 2-4-4　オストワルト表色系による色立体

色彩の心理

心理的作用とイメージ

われわれは色からさまざまな印象を受けている。この印象は，温度，重さなど現実の知覚からの類推によっている。以下に示すものは純粋に知覚的な現象として生じる現象である。

●温度感

暖かい感覚を与える色のことを**暖色**という。反対に，冷たい感覚を与える色を**寒色**という。この印象の違いは，色相による効果が大きい。暖色は赤紫，赤，黄といった波長の長い色相，寒色は青緑，青，青紫といった波長の短いほうの色相となる(図 2-4-5)。

●重さ感

色から，そのものの重さの感覚が影響を受けることがある。明度，彩度が低いものは，重たそうな印象を受ける。色相からも影響を受け，寒色のほうが暖色よりも重く感じられる(図 2-4-6)。

●空間位相感

二つの色が隣り合っているとき，暖色や明度の高い色は，もう一方の色より前(上)に浮かび出て見える。このような色を**進出色**という。反対に，寒色や明度の低い色は沈み込んで見える。このような色を**後退色**という(図 2-4-7)。

●対比効果

二つの色が並ぶと互いに影響し合い，相違が強調されて感じられる。たとえば，明度の高いものと低いものを並べると，明度の高い色はより明るく，明度の低い色はより暗く感じられる。このような効果を**対比(コントラスト)**という。対比には**明度対比，彩度対比，色相対比，補色対比**がある(図 2-4-8)。対比により強調されて見える帯状の領域を**マッハバンド**という。

●面積効果

面積が広いものは，より鮮やかに明るく見える。建物の外壁などを小さい色見本で決めると，実際に出来上がったときのイメージと異なり，より派手に感じられる。これを**面積効果**という。色の決定を慎重に行おうとすれば，なるべく大きな試料を作成して決めるのがよい(図 2-4-9)。

色彩調和

身のまわりを見まわしてみれば，まさしくいろいろな色に囲まれている。一つの色しかないことはめずらしい。調和しやすい色の組合せについては，いくつかの理論があるが，その基本的考え方は現在，以下の三つの考え方が主流である。もちろん，これですべて説明できるわけではない。形や面積比なども影響するし，文化的・

図 2-4-5　暖色と寒色

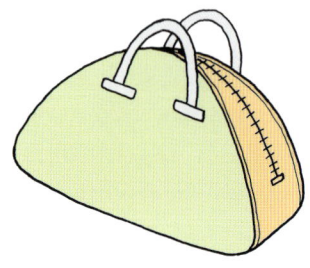

図 2-4-6　どちらのカバンが重いか

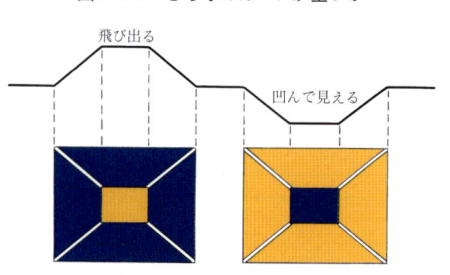

図 2-4-7　進出色と後退色

図 2-4-8　対比による効果

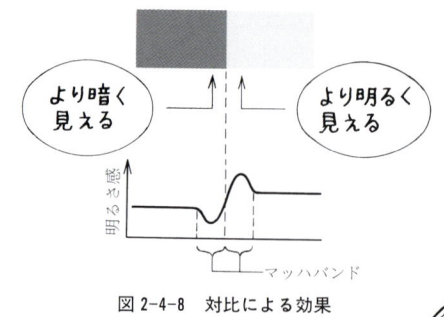

図 2-4-9　面積効果

歴史的背景も影響する。

● 色相の一致

色相を一致させ，明度もしくは彩度を変えた色を並べると調和しやすい（図2-4-10 a）。かなり無難に調和する。明度，彩度を何通りかに分けて配色することも容易にできる。

● 色相の類似

色相が類似したもの同士を並べると調和しやすい。明度，彩度は異なっていてもよい（図2-4-10 b）。

● 色相の対比

まったく異なる色相を対比させると調和しやすい。明度，彩度はなるべく同一のほうがすっきりとする。この場合は，彩度が高いと派手になりやすい（図2-4-10 c）。

実際の空間では色だけが存在するのではない。形があり，形も何らかの印象を引き起こす。平面的な形だけでなく，テクスチュアや陰影の表れ方によって色のイメージは変わる。建築素材の固有の色彩，質感を生かすような色彩計画が必要である。

(a)色相の一致　　(b)色相の類似　　(c)色相の対比

図2-4-10　いろいろな色の調和の例

色彩設計

色彩構成に階層性を与えることが，室内においても街並みにおいても基本となる考え方になっている。階層性を心掛けた色彩計画をすることで，めりはりのある空間を形成することができるようになる。

まず，地となる広い領域は最も下層に当たり，その空間の**基調色**となる。これには目立たない（誘目性の低い）低彩度色を使うことが多い。基調色が目立ってしまうと落着きのない空間になってしまう。数の限られた目立たせたいものについては，**誘目性**の高い色（たとえば純色）や基調色との対比の強い色を用いる（図2-4-11）。

室内の色

現代の住宅では，白や茶色のような色を基調色とすることが多い。YR近辺の色相で高明度，低彩度の色ということになる。

伝統的建築では内壁を赤や青で仕上げたものもある（図2-4-12 a，図2-4-12 b）。彩度はかなり低い色にしてはあるが，色相はYRの近くではない。現代的感覚からすると多少の違和感がある。

基調色に対して，誘目性の高い，アクセントとなる色を配することで空間を引き締める効果が出てくる。家具や家電製品，照明器具が誘目性の高いものに相当する場合が多い。これらの色を統一することで秩序のある空間に見せることができる。

また，床の明度は低く，天井に近づくに従って明度を高くすると自然な安定感を得ることができる。地面は黒く，空は明るいという室外の環境との類似性によるものと考えられる。

街の色

街は住宅内部に比べて非常に多様な要素から成り立っ

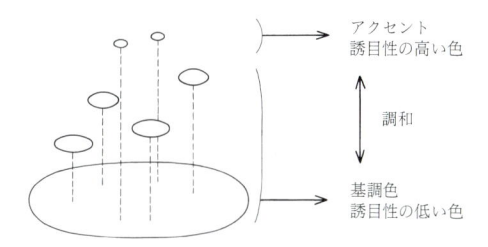

図2-4-11　色彩設計の考え方

図2-4-12 a　和風建築に用いられた赤壁（金沢市の料亭）

図2-4-12 b　和風建築に用いられた青壁（同上）

ているので，うまく階層性を当てはめるのがむずかしい。景観の保全を図っている伝統的街並みなどでは，使用する色や形態に制限を加えている例もあるが，一般的には街全体で色彩計画を行うことは少ない。しかし，大規模な住宅団地，工場団地，商店街の再開発などが行われる際には，その一環として色への関心も喚起しておくべきである。

どのようなものに高い誘目性を与えるかの目安としては図 2-4-13 のようなものがある。基本的には，街の機能としてどうしても必要であるものの誘目性を高める。次いで街の美しさや楽しさの演出に貢献するようなものがくる。広い面積を占める壁面などは，基調色として重要である。部分的アクセント以外は誘目性の高い色は用いるべきではない。

不必要に高い誘目性の色が大きな面積を占めると，それは**騒色**となりやすい。単体の建物の場合，特に，それ

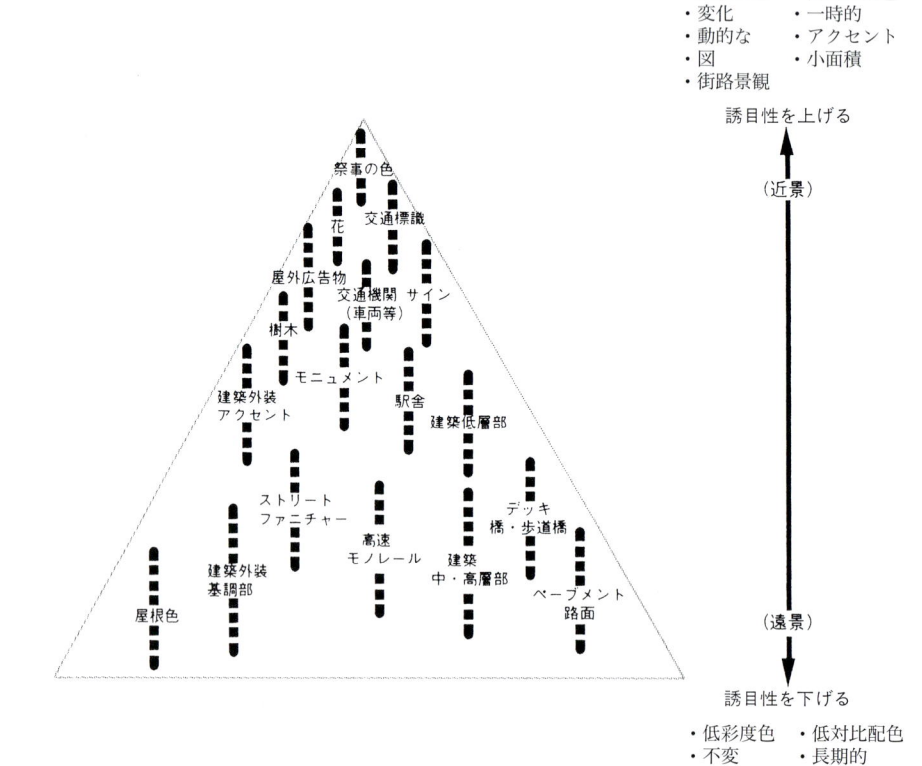

・高彩度色　・高対比配色
・変化　　　・一時的
・動的な　　・アクセント
・図　　　　・小面積
・街路景観

誘目性を上げる

（近景）

（遠景）

誘目性を下げる

・低彩度色　・低対比配色
・不変　　　・長期的
・不動な　　・ベース
・地　　　　・大面積
・眺望景観

図 2-4-13　色彩構成順位図[1]

図 2-4-14 a　金沢市外のガソリンスタンド
　　　　　　　シンボルとなる色が目立つような外装となっている

図 2-4-14 b　金沢市内のガソリンスタンド
　　　　　　　スカイラインにかかる赤い色の面積を少なくしている

が商業的な用途の場合，どうしても周囲より目立つような色が用いられることが多い。一部の地域では地方自治体の景観条例により，看板の色や面積などを制限している。2000年6月に施行された大規模小売店舗立地法でも景観に配慮するように店の設置者に求めている。

また，企業の側もイメージをよくするために，積極的に景観の保全に取り組む姿勢を見せているところもある（図2-4-14 a, b）。

サイン計画

誘目性の高いものとして各種のサインがある。公共性が高く，安全にかかわるようなサインは，各国の法令や規格によって規定されている。たとえば，防災や救護に関連する施設や機材は，日本ではJISによって規格が定められている。このうち色に関する規定を**安全色**という（表2-4-2）。また，サイン形状についての規定は**安全標識**という。

表2-4-2 安全色

色の参考値（マンセル記号）	表示事項	使用箇所例
赤 (7.5 R 4/15)	防火，禁止	消火栓 緊急停止ボタン バリケード（立入り禁止） 発破警標
黄赤 (2.5 YR 6/14)		露出歯車の側面 滑走路の目印
黄 (2.5 Y 8/14)	警告	クレーン，低い梁，有害物質の小分け容器または使用箇所
緑 (10 G 4/10)	安全状態	非常口を示す標識 救急箱 進行信号旗
青 (2.5 PB 3.5/10)	指示	担当者以外がみだりに操作してはならない箇所
赤紫 (2.5 RP 4/12)	放射能	放射性同位元素および，これに関する廃棄作業室，貯蔵施設，管理区画に設ける柵など
白 (N 9.5)	通路，整頓	通路の区画線，方向線，方向標識 廃棄物の入れ物
黒 (N 1)	補助に使う	誘導標識の矢印，注意標識のしま模様，危険標識の文字

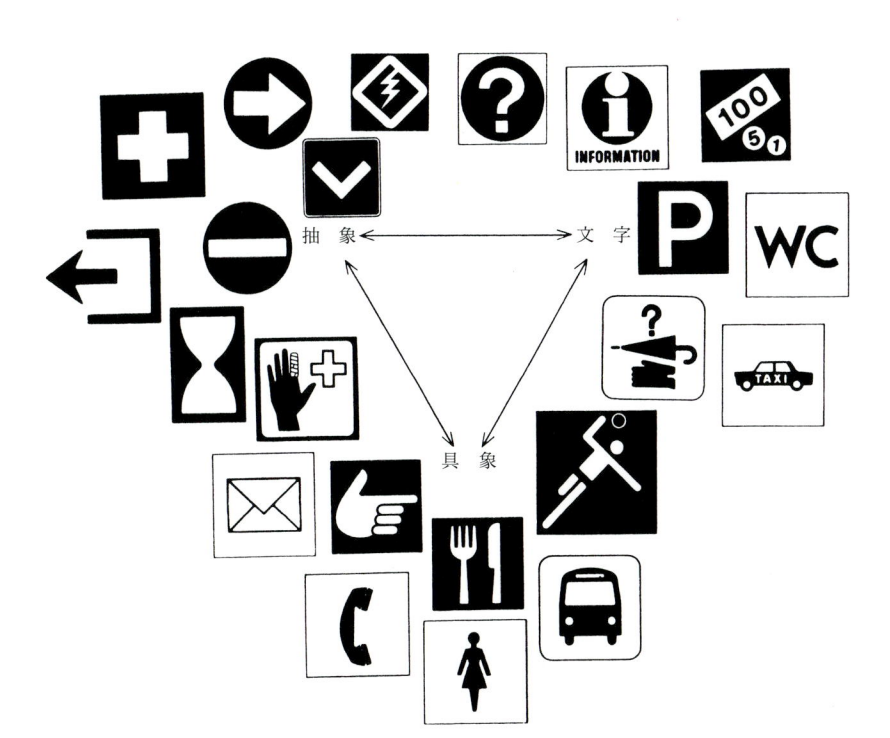

図2-4-15 具象・抽象・文字のサイン[2]

(1)高齢者が見にくい配色
明度のコントラストの低いサインの事例（黒地に青）

(2)色弱の場合に見にくい配色
赤-緑の色相で明度，彩度のコントラストが低い

(3)見やすい配色
コントラストの高いサインの事例（白地に青）

図2-4-16 配色による視覚的弱者への配慮

このように規格化されたもの以外にも，空間の利便性を高める目的でいろいろなサインがあり得る。大抵の駅前には，その周辺の主な施設の場所を示す地図がある。地図は汎用的で全体の把握ができる情報量の多いサインである。その反対に，矢印をたどっていくと自然と到達できるようなサインもある。誘導のサインである。また，その地点自体がどういう場所であるかを示すために用途や施設名称などを表したサインがある。

これらは，色だけでなく，形，配置などデザインの幅が非常に広い。文字も組み合わせて間違いを少なくしたり，抽象化された図形を用いて簡明に行先を示したり，具象的な形でわかりやすさを強調したりできる。

サイン計画次第で，空間のわかりやすさがかなり異なってくる。適度な誘目性と，環境とのバランスも要求されるので，注意を要するポイントである（図2-4-15）。

高齢者と色覚異常者

加齢によって生じる目の生理的な変化には，対象に焦点を合わせる機能の低下と，レンズである水晶体が濁って対象が見えにくくなるという二つの現象が見られる。前者はいわゆる**老眼**と呼ばれるものである。老眼になると近くのものが特に見にくくなり，これを矯正するための眼鏡が必要になる。後者は**白内障**と呼ばれる。手術によってかなり改善されるが，白内障になると全体的に視界の明るさが減じ，視力が低下する。コントラストの低い視対象が判別しにくくなる。たとえば，黒地に青い文字など明度差があまりないようなものは，かなり読みにくくなってしまう。また，水晶体の内部で光が乱反射しやすくなるため，グレアも生じやすくなるといわれている。

これらの老化現象は徐々に進行するため，高齢者では進行過程である者も多い。このような高齢者にとってもなるべく見やすいような工夫が必要になる場面も出てくる。公共的な場所では注意が必要である。

赤と緑の色相の識別能力の劣る人が稀にいる。また色相の知覚がまったくないという場合もある。明度や彩度にコントラストが少なく，色相のコントラストだけに頼ったサインは，これらの人びとには視認しづらいものである。正常な視覚の者でもやや見にくいので，こういった配色は避けるべきであろう（図2-4-16）。

参考文献
JIS Z 9101 安全色彩使用通則
JIS Z 9103 安全標識
出典
1)　吉田慎悟『まちの色をつくる』建築資料研究社，1998
2)　村越愛策『図記号のおはなし』日本規格協会，1987

第3章 熱と空気

福井県坪川家（千古の家）

　外を歩いてみよう。古い建物をのぞいてみよう。その建物は柱の1本，梁の1本から昔の人たちの創意工夫に満ち溢れている。昔の人は，その中でどのように暮らしてきたのか想像してみよう。暑いとき，寒いとき，雨の降ったとき，雪の降ったとき，食事をするとき，仕事をするとき，眠るとき，どのように過ごしてきたのだろう。少しでも過ごしやすくするために知恵を出し，それが幾星霜にも渡り結晶してきたに違いない。その結晶は，現代においても色あせることなく，多くのことを私たちに教えてくれる。

3-1 暑さ，寒さと人間

人体の熱収支と快適方程式

人間は，食べた食物を消化分解することにより，生活のためのエネルギーを取り出している(図3-1-1)。たとえば，澱粉(グルコース6 CH_2O)を1モル(＝約180 g)酸化すると，約673 kcal(＝2,826 kJ)のエネルギーを得ることができる。そのエネルギーは，体を動かしたり，体調を整えたり，体温を維持するために利用される。この場合の人体における熱エネルギーのバランス式は次のように表される(図3-1-2)。

　　　食物の消化分解による産熱
　　　　＝人体への蓄熱＋外部への放熱＋外部への仕事
　　　　　　　　　　　　　　　　　　　　　(3-1-1)

ここでいう外部への仕事(図中：W)とは，物を動かしたり，持ち上げたりすることにより，熱以外のかたちで人体の外部にエネルギーを伝えることである。また，人体から外部へ放熱する経路としては，呼吸によるもの(図中：RES)と皮膚表面からの放熱があり，皮膚表面からの放熱の仕方としては，対流(顕熱，図中：C)によるもの，蒸発(潜熱，図中：E)によるもの，放射によるもの(図中：R)，伝導によるもの(図中：K)がある。たとえば，冬に木枯らしが吹いて寒いと感じるのは，冷たい空気が体の熱を奪っていくためで，これは対流の効果である(図3-1-3)。暑い夏に，風に当たると涼しいと感じるのは，一部には対流(顕熱)による効果でもあるが，風が当たることにより皮膚表面の汗が蒸発し，そのときに熱(気化熱)を奪うためでもある(図3-1-4)。また電気ストーブの近くに寄って暖かいと感じたり，氷の近くに寄って触れてもいないのに何となくひんやりとするのは放射による効果である(図3-1-5)。物に直接触れて，その温度を感じたり，床暖房や電気カーペット等で暖まるのは，伝導による効果である(図3-1-6)。

これらの放熱方法のそれぞれの割合は，そのときの環境条件により大いに異なるが，通常の室内の執務環境の場合には，放射の効果がおよそ全体の1/2であり，対流と蒸発の効果がそれぞれ全体の約1/4である。伝導による寄与分は通常は非常に小さい。

式3-1-1を図3-1-2中の記号を用いて，人体への蓄熱成分(図中：S)を中心とした熱収支式に書き改めると次のようになる。

　　　$S = M - RES - C - E - R - K - W$　　　(3-1-2)

ここで右辺の2番目の項以降は，図3-1-2に示すようにエネルギーが人体から外部に向かう方向を正としてい

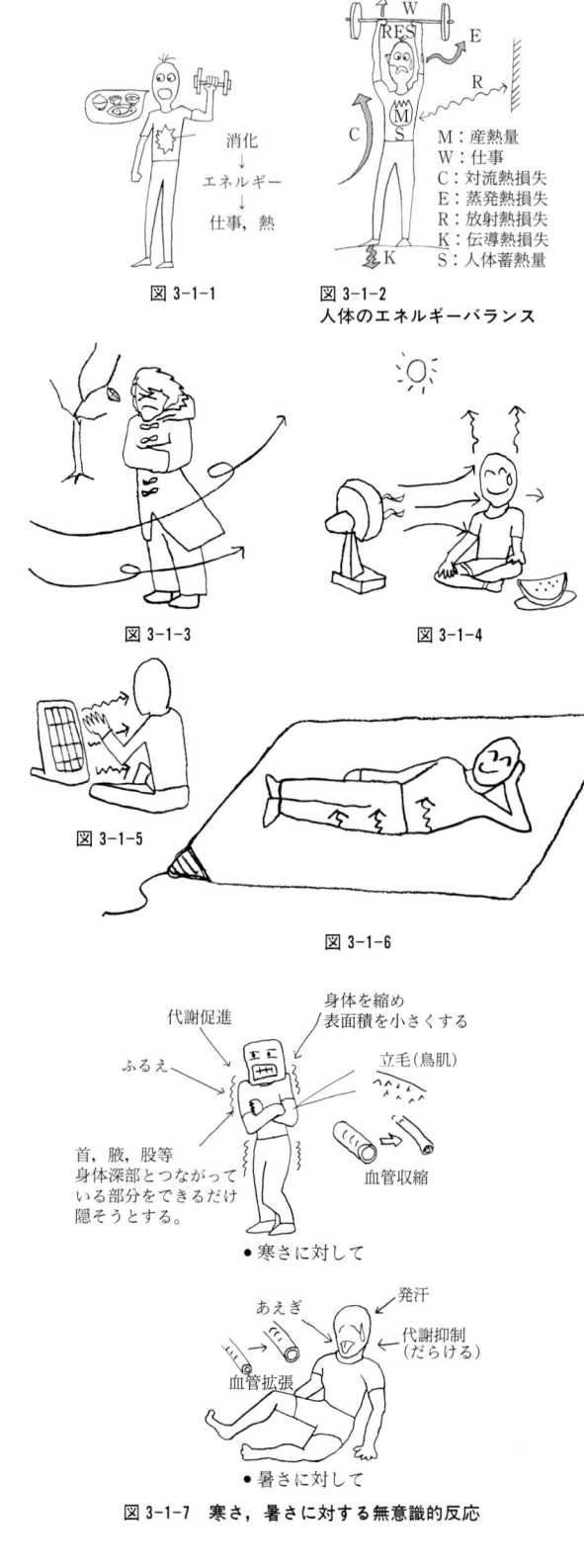

図 3-1-1

図 3-1-2
人体のエネルギーバランス

M：産熱量
W：仕事
C：対流熱損失
E：蒸発熱損失
R：放射熱損失
K：伝導熱損失
S：人体蓄熱量

図 3-1-3

図 3-1-4

図 3-1-5

図 3-1-6

● 寒さに対して
代謝促進
ふるえ
身体を縮め表面積を小さくする
立毛(鳥肌)
血管収縮
首，腋，股等身体深部とつながっている部分をできるだけ隠そうとする。

● 暑さに対して
あえぎ
発汗
代謝抑制(だらける)
血管拡張

図 3-1-7　寒さ，暑さに対する無意識的反応

る。式3-1-2において，人体からの放熱が大きく，Sが負になれば，体温は低下し寒さを感じる。また産熱量Mに比べ放熱が小さければ，体温は上昇し暑さを感じることになる。S＝0のときには，ちょうど熱的にバランスが取れているため快適となる。

この意味でS＝0としたときの式3-1-2を特に**快適方程式**と呼ぶ。

寒さ，暑さに対する人間の反応

人間は，寒冷環境や暑熱環境におかれた場合でも，できる限り式3-1-2のS(人体への蓄熱分)を0に近づけようとする。そうしないと体温が上昇し続けたり，低下し続けたりして生命が危険にさらされるからである。式3-1-2のSを0に近づけようとする人間の反応には，無意識のうちに行われる**生理的反応**[*1]と，意識的に行う**能動的反応**がある。

無意識の生理反応の例を図3-1-7に示す。寒さに対する震えは，体をふるわすことにより人体の産熱量Mを高め，寒冷環境における多大な熱放散に対して，少しでもSを小さくしようとするものである。また同じく寒さに対しての血管収縮があるが，これは人体の内部と皮膚表面の間を結ぶ血管の断面積を小さくすることにより，人体内部の熱ができるだけ外部に出て行かないようにするためである。一方，暑さに対する代表的な反応例は，発汗である。汗の蒸発により，体熱放散を促進する。人間の皮膚温度は大体34℃程度であるが，外界周囲温度がこれよりも高くなれば，対流や放射による放熱はほとんど期待できなくなり，暑熱環境においては，もっぱら体熱放散は蒸発によることになる。また寒さの場合とは逆に，血管が拡張し，人体内部から皮膚表面への熱輸送が促進されることになる。これらの生理的反応は，脳髄の視床下部に支配されている(図3-1-8)。特に暑さに対する反応は前視床下野(温熱中枢)で，寒さに対しては後視床下野(寒冷中枢)で司られる。

次に，寒さ，暑さに対する人間の意識的な能動的反応の例を図3-1-9に示す。

寒さ，暑さという環境条件が人間の体温調節能力を超えた場合には，式3-1-2のS(人体への蓄熱分)が0とならず，＋か－のどちらかとなる。S＞0の場合には，体温が異常に上昇し(高体温)，うつ熱となる。神経系統の異常，殊に悪心，嘔吐，頭痛を伴い，ひどいときには昏

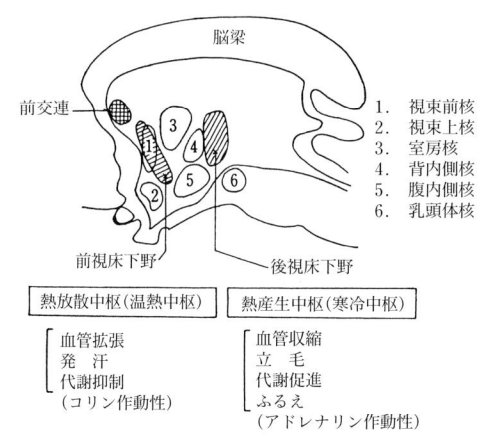

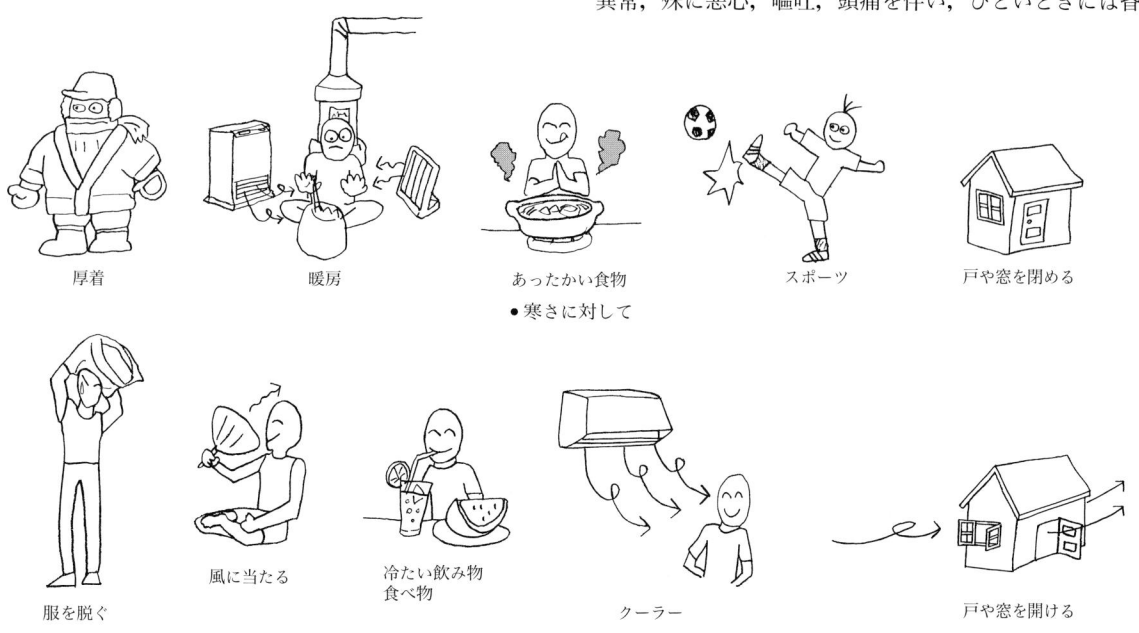

図3-1-8 視床下部体温調節中枢

厚着　　暖房　　あったかい食物　　スポーツ　　戸や窓を閉める

● 寒さに対して

服を脱ぐ　　風に当たる　　冷たい飲み物 食べ物　　クーラー　　戸や窓を開ける

● 暑さに対して

図3-1-9 寒さ，暑さに対する能動的反応

睡状態となり，体温が42℃を長く超えると死亡する。熱射病はうつ熱の典型的なもので，日射病は単なるうつ熱のほかに直射日光による熱線の脳内作用が加わったものである。うつ熱の療法としては，まず患者を氷や水で速やかに冷やすことである。体温調節中枢の異常ではないから，解熱剤を用いても意味がない。なお，病気などにより，体温調節中枢が異常をきたし，高体温になることを**発熱**と呼んでいる。逆に，S＜0の場合が長く続けば低体温となる。これがはなはだしくなると身体障害が現れ(凍互)，最終的には凍死する。

以上は暑さ，寒さの比較的長時間暴露に対する人体の影響であるが，急激な温熱環境の変化も人体にさまざまな影響を及ぼすことが指摘されている。特に暖房が効いた暖かい部屋から暖房が効いていない冷たい部屋に移る際に，血管が急激に縮小するため，身体抵抗力の低下した高齢者等は，血管壁が血流の圧力に耐えれなくなり，脳卒中の原因となることが指摘されている。

---

*1 生理学的には，これを恒常性(ホメオスタシス)と呼んでいる。

温熱快適性の6要素

前述したように，人体は対流，放射，蒸発を通じて体外に熱を放散している。これらに影響を与える外界条件として考えられるものは，**気温**，**放射温度**，**湿度**，**気流**の4要素である。

しかし，「暑い」とか「寒い」といった温熱感覚や温熱快適性を支配しているのはこの四つの要素だけではない。たとえば，冬に薄着なのと厚着なのでは感じる寒さがまったく違う。これは，衣服が人体と外界環境の熱交換において，抵抗として働くためである。また同じ薄着でもマラソンの最中だとほとんど寒さを感じないだろう。これは服を着ると体からの熱が逃げにくくなることと，運動をすると，体から熱が逃げていっても，一方で熱がどんどん生産されているので(すなわち，前述の快適方程式3-1-2中の代謝量Mが大きくなり)，体の蓄熱量が減らないためである。このように，着衣の量と人体の代謝量も温熱感覚や温熱快適性を決定する大きな要素である。この二つの要素と先の四つの要素を合わせて**温熱快適性の6要素**と呼んでいる。このうち，人体側の要素である着衣量と代謝量について以下に説明する。

着衣量

上述したように，衣服は人体と外界環境の熱交換において抵抗として働く。衣服の抵抗値として，通常0.155 m²℃/Wを1とした着衣量 [clo](クロ)がよく用いられる。図3-1-10に典型的な着衣状態のclo値を示す。

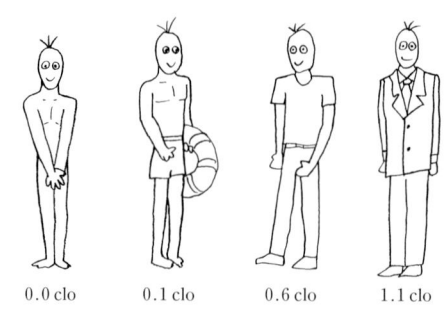

0.0 clo 0.1 clo 0.6 clo 1.1 clo

図 3-1-10　代表的な着衣状態の clo 値

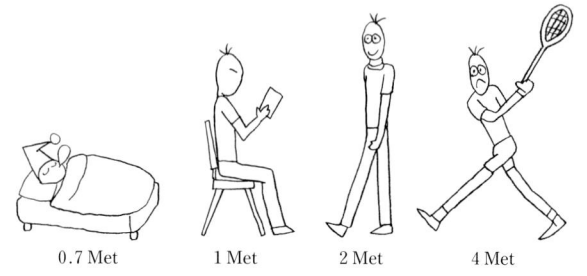

0.7 Met　1 Met　2 Met　4 Met

図 3-1-11　代表的な活動状態の Met 値

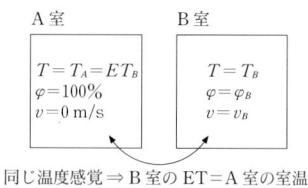

A室　　　　B室
$T = T_A = ET_B$　　$T = T_B$
$\varphi = 100\%$　　$\varphi = \varphi_B$
$v = 0$ m/s　　$v = v_B$

同じ温度感覚 ⇒ B室のET＝A室の室温

図 3-1-12　有効温度(ET)の実験

【問題】 1 clo の熱抵抗の着衣状態の人がいる。この人の皮膚表面温度を34℃，衣服表面温度が24℃であるとする。このとき単位時間，単位面積当り，人体から衣服を通じて外界へ流出する熱量はどれだけか。ただし，着衣による人体の表面積の増加は考えないものとする。

【解答】　　熱流は，$\dfrac{温度差}{抵抗}$ で与えられるので

$\dfrac{34-24}{0.155} = 64.5 \text{ W/m}^2$　　答え　64.5 W/m²

代謝量

人間が生産する熱量(図3-1-2中のM)を，人体の単位表面積当りの発熱量 [W/m²] として表したものを**代謝量**という。特に，空腹時，仰向けに寝て安静状態にあるときの代謝量を**基礎代謝量**という。個人差はあるが，日本人の成人男子で大体40 W/m²ぐらいである。代謝量の単位としては，椅子に坐って安静にしているときの成人男子の平均的な代謝量(58 W/m²)を1とする代謝

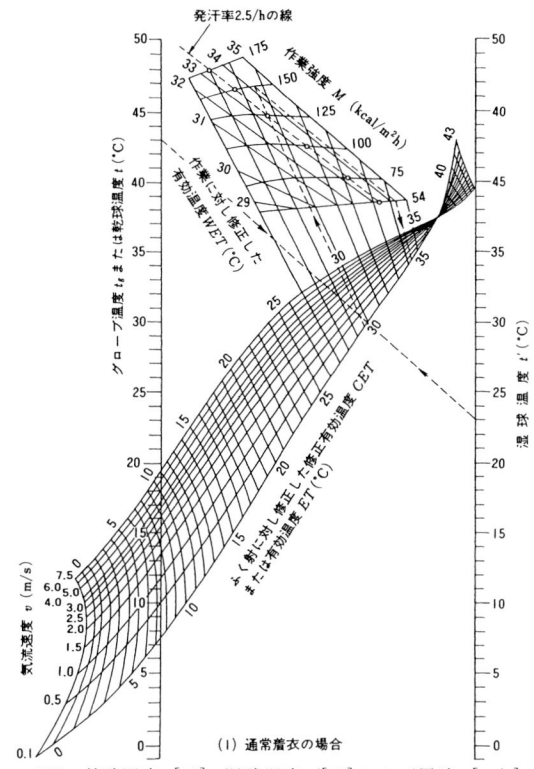

ET：乾球温度 t[℃]，湿球温度 t'[℃]および風速 v[m/s]の総合指数として C. E. Yaglou が実験的に作成した線図[℃]

CET：乾球温度の代わりにグローブ温度 t_g[℃]，絶対湿度一定として $t \to t_g$ に変化したときの湿球温度が $t' \to t'_g$ に変化するとき，t_g，t'_g および v[m/s]の総合指標として表されたもの[℃]

図 3-1-13　有効温度線図[1]

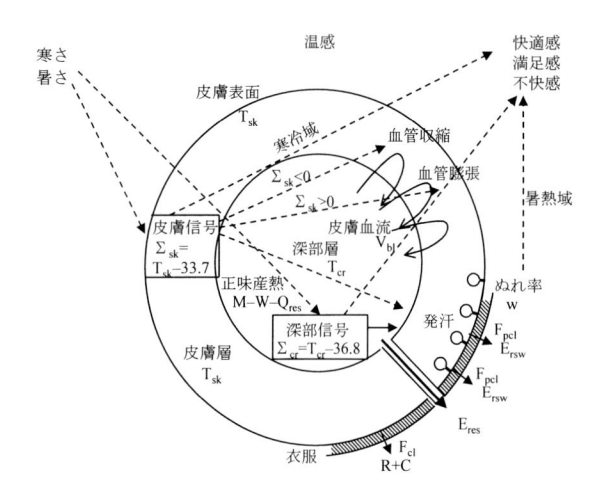

図 3-1-14　2ノードモデルの概念図[2]

率［Met］（メット）がよく用いられる。日本人の成人男子の平均的な人体表面積は 1.7 m² ぐらいなので，代謝率 1 Met とは，1人当りおよそ 100 W の電球と同じぐらいの熱を放熱していることになる。図 3-1-11 に典型的な活動状態における Met 値を示す。

温熱環境指標

人間を取りまく温熱環境は，前項で述べた温熱快適性の6要素によってほとんど決定されるといってよい。したがって，この六つの要素を組み合わせて，いくつかの温熱環境指標が提案されてきた。ここでは代表的なものについて以下に述べる。

有効温度（ET：Effective Temperature）

1923年に Houghton と Yaglou の実験により提案された感覚温度条件の尺度である。湿度100％で無風，かつある気温のA室と，気温，湿度，気流をいろいろ組み合わせた状態のB室の2室を準備する。この二つの室の間を被験者が移動し，A室とB室の温度感覚がまったく等しいと感じるときに，B室の有効温度はA室の温度と等しい値であるとした（図 3-1-12）。図 3-1-13 に，この実験から得られた安静着席で通常着衣の状態（約 1 [clo]）での有効温度線図を示す。快適域は，通常着衣の状態で，有効温度が冬季 17～22℃，夏季 19～24℃，ただし湿度 40～60 ％のときであるといわれている。有効温度は，温熱快適性の6要素のうち，気温，湿度，風速の三つの要素を考慮している。

作用温度（OT：Operative Temperature）

通常の室内環境では，人体と環境との熱交換のうち，放射による部分がかなり大きい（全体の約1/2）。作用温度は，気温と放射温度の二つの要素を組み合わせたもので，1937年 Gaggi によって提案された。作用温度は次式で定義される。

$$\mathrm{OT} = \frac{\alpha_c T_a + \alpha_r T_r}{\alpha_c + \alpha_r}$$

ここで，T_a：気温，T_r：平均放射温度，α_c：対流熱伝達率，α_r：放射熱伝達率

平均予測申告（PMV：Predicted Mean Vote）

デンマークの Fanger は人体の熱収支式の研究と被験者実験から，温熱快適性の6要素をすべて含む総合快適指標 PMV を提案した。PMV は被験者の体感申告をもとに環境条件を（＋3暑い，＋2暖かい，＋1やや暖かい，0どちらでもない，－1やや涼しい，－2涼しい，－3寒い）の七つのカテゴリーで評価する。国際規格である ISO 7730 では，快適な PMV 範囲を $-0.5 < \mathrm{PMV} < 0.5$ としている。

新有効温度 ET*

1971年Gaggiらにより提案された、感覚温度である。PMVと同じく温熱快適性の6要素を変数として含むが、被験者による申告ではなく、温熱生理学に基づいて理論的に構築されているところにその特徴がある。すなわち人体をコア(内部)とシェル(皮膚)に分けた**2ノードモデル**と呼ばれる人体モデル(図3-1-14)を用いて、ある環境において平均皮膚温度、発汗量を求め、人体からの放熱量を算定する。そして相対湿度50%、かつ静穏な気流下で、人体からの放熱量が、この放熱量と等しくなるような気温を新有効温度ET*と定義する。図3-1-15にET*と空気線図の関係を示す。ET*は任意の代謝量、着衣量に対して定義されるため、ET*の値のみで温熱感覚を直接比較できない。そこでさらに、代謝量1 Met、着衣量0.6 cloを新たに標準状態の条件として加え、そのもとでの人体からの放熱量が等しくなるような気温を**標準新有効温度(SET*)**と定義する。表3-1-1にSET*と温熱感覚、生理現象、健康状態の関係を示す。

出典
1) 日本建築学会編『建築設計資料集成1．環境』丸善, 1978
2) A.P. Gaggi, J.A.J. Stolwijk and Y. Nishi『ASHRAE Transaction, 77』pp.247-262, 1971

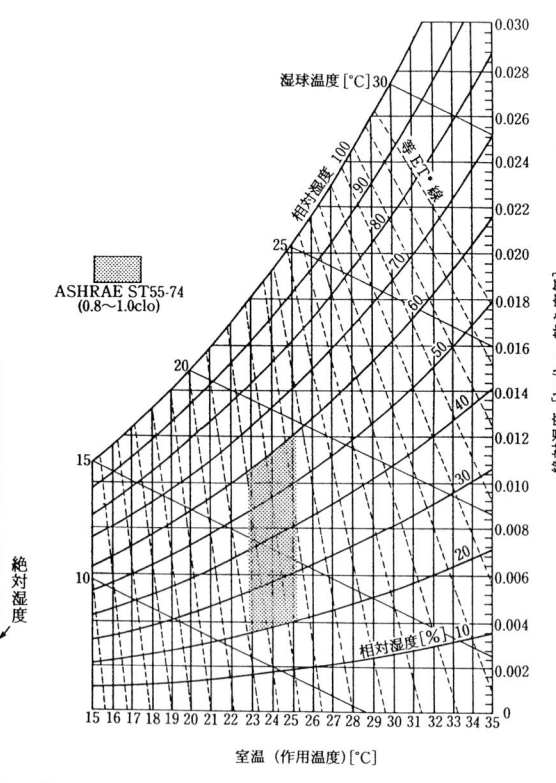

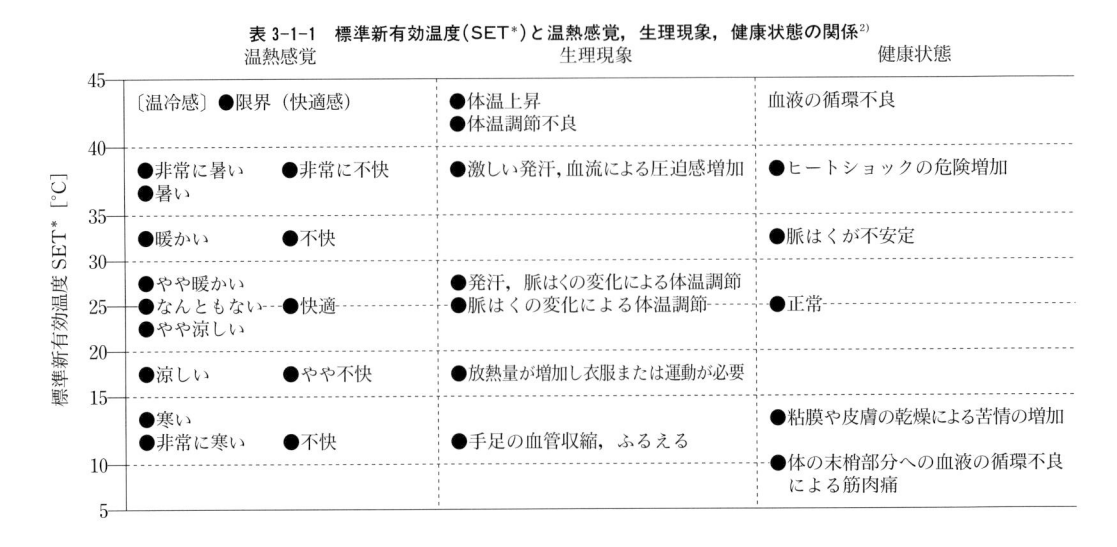

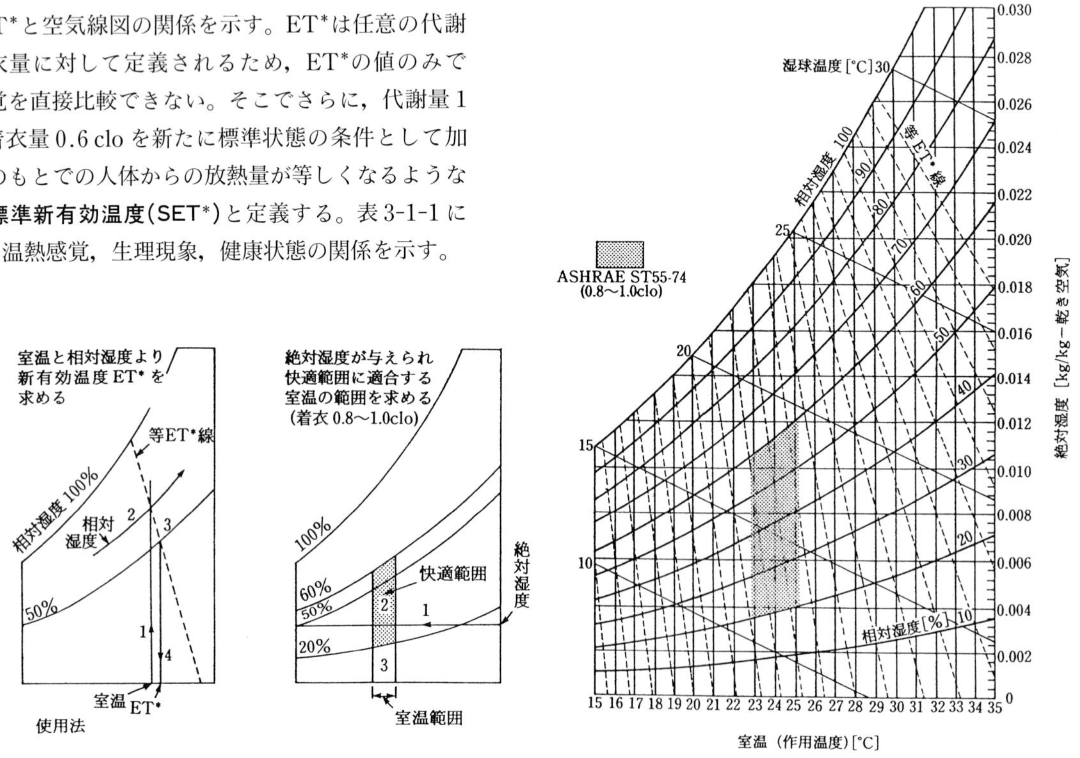

図3-1-15 新有効温度図ET*[1)]

表3-1-1 標準新有効温度(SET*)と温熱感覚、生理現象、健康状態の関係[2)]

標準新有効温度 SET* [℃]	温熱感覚		生理現象	健康状態
40〜45	〔温冷感〕●限界	(快適感)	●体温上昇 ●体温調節不良	血液の循環不良
35〜40	●非常に暑い ●暑い	●非常に不快	●激しい発汗、血流による圧迫感増加	●ヒートショックの危険増加
30〜35	●暖かい	●不快		●脈はくが不安定
25〜30	●やや暖かい ●なんともない ●やや涼しい	●快適	●発汗、脈はくの変化による体温調節 ●脈はくの変化による体温調節	●正常
20〜25	●涼しい	●やや不快	●放熱量が増加し衣服または運動が必要	
10〜20	●寒い ●非常に寒い	●不快	●手足の血管収縮、ふるえ	●粘膜や皮膚の乾燥による苦情の増加 ●体の末梢部分への血液の循環不良による筋肉痛

3-2　建築と熱

熱の流出入と発熱

室内に入る熱と逃げる熱

　建築の熱環境を把握するためには、熱の流れについて十分に理解する必要がある。1-4節で述べたように、熱は放っておくと普通は温度の高いところから低いところへと流れる。したがって、部屋の外と内に温度差があれば熱が出入りすることになる。それ以外にも屋根や壁、窓などが日射を受けることにより熱が流入したりする。図3-2-1は、建物における熱の出入りの様子を示している。通常、夏には冷房等を行うため、室内の気温は外気温よりも低い場合が多く、室外から室内に熱が入ってくることになる。逆に冬には、暖房などのため室内の気温は外気温よりも高くなり、室内から室外へと熱が逃げることになる。夏と冬を快適に過ごそうとすれば、夏には、できるだけ熱を室内に入れないような、冬には、できるだけ熱を室外に逃がさないような建築上の工夫が必要になる。

熱の経路

　室内に入る熱や、室内から逃げる熱は、どのような経路をたどるのであろうか。面積的に大きな部分は壁、屋根、床等であろう。窓や開口部、そのほか目に見えない小さな隙間からも熱は漏れだしていく。1-4節で述べたように熱の伝わり方には、伝導によるもの、対流によるもの、放射によるものの三つがあった。これらの熱が経路ごとに、どのように伝わるかについて考えてみよう。

　図3-2-1に部屋に出入りする熱の経路を示したが、図3-2-2では熱の伝わり方の概念と原理を簡単に示す。壁や床等と室内空気の間には対流により熱が伝わる。壁や床材の中は伝導により熱が伝わる。壁から外部空間に対しては、対流と放射により熱が伝達される。窓ガラス等の透明な材質や開口部においては、昼間には日射が室内に入ってくる。これは放射による働きである。また窓ガラスも固体であるから、壁と同じく室内空気との間には対流により熱が伝わり、ガラス内では熱伝導、外部に対しては対流と放射により熱が放散される。開口部では対

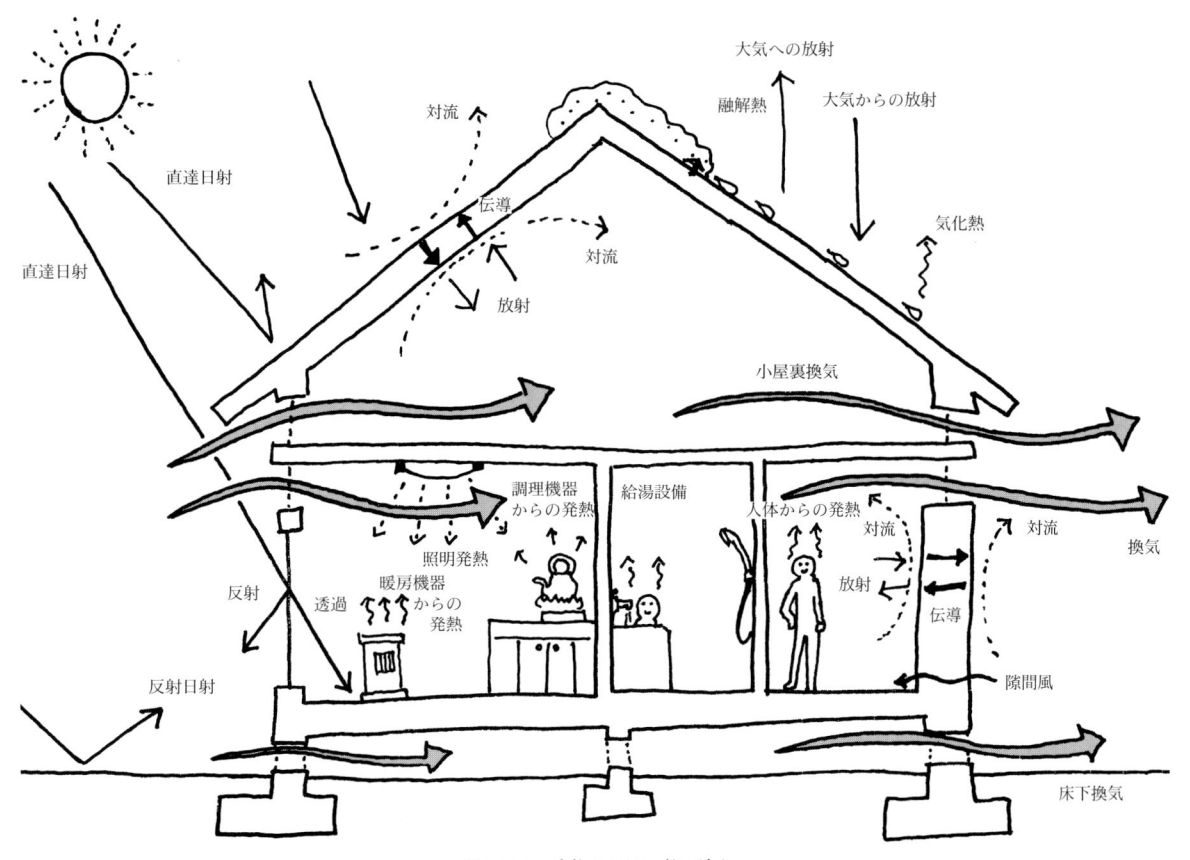

図3-2-1　建物における熱の流れ

第3章　熱と空気

流と放射により熱が伝わる。建物の隙間においても，隙間風を通じて主として対流により熱が伝わることになる。建物の種類や季節によって大きく異なるが，夏の昼における一般的な住宅の場合，壁や床や天井を通じて入ってくる熱は，おおよそ全体の 40〜50 %，窓面や開口部から入ってくる日射熱は 30〜40 %，開口部や隙間から入る熱は 20 %ぐらいである。

室内で発生する熱

室内では，外部から流入する熱だけではなく，人間が室内で活動したり，快適な環境を維持するために熱が発生する。代表的な発熱源もまた図 3-2-1 中に示されている。大きなものから挙げてみると，ストーブやヒーター，エアコンの暖房器具。照明，調理用のコンロ，湯沸し器等も大きな発熱源である。また 3-1 節で述べたように人間自身が発熱体であり，大体 1 人当り 100 W の白熱電球と同じ程度の熱を出している。そのほかにも冷蔵庫やテレビ，パソコン等一般家電も発熱源となる。

このように人間活動には必然的に熱の発生を伴う。夏期のエアコンは室内から熱を奪うが，冷たい熱(空気)を供給することから，特に冷熱源ということがある。

熱の移動量の計算方法

図 3-2-3 に対流，放射，伝導による熱移動量の計算式を示す。また，表 3-2-1 に代表的な建築材料の**熱伝導率** λ を，表 3-2-2 に，一般的に用いられている**総合熱伝達率**(対流熱伝達率 α_c と放射熱伝達率 α_r の和)を示す。このうち放射熱伝達率 α_r は，通常 4〜5W/m²°C 程度の値である。壁の一方側の空気から，もう一方の側の空気へ熱が移動することを**熱貫流**といい，この場合には対流，放射，伝導が同時に起こる。この場合には**熱貫流率** K を用いて，熱移動量(これを熱貫流量という)を計算する。熱貫流率 K と熱貫流量の計算方法を図 3-2-3 に示す。

熱負荷と，その種類

前述のように，通常，冬季には熱が室内から屋外へと逃げていき，夏季には屋外から室内に熱が侵入する。もし室温を一定に保とうとするならば，冬季には損失した熱の分だけ熱を投入する必要があり，夏季には侵入した分だけ熱を排出する必要がある。この投入または排除する必要のある熱量を**熱負荷**という。熱負荷には大きく分けて，建物や気象条件にかかわる**外部負荷**と，建物内での人間活動にかかわる**内部負荷**がある。外部負荷には，熱の経路の項で述べたように，壁体等からの熱貫流が要因となる**貫流負荷**，窓や開口部からの日射入射が必要となる**日射負荷**，漏気による**隙間風負荷**がある。内部負荷の原因となるものに，図 3-2-1 で示したように照明や給湯設備，調理機器や人体からの発熱がある。また換気などの外気導入によるものを**外気負荷**と呼ぶが，これは建物や気象条件と人間活動の両方にかかわるので，外部負荷と内部負荷とは別に取り扱う。

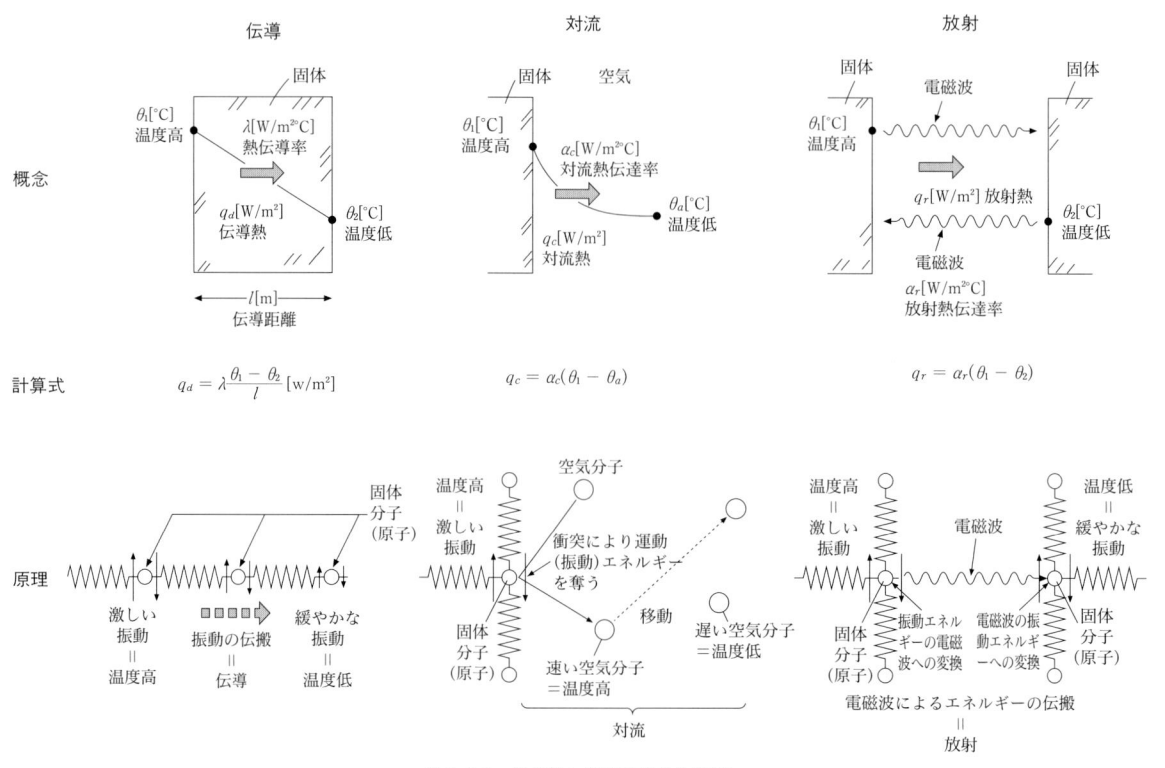

図 3-2-2 熱の伝わり方の概念と原理

表 3-2-1　代表的な建築材料の熱伝導率 λ

材料	熱伝導率 [W/m·°C]	材料	熱伝導率 [W/m·°C]	材料	熱伝導率 [W/m·°C]
鋼材	44〜48	木材	0.12〜0.19	畳	0.11
板ガラス	0.7〜0.8	軟質繊維板	0.05	カーペット	0.073
コンクリート	1.1	木片セメント板	0.16	プラスチックタイル	0.19
ALC	0.15	石膏板	0.14	アスファルトルーフィング	0.11
れんが	0.6	合板	0.15	グラスウール	0.04〜0.05
モルタル	1.1〜1.3	水	0.6	ロックウール	0.04〜0.06
プラスター	0.6	氷	2.2	発泡ポリスチレン	0.03〜0.04
壁土	0.7〜0.9	空気	0.022	硬質ウレタン	0.027

表 3-2-2　総合熱伝達率 ($α_c + α_r$)（設計用）

		熱伝達率 [W/m²·°C]
室内側	垂直面，水平面（熱流上向き）	9
	水平面（熱流下向き）	7
	全表面一定値を用いるとき	9
外気側	風速　3 m/s	23
	風速　6 m/s	35

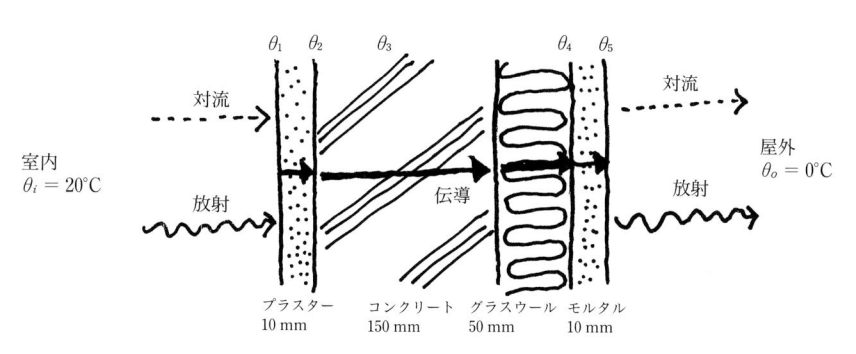

伝達熱

$$q_c + q_r = (α_c + α_r)(θ_i - θ_1) = \frac{θ_i - θ_1}{\dfrac{1}{α_c + α_r}} = 熱伝達抵抗$$

（対流熱　放射熱　総合熱伝達率）

伝導熱

$$q_d = λ\frac{θ_2 - θ_1}{l} = \frac{θ_2 - θ_1}{\dfrac{l}{λ}} = 熱伝導抵抗$$

室内から屋外への全熱抵抗

$$R = \underset{R_1}{室内の熱伝達抵抗} + \underset{R_2}{プラスターの熱伝導抵抗} + \underset{R_3}{コンクリートの熱伝導抵抗} + \underset{R_4}{グラスウールの熱伝導抵抗} + \underset{R_5}{モルタルの熱伝導抵抗} + \underset{R_6}{屋外の熱伝達抵抗}$$

$$= \frac{1}{9} + \frac{0.01}{0.6} + \frac{0.15}{1.5} + \frac{0.05}{0.05} + \frac{0.01}{1.3} + \frac{1}{23} = 1.28 [m^2°C/W]$$

室内からの屋外への熱貫流量

$$Q = \frac{θ_i - θ_o}{R} = K(θ_i - θ_o) = \frac{20}{1.28} = 15.6 [W/m^2]$$

熱貫流率

$$K = \frac{1}{R} = 0.78 [W/m^2°C]$$

図 3-2-3　熱貫流量と熱貫流率（K）の算出

断熱と蓄熱

断熱とは？（図3-2-4）

前節で述べたように、建築は、夏にできるだけ外から室内に熱が流入しないように、冬もできるだけ室内から外に熱が逃げていかないようにする工夫が必要である。このためには、室内と室外との間の壁や窓などにおいて、熱を通りにくくしてやればよい。これが断熱の考え方である。寒い冬に厚着をすれば、ある程度の寒さがしのげるのは、衣服によって熱が体から逃げにくくなっているためである。建物を断熱する場合にも、衣服と同じように、いわゆる断熱材で建物全体を包んでやればよい。断熱材には、大きく分けて、グラスウールやロックウール等の繊維材料や、ポリスチレンやウレタン等の発泡プラスチック材料がある。どちらも内部に細かな空気の塊（これを空気泡といい、断熱のためには特に重要である）が閉じ込められているのが特徴である。冬服のダウンジャケットの綿や暖かい羽毛ふとんの中も空気泡が入っていることを思い出してほしい。

以上のことから、どうやら細かな空気の塊が熱を通りにくくする力をもっているらしい。これはどうしてだろうか。

断熱と空気（図3-2-5）

固体、液体、気体にかかわらず、熱があるということは、その物質を構成する原子や分子が激しく運動している状態であり、熱が移動するというのは、放射の場合を除いて、その激しい運動が直接に隣の原子や分子に伝わっていくということである。したがって、金属やコンクリートのように原子や分子ががっちりと結びついている物質は、非常に熱が伝わりやすい。逆に、気体である空気においては、空気分子の間の距離が、固体の原子や分子間距離よりもずっと離れているので、熱は伝わりにくくなる。ただし、これはあくまで空気が静止している場合である。空気が動いてしまうと、対流の効果により、その空気自身が熱を運んでしまうので、その場合は熱が伝わりやすくなってしまう。先に「細かい」ことが重要といった理由はここにある。空気の塊が細かい状態で閉じ込められていれば、それだけ空気自身が運動しにくくなるからである。

それゆえ、同じ固体でも普通のコンクリートよりは、中に空気泡がたくさんある木材や、軽量コンクリート（ALC）のほうが熱が伝わりにくいのである。また、ガラスは原子ががっちりと結びついた固体で、かつ普通は厚さも薄いので、窓は断熱の点からいうと弱点になる。といって窓まで断熱材で覆うわけにはいかない。そこで間に空気層のある二重サッシュやペアガラスにすれば、かなりの断熱能力をもたせることができる。

現在のような断熱材がなかった昔の民家では、土壁の中におが屑やわらを塗り込めていたという。昔の人も生活の知恵から、おが屑やわらがつくる空気泡が断熱の役割をするということを知っていたようである。

究極の断熱材

実は、空気よりももっと性能のよい断熱材がある。前述のとおり、空気は分子の間の距離が遠いから熱が伝わりにくい。その分子の距離がもっと遠くなれば、もっと断熱性能が高くなる。すなわち、空気分子がなくなって真空になってしまえば、分子の運動の伝達というかたちでは熱は伝わらなくなり、断熱性能はさらに向上するはずである。ただし、まだ放射による熱の移動は残る。1-4節で述べたように、放射は電磁波のかたちでエネルギ

図 3-2-4　断熱のイメージ

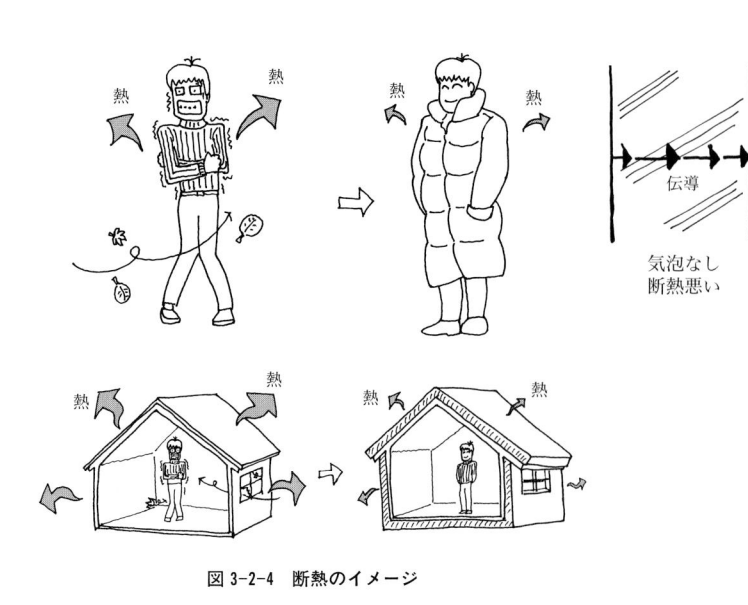

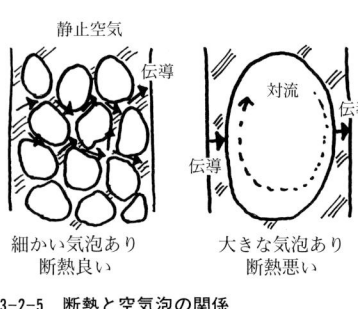

図 3-2-5　断熱と空気泡の関係

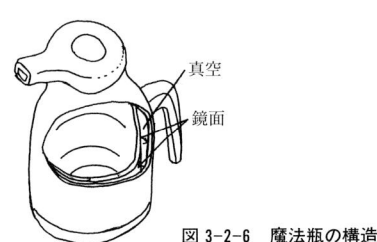

図 3-2-6　魔法瓶の構造

ーを運ぶので，真空中でも移動できる．放射による熱移動を小さくしてやるためには，真空層の両側の内面を放射率と吸収率の小さい鏡面にすればよい．図3-2-6に示すように，お湯を保温するための魔法瓶は，二重円筒からなり，その間は図のような構造になっている．また建材においても，この真空層を利用したペアガラスが考案されている．ただし，ガラスが割れたときに問題が生ずる可能性があるので，ガラスの強度や構造に注意する必要がある．

断熱の効用

それでは，断熱性能の高い建物と，そうでない建物の効果の具体的な違いは一体どうなのだろうか．冬の暖房時を例に挙げて簡単に説明しよう．断熱性能の低い建物では，室内で発生した熱はどんどん逃げていってしまうが，断熱性能の高い建物は，なかなか熱が逃げていかない．したがって，冬に暖房をしている場合を考えると，室温を同じに保つためには，断熱性能の低い建物は，断熱性能の高い建物よりも余分に多くの暖房用エネルギーが必要になる．次に，暖房を開始したときの室温の変化を考えてみよう．断熱性能が高いと，熱が外に逃げ出しにくいわけであるから，すぐに部屋の中が暖まることになる．一方，断熱性能の低い建物は，なかなか暖まらないことになる．逆に暖房を止めたときはどうなるだろうか．断熱性能が高いと室内の熱が逃げにくいから，なかなか室温が下がらない．断熱性能が低いと，すぐに室温が低下してしまうことになる．これらを簡単に示したものが図3-2-7である．

夏の冷房の場合も，外から熱が侵入してくると考えれば，まったく同じである．そして断熱性能の低い建物では，室内に温度分布がつきやすいことが知られている．

熱的弱体部と熱橋（図3-2-8）

上で述べたように，ガラスの断熱性能は低いので，通常の窓は断熱の点からいえば弱点になる．建物で，このような熱の伝わりやすい部分を**熱的弱体部**と呼んでいる．また，建物の隅角部は外部に接する表面積が大きくなり，熱を通しやすくなる．壁の中に構造部材がある場合も，その箇所が熱的弱体部となる可能性がある．このような壁体の熱的弱体部において，あたかも川に橋がかかったように，そこからどんどん熱が逃げ出していくことを，特に**熱橋**と呼んでいる．

蓄熱とは？（図3-2-9）

断熱によく似た言葉に**蓄熱**がある．言葉はよく似ているが，その原理はまるで違う．断熱は熱を通さない能力のことであるが，蓄熱とは熱を蓄える能力のことである．夏の暑い盛りに，昔の石造りの建物や土壁でできた民家に入ると，冷房もしていないのにひんやりした経験はないであろうか．これは建物の材料である石や土が大変重く，熱を吸収するにも放出するにも，とても時間がかかるので，夜間に建物が冷やされた後に，日中外気温が高くなっても，建物はすぐに暖められないためである．もう一つ，わかりやすいようにアルミの鍋と土鍋の例を考えてみよう．アルミの鍋に水を入れて火に掛けると，水はすぐに沸騰する．しかし，いったん火を止めてしまうと鍋の中のお湯はすぐに冷めてしまう．一方，土鍋の場合には，火に掛けてもなかなか沸騰しない．しかし，いったんお湯になった後，火を止めた後でもなかなか冷めることはない．これは，アルミの鍋よりも土鍋のほうが熱を蓄える能力，すなわち蓄熱能力が大きいためである．蓄熱能力は，大体材料の質量によって決まると考えてよい．アルミの鍋と土鍋の例でわかるように，重

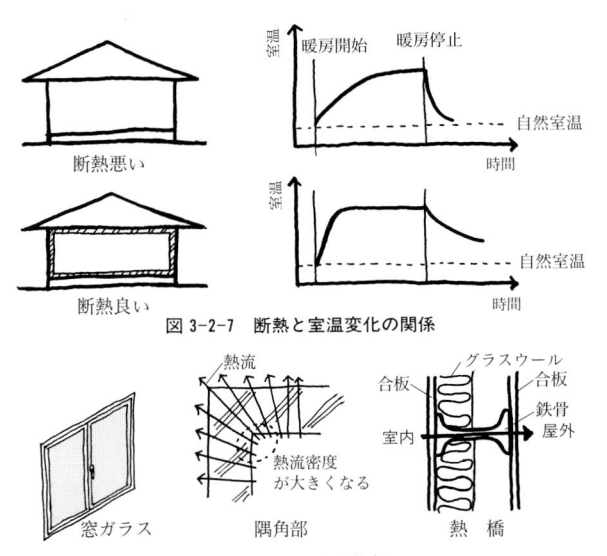

図3-2-7　断熱と室温変化の関係

図3-2-8　熱的弱体部

図3-2-9　蓄熱のイメージ

い材料であればあるほど，蓄熱能力は高いといえる。これは先ほど説明した，固体中の熱とは原子や分子の振動であるということを考えればすぐにわかる。同じ温度(振動の強さ)にする場合，重い材料のほうが必要とする振動エネルギー(すなわち熱)が大きくなるからである。物質の単位体積当りの蓄熱能力を示したものを**熱容量**という。すなわち，物質 $1\,\mathrm{m}^3$ 当り，1℃の温度上昇を行うために，何 J(ジュール)の熱を吸収するかという値が熱容量である。こういった蓄熱性能の特徴を表したものが図 3-2-10 である。断熱性能が同じであるならば，蓄熱能力の高い建物の室温は，室外の変化に対して変化が遅く，かつ，なだらかになる傾向がある。

外断熱と内断熱（図 3-2-11）

壁体の断熱方法として，断熱材を外側(外気側)に配置する工法と，内側(室内側)に配置する工法があり，それぞれ**外断熱工法**，**内断熱工法**と呼ばれている。壁の熱の通過しやすさを表す**熱貫流率**は，壁体構成材料とその厚みによって決定されるので，断熱材の配置位置を変えたところで，その値を変えないはずである。しかし実際の室内の熱的特性は，この二つの断熱工法の間でかなり違ってくる。壁体が熱容量の大きいコンクリートと断熱材からなり，空調で室内を一定温度に制御している場合を考えよう。室温を一定にしていても，外界の変化により建物外表面温度は変化し，それに伴って室内側壁面温度も変化する。このときの室温と室内側壁面温度の差により，壁体が室内側に熱を放出したり，室内側から吸収したりする。ある長い期間の平均によると，室内側壁面温度の平均値は外断熱と内断熱では変わらない。しかし，室内側壁面の温度変動をみると，室内側に熱容量の大きなコンクリートを配置した外断熱工法のほうが，内断熱工法よりもより小さい温度変動を示すことになる。このことは，外断熱の場合のほうが内断熱よりも空調機器の最大能力を小さくできることを意味している。

一方，冬期に建物が冷え切った状態から暖房を開始する場合を考えてみよう。このとき，壁体の中のコンクリートも十分に冷え切っているので，コンクリートが内側にある外断熱の場合には室内の空気と一緒にコンクリートも暖めなければならないので，内断熱よりも，より多くの熱エネルギーと暖房立ち上がり時間を必要とする。したがって，熱的にみた場合，室内を常に温度一定近くに制御しようとすれば，外断熱のほうが有利で，逆に，空調器をつけたり止めたりする間欠冷暖房を基本とする建物や，頻繁に温度設定を変化する場合には，内断熱のほうが有利ということになる。また冬期に室内で暖房している場合，外断熱では，断熱材以外の部分は，内断熱におけるその部分よりも高温になる。したがってその

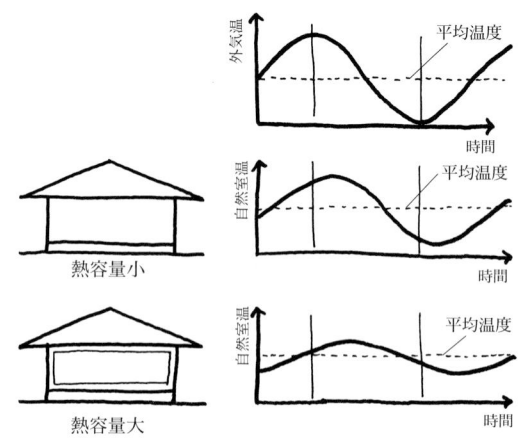

図 3-2-10　熱容量と室温変化の関係

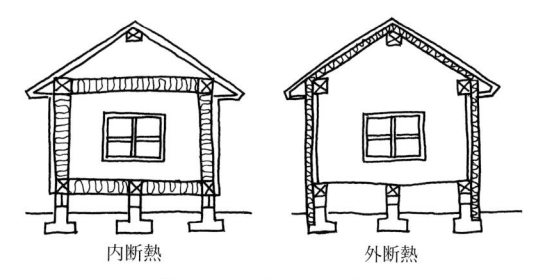

図 3-2-11　内断熱と外断熱

分，外断熱のほうが壁体内結露の可能性は小さいといえる。しかしながら日本の関東以南の温暖地の場合，夏に外部から湿度の高い空気が侵入するために起こる夏型結露があり，その場合には問題が逆転する。

断熱と気密化

さて，建物の壁体に断熱材を配置しただけで建物の断熱性能は確保できるのだろうか。答えは否である。その理由を考えてみよう。建物や住宅の断熱性能を表す指標として，**総合熱貫流率**($\overline{KA}$)がある。これは，建物や住宅の全体の室温が外気温よりも1℃高いときに，室内から外気に逃げる熱量のことであり，次式で表される。

$$\overline{KA} = \left(\sum_i K_i A_i + \rho c_p QV\right) \qquad (3\text{-}2\text{-}1)$$

ここで

K_i：建物の i 番目の部位の熱貫流率 [W/m²℃]

A_i：建物の i 番目の部位の面積 [m²]

ρ：空気の密度($1.2\,\mathrm{kg/m}^3$)

c_p：空気の定圧比熱($1005\,\mathrm{J/kg}$)

QV：換気量，または隙間風量 [m³/s]

総合熱貫流率($\overline{KA}$)の値が小さければ小さいほど，熱は外部に逃げにくく断熱性能が高いといえる。ただし，建物が大きければ大きいほど総合熱貫流率($\overline{KA}$)の値は大きくなる。そこで，この建物の大きさの影響を取り除き，建物の断熱性能を統一的に取り扱うために，総合熱

貫流率($\overline{KA}$)を延べ床面積(A_0)で除した値を**熱損失係数**(Q**値**)という。

$$Q = \frac{\overline{KA}}{A_0} \qquad (3\text{-}2\text{-}2)$$

冬の寒い時期に断熱材で建物を包めば（すなわち各部位の熱貫流 K を小さくしてやれば），3-2-1式からわかるように断熱性能は確かに向上する。それでも，建物自体が隙間だらけならば，すなわち気密性能が低ければ，隙間風 QV によって，室内から室外にどんどん熱が逃げていくことになる。

したがって，建物の断熱の効果を高めるためには，この隙間をできるだけ小さくしてやることが必要である。この作業が建物の気密化を高めるということである。建物の隙間の多くは，サッシやドアまわり，窓枠と壁の間，壁を貫通する配管や配線まわり，床と壁，天井と床の間等に存在する。ただし，換気口は隙間ではないので，この場合は別に考える（換気については3-4節で解説する）。この建物の隙間を全部合計して，実質的にどの程度の開口に相当するのかを面積で表したものを**相当隙間面積**，あるいは**相当開口面積**という（相当開口面積

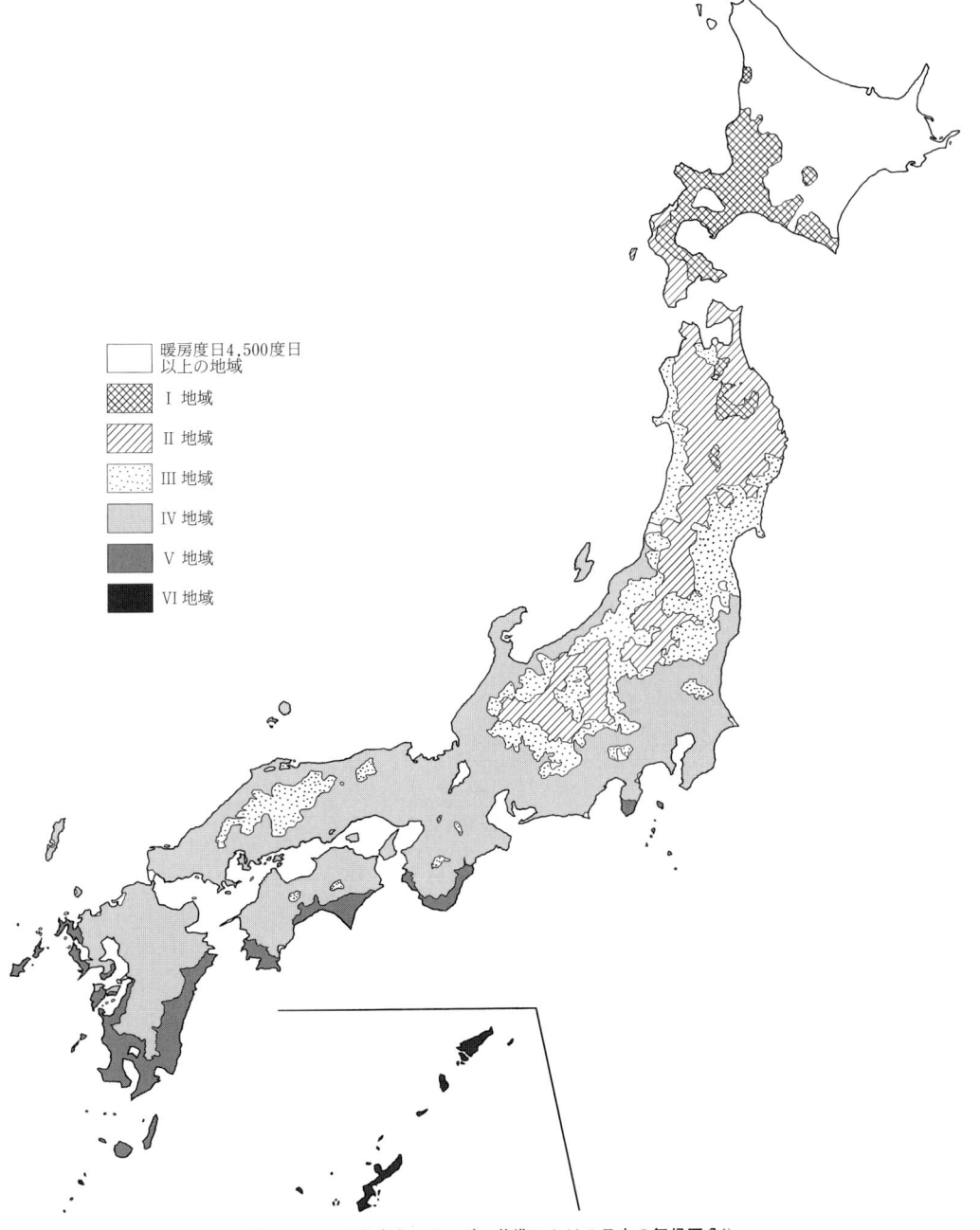

図 3-2-12　次世代省エネルギー基準における日本の気候区分[1]

の定義は3-4節参照)。特に一般には，この相当開口面積を床面積で除したものを**C値**と呼び，気密性の指標としている。鉄筋コンクリート造の建物は一般に気密性が高く，特に気密化を施さない木造は，それよりも気密性は低くなる。同じ木造でも軸組構法よりも枠組構法のほうが気密性は高くなる。日本の一般的な在来軸組構法の住宅では，この単位床面積当りの相当開口面積は7～20 cm²/m²程度であるが，欧米の高気密住宅には1 cm²/m²を下回るものも存在する。

1999年3月に改定された次世代省エネルギー基準(エネルギー使用の合理化に関する法律)では，暖房度日によって日本全国を図3-2-12に示すようなⅠ～Ⅵの6地域に区分し，C値とQ値に関して，それぞれ表3-2-3

表3-2-3 熱損失係数(Q値)と相当開口面積(C値)の基準値[1]

		地域の区分					
		Ⅰ	Ⅱ	Ⅲ	Ⅳ	Ⅴ	Ⅵ
Q値	W/m²°C	1.6	1.9	2.4	2.7		3.7
	kcal/m²h°C	1.376	1.634	2.064	2.322		3.182
C値	cm²/m²	2		5			

に示すような基準値を推奨している。

出典
1) 次世代省エネルギー基準解説書編集委員会『住宅の次世代省エネルギー基準の指針』建築環境・省エネルギー機構，1999

3-3　湿気と結露

湿　気

乾き空気と湿り空気 (図3-3-1)

通常の空気は幾分かの水蒸気を含んでいる。このように水蒸気を含んだ空気を**湿り空気**と呼ぶ。一方，水蒸気をまったく含まない理想的な空気を**乾き空気**という。したがって，通常の空気は乾き空気と水蒸気の**混合気体**である。

湿気を表す指標

われわれは普通，空気中の湿気を表すときに，今日の湿度は何%とかいう場合が多い。この湿度とは**相対湿度**であり，市販されている温湿度計は通常，相対湿度が表示されている。そのほかに，空気中の水蒸気の量を表すためにいくつかの指標がある。ここでは代表的な**水蒸気分圧，絶対湿度，相対湿度，露点温度**について説明しよう。混合気体中の一つの気体がもつ圧力は，その気体の分子の数(モル数)に比例する。これを**分圧の法則**という。したがって水蒸気のもつ分圧は，単位体積中の水蒸気量を表すことになる。この水蒸気のもつ分圧のことを**水蒸気分圧**といい，圧力の単位[Pa]で表す。一方，空気中の水蒸気の質量を，同じ空気中の乾き空気の質量で除したものが**絶対湿度**であり，単位は[kg/kg']，あるいは[g/kg']で表す。どちらの単位も分子が水蒸気の質量，分母が乾き空気の質量である。空気中の水蒸気量がどんどんふえていけば，もうこれ以上ふえることのできない限界点に達する。この限界の状態を**飽和状態**と呼んでいる。そして，飽和状態における水蒸気圧を**飽和水蒸気圧**という。飽和水蒸気圧は，通常は気温のみによって決定されるので，気温が高くなればなるほど大きくなる。すなわち，空気中に蓄えることのできる水蒸気量の最大値も大きくなる。

飽和水蒸気圧を求めるには，次の**テーテンスの近似式**がよく用いられる。

$$e_{SAT} = 610.78 \times 10^{aT/(b+T)} \quad [Pa]$$

ここで，T：気温[°C]，$a=7.5$，$b=237.3$

ある空気の水蒸気圧と，その空気の飽和水蒸気圧の比を百分率で表したもの($e/e_{SAT} \times 100$)を**相対湿度**という。すなわち，相対湿度100%とは，その空気が飽和状態にあることを示している。次に，飽和していない湿り空気を考える。この空気の温度をずっと下げていくと，飽和水蒸気圧の値がどんどん小さくなっていく。それに伴って，相対湿度はどんどん大きくなっていく。そして，相対湿度が100%に達したときの温度を，その湿り空気の**露点温度**という。湿り空気の気温と湿気の程度を表す各種指標の関係を表したものを**空気線図**といい，図3-3-2に示す。

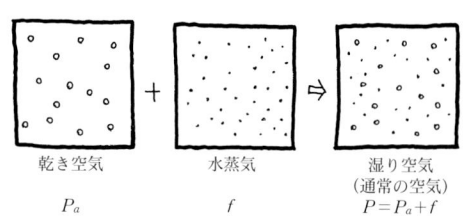

図3-3-1　湿り空気と乾き空気

乾き空気　＋　水蒸気　⇒　湿り空気(通常の空気)
P_a　　　　f　　　　$P = P_a + f$

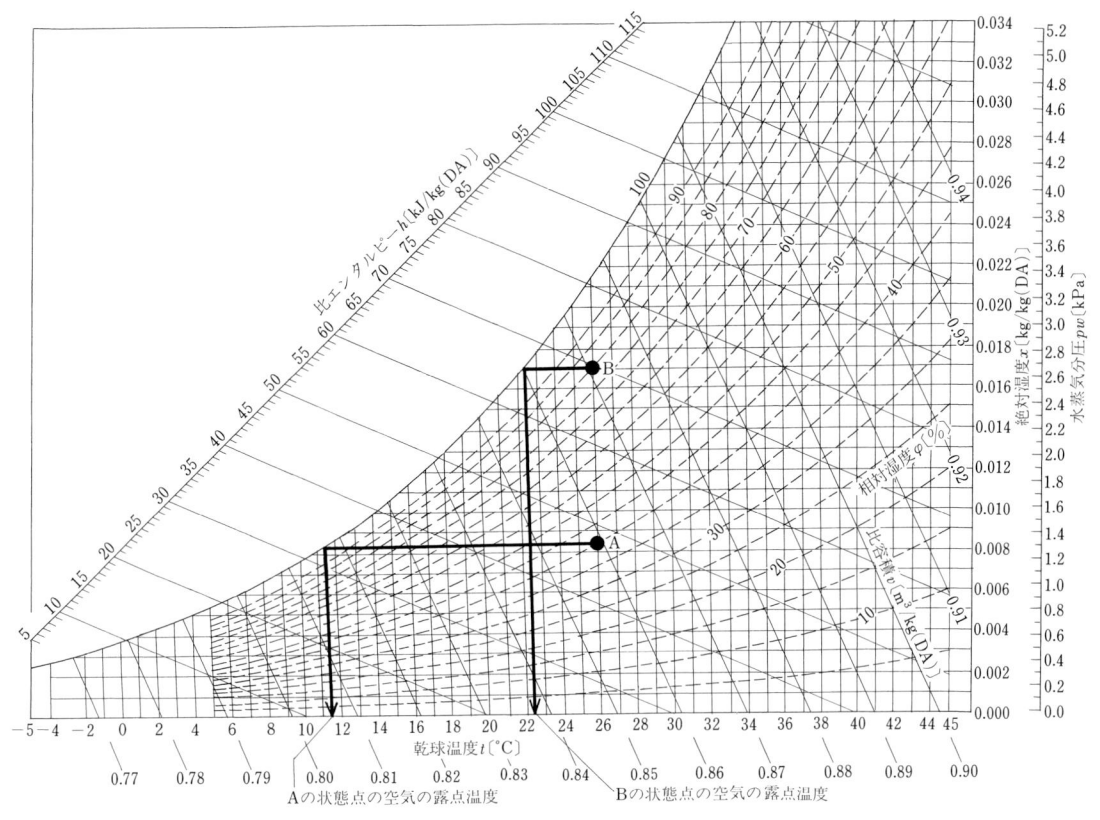

図 3-3-2　空気線図[1)]

結露と，その防止法

結露とは？

　ある湿り空気の温度をずっと下げていくと，相対湿度がどんどん大きくなり，飽和状態に達することは前に述べた。それではそこからさらに温度を下げるとどうなるだろうか。飽和状態では，空気は水蒸気をもうそれ以上含むことができなくなるから，余分の水蒸気は**凝縮**して液体の水に変わる。そして，この液体の水が窓や壁等の固体表面に付着することを**結露**という(図3-3-3)。前項で述べた露点温度とは，ある湿り空気が結露を始める温度のことであり，冬の窓や氷の入ったガラスコップに水滴がついている現象が結露である。これは，冬の窓や氷の入ったガラスコップはまわりの気温に比べて温度が低く，その空気の露点温度以下となっているため結露するのである。このように結露は，窓ガラスや押入，タンスの裏，熱橋部分(3-2節「建築と熱」参照)等のほかの部分よりも温度が低くなっている箇所によく見られる。建物における結露には内部結露と表面結露がある(図3-3-4)。建物内の天井，壁，床等の表面に発生するものを**表面結露**という。それに対して，建物を構成している材料の中で発生するものを**内部結露**という。壁の両側の表面温度が異なれば，壁体内部で温度分布が生ずる。それと同じく，両側で水蒸気分圧に差があれば，壁体内部で水蒸気分圧分布が生ずる。それぞれの水蒸気分圧に対して，表面温度が露点温度より高ければ表面結露は起こらない。ところが壁体内部では，必ずしも温度が，そこの水蒸量に対する露点温度より高いとは限らない。こうい

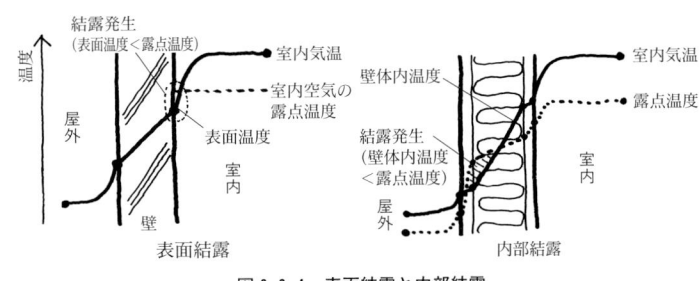

図 3-3-3　結露の例

図 3-3-4　表面結露と内部結露

第3章　熱と空気

った場合，壁体内部で結露が発生する可能性がある。これが内部結露である。冬期の暖房時を対象にもう少し具体的に説明しよう。

結露の害（図3-3-5）

結露が発生すると，どのような害が起こるのであろうか。結露の起こった箇所が黒くすす汚れた状態になっているのは見たことがあるだろうか。これは**ラスマーク**といって，空気中のほこり等が結露部分に付着するために起こる。これは建物の商品価値を著しく低下させることになる。さらに結露水があることによって，その箇所で**カビ**や**細菌**が繁殖し，感染症やアレルギー，中毒症を引き起こす要因となる。また，木材を腐らせる**腐朽菌**が発生し，建物の強度，耐久性を著しく損なうことになる。腐朽菌として有名なものに，北海道の高断熱住宅で大発生した**ナミダタケ**がある。

図 3-3-5 a 結露の害の例

図 3-3-5 b 結露の害の例[2] （ナミダタケ被害）

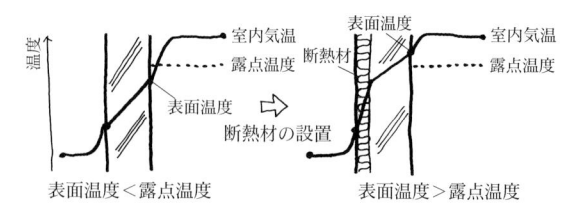

図 3-3-6 表面結露防止法（表面温度を上げる）

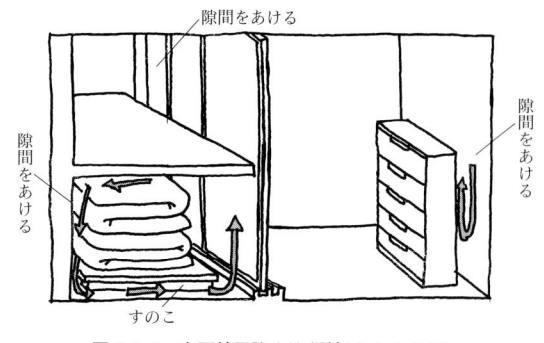

図 3-3-7 表面結露防止法（通気をよくする）

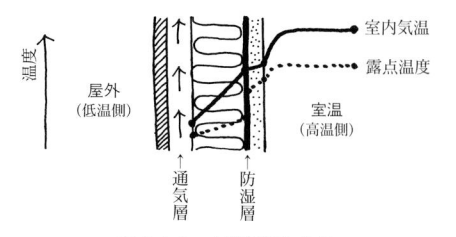

図 3-3-8 内部結露防止法

結露の防止法

結露を防ぐ方法はいろいろあるが，まず第一に，できる限り余分な水蒸気を発生させないことである。とはいっても調理や入浴，暖房など人間が生活していくうえで，どうしても水蒸気が発生してしまうことがある。そのような場合には，換気などにより迅速に屋外に放出することが望ましい。それでも水蒸気が室内に残り，結露してしまう場合の防止法について説明する。簡単なのは，建物内の各場所で温度差を付けないことである。前述したように，表面結露は壁や窓の表面が露点温度以下となるために起こる現象である。したがって，二重窓にするとか，断熱材を封入することにより断熱性を高め，これらの表面の温度が低下することを防いでやればよい（図3-3-6）。また押入の中やタンスの裏は湿気が高く，低い温度の空気が溜まりやすく，結露しやすくなる。このような場所は，適当な隙間をあけて通気性をよくして湿気を適当に逃がすとよい（図3-3-7）。内部結露の場合は，話がもう少し複雑になる。グラスウール等の繊維系断熱材の場合，熱は通さないが，水蒸気に対してはほとんど抵抗がない。そのため断熱材の前後で温度は急激に変化するが，水蒸気量，すなわち絶対湿度はほとんど変わらない。したがって急激に温度低下する箇所においては，相対湿度が増大し結露しやすくなる。前述した北海道のナミダタケの発生は，水蒸気の透湿能力を考慮せずに断熱材を封入したために内部結露が発生したことによる。したがって内部結露を防ぐためには，断熱材の高温側に防湿シートを貼り，水蒸気が断熱材内部に侵入しないようにすればよい（図3-3-8）。間違えて低温側に防湿シートを貼ると，水蒸気がせき止められ，内部結露の被害が拡大する。また壁の外側に通気層を設けて，壁内にたまった水蒸気を排出することにより，内部結露の危険性を軽減することができる。

出典
1) 環境工学教科書研究会編『環境工学教科書 第二版』彰国社，2000
2) 撮影：シントーファイン(株)櫻井誠

3-4 室内空気汚染と換気

室内空気汚染

汚される空気

　人間は空気を吸って生活している。また，一生のうちの80〜90％を室内で生活しているといわれている。したがって室内の空気を清浄に保つことは，人間の健康にとって非常に重要である。一方，室内ではさまざまな汚染物質が排出されている。図3-4-1に室内における汚染物の発生状況を示す。汚染源として考えられるのは，①人間そのもの，②燃焼器具，③建築内装仕上げ，④そのほか室内に侵入する，あるいは発生した各種物質等である。人間からは，二酸化炭素（CO_2）や水蒸気，臭気等が発生する。燃焼器具からは二酸化炭素，一酸化炭素（CO），硫黄酸化物（SO_x），窒素酸化物（NO_x），排熱，水蒸気等が発生する。建築内装仕上げからは，ホルムアルデヒドやVOC（揮発性有機化合物）に代表される化学物質や，粉塵，臭気等である。そのほか室内に侵入するもの，発生するものとして粉塵や細菌，カビ等がある。

さまざまな汚染物質

　次に汚染物質の種類と影響について説明しよう。汚染物は大きく，**ガス状汚染物質**と**粒子状汚染物質**に分けられる。

1．ガス状汚染物質には以下のものが存在する。

二酸化炭素（CO_2）　　二酸化炭素は人間の呼吸や燃焼によって発生する。通常，外気中には0.03％（300ppm）の二酸化炭素が存在し，空気中の濃度が数％以上になると，呼吸困難や頭痛など直接の被害を人間にもたらす。少々の二酸化炭素では，人体には直接の影響を及ぼさないが，二酸化炭素が増加すると，他の汚染物質もそれに比例して増大するだろうと考えられ，従来より，二酸化炭素濃度は室内空気の汚れ具合を示す指標とされてきた。「建築基準法」と「建築物における衛生的環境の確保に関する法律」（ビル管理法と略称）では，室内における二酸化炭素の濃度許容量を0.1％（1000ppm）以下としている。

一酸化炭素（CO）　　一酸化炭素は空気中の酸素不足のための不完全燃焼によって発生する。一酸化炭素は，血液中において酸素を運ぶ役割をするヘモグロビンと強く結びつくため，わずかの一酸化炭素でも吸引すると，血液の酸素運搬能力は低下し，酸欠状態に陥る。したがって燃焼器具の取扱いには十分な注意が必要である。またタバコの吸気中や自動車の排気ガス中にも一酸化炭素は存在し，喫煙常習者や交通量の多い場所で働く労働者は，そうでない人と比べて，体内に蓄積されている一酸

図3-4-1　建築における空気汚染源

化炭素の割合は数倍高いという報告がある。建築基準法とビル管理法では，一酸化炭素の濃度許容量を10 ppm以下としている。

窒素酸化物（NO_x） 窒素酸化物のほとんどはNO_2であり，わずかにNOが存在するが，これは非常に不安定な物質のため空気中の酸素O_2と結びつき，すぐにNO_2となる。NO_2は，およそ900℃以上の高温燃焼時に空気中の窒素N_2が分解，酸化されて発生する。したがって，ガス調理器を利用している家のほうが，電気調理器を利用している家よりもNO_x濃度が高いことが報告されている。屋外でのNO_2の発生源は，多くの部分が自動車からであり，主要な大気汚染物質のうちの一つである。NO_2は，20 ppmを超えるあたりから眼やのどなどの粘膜に刺激を与えるようになる。また屋外においてNO_2は，日射を受けるとオゾンO_3（光化学スモッグ）を生成する触媒として働く。

硫黄酸化物（SO_x） 硫黄酸化物は，硫黄を含む石油や石炭等の燃料が燃焼することによって発生する。1952年に4,000人の死者を出したロンドンのスモッグ事件において，その原因の大半は家庭用ストーブから発生した硫黄酸化物であった。硫黄酸化物のうち二酸化硫黄（SO_2）は，空気中の水蒸気と反応して硫酸ミストとなり，建築物を劣化させたり，粘膜を刺激する。

ホルムアルデヒド（HCHO） ホルムアルデヒドは無色，刺激臭の水溶性ガスであり，反応性が高く，ほかの物質と強い結合を行うため，従来より接着剤の原料として用いられてきた。また殺菌作用もあるため，標本保存用，消毒用，防腐剤としても用いられてきた。標本用のホルマリン液とはホルムアルデヒドの水溶液である。ホルムアルデヒドの人体への影響は，呼吸器系の刺激，アレルギー性皮膚炎などが報告されている。建物内におけるホルムアルデヒドの発生源は建材，家庭用品，喫煙，暖房器具の使用などが考えられるが，そのなかでも発生量の著しく多いのが尿素—ホルムアルデヒド系の接着剤を使った建材や内装材である。

臭気 心地よい臭いは食欲を増したり，リラックスしたりするが，不快な臭気（悪臭）のもとでは食欲が減退したり，作業能率が低下する。室内では体臭，タバコ煙，塗料，炊事の臭い，食品類の腐敗臭，便所臭などが悪臭の原因である。臭気は連続して嗅ぐと感じが鈍くなるが，それでも強い悪臭があると頭痛や吐き気をもたらすことになる。

2．粒子状汚染物質には以下のものが存在する。

浮遊粉塵 浮遊粉塵とは空気中に浮遊する固体または液体状の微小粒子である。発生源は火山の噴出物，土壌塵埃の巻き上げ，燃焼排気，スプレーやタバコなどさまざまである。この浮遊粉塵は人の呼吸に伴って体内に吸引される。特に直径10μm以下の粉塵は肺胞に沈着しやすく，呼吸器系の障害を引き起こすことがある。

アスベスト 自然界に存在する水和した珪酸塩鉱物の総称であるが，石綿といったほうがなじみがあるだろう。耐火性，耐磨耗性に優れ，屋根葺き材などの建築材料として利用されてきた。近年，発がん性が認められ，特に粉状になったアスベストには注意を要する。日本において石綿は2006年9月の労働安全衛生法の改正により全面製造禁止となった。

アレルゲン 特定の物質に対して過敏な人が吸入や摂取，接触したりすると，ぜんそく，くしゃみ，目・鼻・喉・皮膚等の充血，かゆみ，炎症などの反応を起こさせる物質をアレルゲンという。空気中に浮遊するアレルゲンには，ダニやその排泄物，カビ，ソバがら，動物の毛，花粉などがある。ダニは住宅における主要なアレルゲンであり，気管支喘息だけ出なく，アトピー性皮膚炎やアレルギー性鼻炎にも関連があるといわれている。また，カビは微生物の一種で，正式には「真菌」と呼ばれている。カビは呼吸や皮膚から体内に侵入し，アレルギー反応を起こす真菌アレルギーや，皮膚や体内で繁殖する真菌感染症の原因になる。花粉症は日本人のアレルギー反応の大部分を占めており，特に春先に飛散するスギ花粉によるものが多い。

換気の目的と必要換気量

換気の目的

前述したように，室内ではさまざまな汚染物が発生しているが，これらの汚染物をすみやかに排出し，新鮮な空気を導入することが換気の目的である。具体的には，以下の箇条書きに列挙される。

①室内の人間に対して必要な酸素を供給すること
②室内の燃焼器具に対して燃焼に必要な酸素を供給すること
③室内で発生する汚染物を排出すること，あるいはそれらを許容値以下に抑えること
④台所，便所，浴室など特定の室で発生する熱，煙，水蒸気，臭気などを排出すること
⑤通風などによって，ある程度の快適性を保つこと

換気のうちで，特に，夏などに気流によって在室者の体感温度を下げ，室温上昇を抑制する自然換気を**通風**と呼ぶ。また冬にあまり歓迎されない自然換気（後述）を**隙間風**と呼んでいる。

必要換気量

換気することにより，時間当り室内の空気の入れ替わ

る量を**換気量**といい，通常[m³/h]で表す。また，この換気量を室容積で除した値である**換気回数**[回/h]で換気の程度を表すこともある。すなわち，換気回数とは1時間の間に部屋の中の空気が何回入れ替わったかを表すものである。室内で人が快適に生活したり，安全に作業できる空気質をつくり出すのに必要な換気量のことを**必要換気量**という。ここで，汚染物の許容濃度から必要換気量を計算する方法について簡単に説明する。室内のある汚染物の許容濃度を P_a[%]とし，外気におけるその濃度を P_o[%]とする。また室内に，その汚染物が発生する割合を K[m³/h]，換気量を Q[m³/h]とする。そのときの様子を図3-4-2に示す。そしてこのとき，室内全体の許容濃度である P_a[%]ぎりぎりの限界濃度で一定に保たれているものとする。このとき，外気から室内に侵入してくる汚染物の量は，外気濃度 P_o[%]×換気量 Q[m³/h]÷100で表すことができる。また，室内から外部へ流れ出る汚染物の量は，同様に，室内濃度 P_a[%]×換気量 Q[m³/h]÷100で表すことができる。発生量＋侵入量＝流出量であるから，室内におけるこの汚染物濃度のバランス式は次のように書くことができる。

$$K + \frac{P_o}{100}Q = \frac{P_a}{100}Q \ [\text{m}^3/\text{h}] \quad (3\text{-}4\text{-}1)$$

したがって，この汚染物を許容濃度以下に抑えるための必要換気量は以下で表すことができる。

$$Q = \frac{K}{\frac{P_a}{100} - \frac{P_o}{100}} \ [\text{m}^3/\text{h}] \quad (3\text{-}4\text{-}2)$$

このように，必要換気量は，本来，温湿度や各種汚染物質の許容濃度から決定されるべきであるが，実際の設計には居住者1人当りの必要換気量として計算される場合が多い。たとえば，室内の二酸化炭素濃度を通常の許容値である0.1[%]以下とするための1人当りの換気量を求める。静穏時における成人1人当りの二酸化炭素排出量が0.021[m³/h]であり，外気の二酸化炭素濃度を0.03[%]とすると，式3-4-2より必要換気量は，

$$Q = \frac{0.021}{\frac{0.1}{100} - \frac{0.03}{100}} = 30 \ [\text{m}^3/\text{h}] \quad (3\text{-}4\text{-}3)$$

となる。1人当り30[m³/h]という換気量は，換気設計をする場合に，通常よく用いられる。

換気の原理と種類

換気の原理

空気は圧力の高いところから，低いところへと流れる。すなわち，空気の駆動力は圧力差である（図3-4-3）。換気の方式の種類によらず，すべての換気はこの圧力差を利用している。開口部の前後での圧力差が生じたときに，圧力差のエネルギーが空気の運動エネルギーに変化して，開口部を通じて空気が移動するのである。圧力差のエネルギー（ΔP）が，すべて運動エネルギーに変化したとすると，以下の式が成り立つ。

$$\Delta P = \frac{1}{2}\rho V^2 \ [\text{Pa}] \quad (3\text{-}4\text{-}4)$$

ここで，ρ：空気の密度[kg/m³]である。

したがって，この圧力差 ΔP によって生ずる風速 V[m/s]は，以下になる。

$$V = \sqrt{\frac{2\Delta P}{\rho}} \ [\text{m/s}] \quad (3\text{-}4\text{-}5)$$

したがって開口部の面積を A[m²]とすると，通過風量 QV[m³/s]は

$$QV = A\sqrt{\frac{2\Delta P}{\rho}} \ [\text{m}^3/\text{s}] \quad (3\text{-}4\text{-}6)$$

となる。ただし，実際には開口部において抵抗が働くので，圧力差エネルギーの一部は摩擦熱として失われ，すべて運動エネルギーには変化しない。したがって実際の通過風量（換気量）は次式で表される。

$$QV = \alpha A\sqrt{\frac{2\Delta P}{\rho}} \ [\text{m}^2/\text{s}] \quad (3\text{-}4\text{-}7)$$

α は，開口部の抵抗の度合いを表すもので**流量係数**という。通常の窓で α は0.6～0.7程度，網戸やブラインド付窓で0.3～0.4程度である。また αA[m²]は開口部の実質的な面積を表しているという意味で，**相当開口面積**，または**実効面積**という。

開口部の配置と，相当開口面積，換気量の関係を図3-4-4に示す。

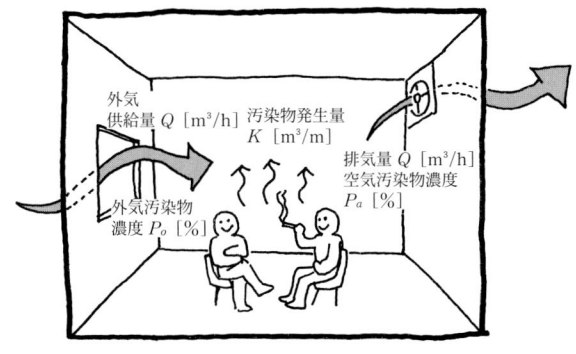

図3-4-2　室内の汚染物と換気量の関係

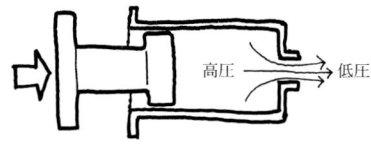

図3-4-3　圧力と空気の流れ

換気方式の分類

 換気の方式は，この駆動力である圧力差を生じさせるのに機械力に頼らない自然換気と，機械力を利用する機械換気に大きく分類される（図3-4-5）。自然換気は室内外温度差を利用した温度差換気（重力換気ともいう）や風力を利用した風力換気に分類される。機械換気は給気ファンと排気ファンの組合せにより，後述するように第一種機械換気から第三種機械換気まで分類される。自然換気は機械動力を必要としない点で，省エネルギーの点からも有利であるが，換気量が不安定で，制御が困難であるという欠点がある。また室内における換気範囲をもとに全体換気と局所換気に分類する場合もある。

自然換気

 自然換気は，自然の力で生ずる圧力差を利用するものである。図3-4-6に**温度差換気**の原理を示す。空気は温度が高いほど密度が小さくなるため，室内外に温度差があるとき，その空気には密度差が生じ，その結果，室内外において圧力差が生ずる。これにより，室外から室内へ，また室内から室外へと空気が流れるのである。冬期の暖房時を考えると，室外のほうが室内よりも気温が低く，空気の密度は大きい。したがって，室下部においては，室外のほうが室内よりも圧力が大きくなり，室上部においては室内のほうが圧力が高くなる。特に，室内外の圧力が等しくなる場所を中性帯と呼んでいる。この圧力差により，室下部より外気が侵入し，室上部より外部へ室内空気が流出する。このことより，冬期の暖房時においては，室下部より隙間風が侵入することが理解できる。また，天井付近と床付近がそれぞれ最も室内外の圧力差が大きい。したがって，温度差換気により大きな換気量を得るためには，開口部をそれぞれ天井付近と床付近に設けてやればよい（図3-4-7）。

 次に図3-4-8に，**風力換気**の原理を示す。風が建物に当たると，風の運動エネルギーは圧力に変化し，建物の外壁面には，場所によって異なる圧力（風圧）が発生する。特に建物の風上正面では，建物がないときに比べて圧力が大きくなり（正圧），風下背面では，建物がないときに比べて圧力が小さくなる（負圧）。壁面に開口があれば，これらの圧力差によって換気が駆動される。便宜上，自然換気を温度差換気と風力換気に分類したが，通常は両方のメカニズムが働いていることが多い。もちろん風のないときには風力換気はまったく働かない。

機械換気 （図3-4-9）

 機械換気は，送風機や排風機の配置により第一種機械換気，第二種機械換気，第三種機械換気に分類される。

並列結合

換気量　$Q = \{(\alpha A)_1 + (\alpha A)_2\}\sqrt{\dfrac{2\Delta P}{\rho}}$

総合実効面積　$\alpha A = (\alpha A)_1 + (\alpha A)_2$

● 並列結合

直列結合

$Q = \dfrac{1}{\sqrt{\left(\dfrac{1}{(\alpha A)_1}\right)^2 + \left(\dfrac{1}{(\alpha A)_2}\right)^2}}\sqrt{\dfrac{2\Delta P}{\rho}}$

$\alpha A = \dfrac{1}{\sqrt{\left(\dfrac{1}{(\alpha A)_1}\right)^2 + \left(\dfrac{1}{(\alpha A)_2}\right)^2}}$

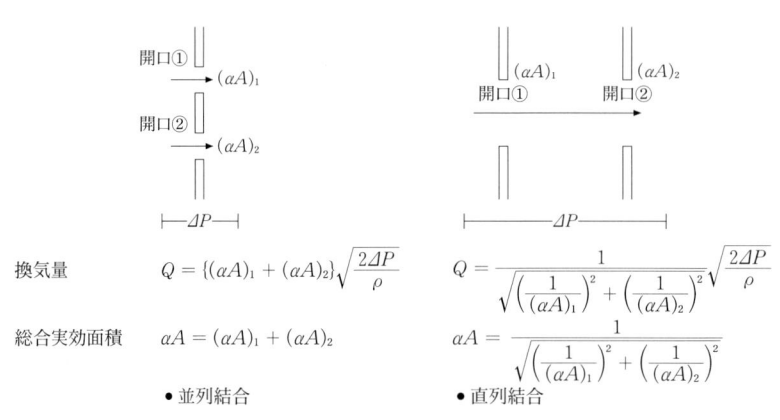

● 直列結合

図 3-4-4　開口部の配置と換気量の関係

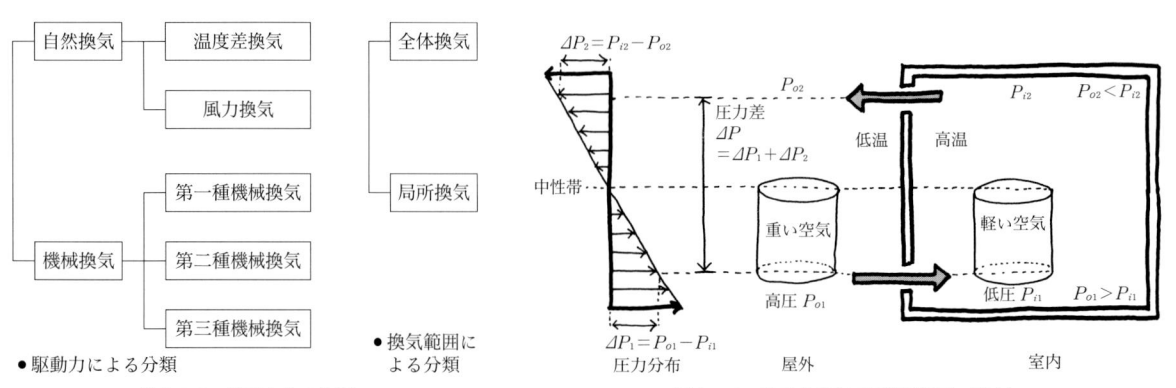

図 3-4-5　換気方式の分類

図 3-4-6　温度差換気の原理（暖房の場合）

第一種機械換気は給気と排気の両方に機械力を用いるものである。給気、排気ともに機械を利用しているので、換気量は安定しており、最も確実な換気方式である。また、この方式では室内と室外の圧力差が生じないので、隣室への影響が小さく、室内外の圧力差によって、扉が勝手に開いたりとか、窓が音を立てたりといったこともない。換気量が安定しているので、映画館や劇場など大空間の換気に向いている。この方式の欠点は、送風機と排風機の両方が必要になること、給気量と排気量をバランスさせるように制御する必要があることなどから、設備費が高額になることが挙げられる。

第二種機械換気は、送風機のみを用いて室内に空気を押し込み、排気は自然に任せる方法である。空気を室内に押し込んでいるので、室内の圧力は外部よりも高くなる(正圧)。このため給気口以外に外部より空気が侵入することや、壁の表面や内部に存在する汚染物を室内に引っ張り出すことが少ない。したがってこの方式は手術室やクリーンルーム等、外部からの汚染空気の流入を嫌う部屋に向いている。

第三種機械換気は、第二種機械換気とは逆に、排風機のみを用いて室内から空気を引っ張り出し、給気は自然に任せる方法である。室内から空気を引っ張り出しているので、室内の圧力は外部よりも小さくなる(負圧)。このため、排気口以外から外部へ空気が流出することはない。したがってこの方式は、ほかの部屋に汚染空気を出してはならない場合に用いられ、便所や厨房、浴室等の湿気や臭気の発生の多い部屋に適している。

全体換気と局所換気

室内全体の空気を換気することを**全体換気**という。また汚染物の発生近くで、その汚染物質が拡散しないうちに効果的に捕集して換気することを**局所換気**という。局所換気は通常、機械換気を利用する。台所のレンジの上にある換気扇や、工場等で排熱や汚染物を発生する機器の周辺のみの換気等が局所換気の代表例である。また、ある程度の大きな部屋の場合、室内を全体換気で十分に換気しようとすると換気量が非常に大きくなる。このような場合、新鮮空気を必要とする空間(たとえば居住者周辺)のみ換気すると、効率がよくなり、全体の換気量を削減することができ、省エネルギーでもある。これも局所換気の一つである。

図3-4-10に局所換気における効果的な汚染物の捕集の工夫を示す。ただし局所換気だけでは汚染物を捕集しきれない場合も多く、一般には全体換気と併用して用いられる。

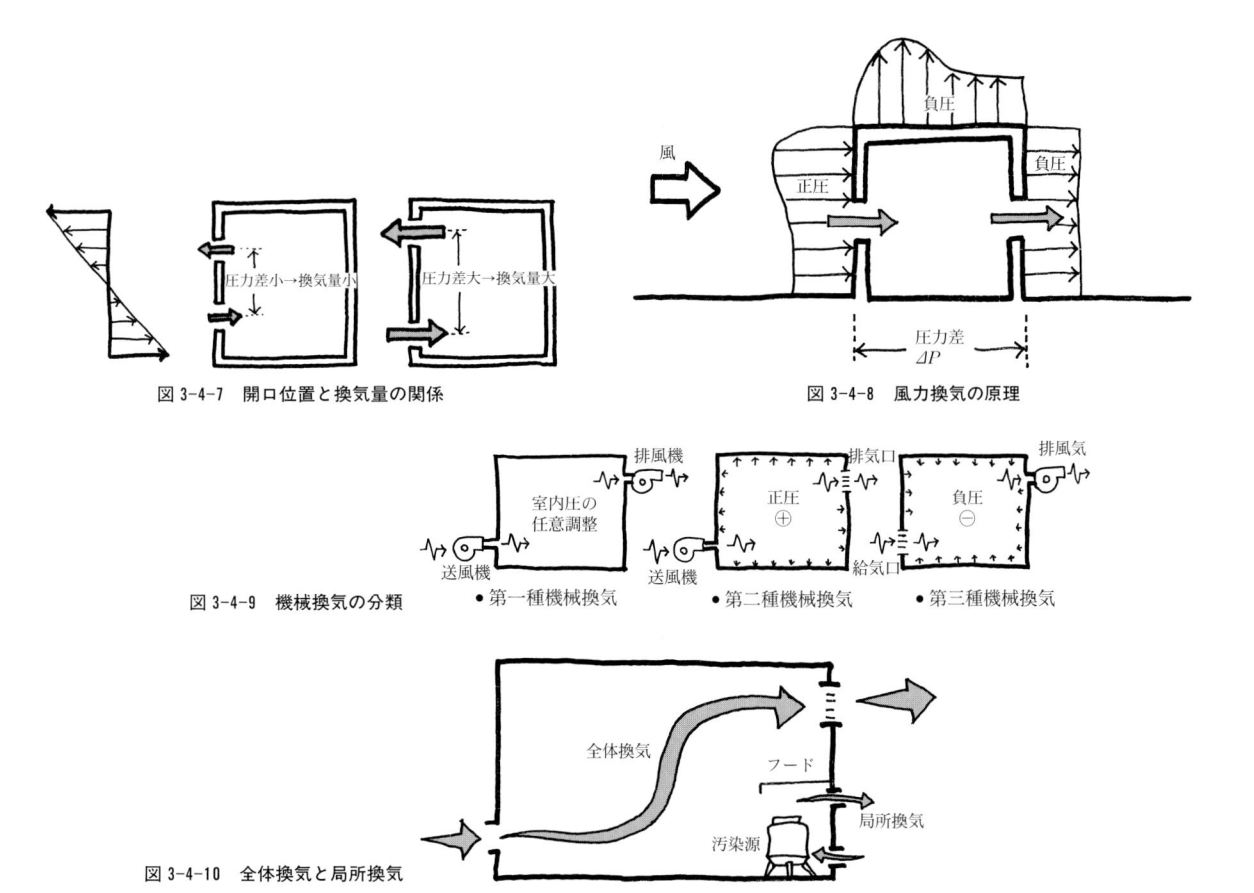

図 3-4-7　開口位置と換気量の関係

図 3-4-8　風力換気の原理

図 3-4-9　機械換気の分類
・第一種機械換気　・第二種機械換気　・第三種機械換気

図 3-4-10　全体換気と局所換気

換気をするうえでの注意と計画換気

図3-4-11に示すように，給気口と排気口の距離（**換気経路**という）が長いほど，換気は一般に効率よく行われる。換気した空気が汚染空気に触れる距離が長くなり，効率的に汚染物の捕集が行われるからである。ところが給気口と排気口の距離が近ければ，せっかく給気した新鮮空気が部屋の隅々まで行き渡らず，十分に汚染物を捕集せず，すぐに排気されてしまう。またこの場合には，排出した汚染空気が十分に拡散希釈されず，ふたたび給気口から流入してくることも考えられる。このような給気口と排気口の距離が近い場合に起こる現象を**ショートサーキット**と呼んでいる。効率的な換気を行うためには，給気口と排気口の位置には十分に注意する必要がある。また換気の空気が通る順路も，換気の良しあしを判断するうえで非常に重要である。

図3-4-12に，住宅において換気空気が各室を通る順路の良い例と悪い例を示す。良い例とは新鮮空気を必要とする順番に空気を送っていく方法である。これが逆になれば，本来新鮮空気が必要とされる場所に，悪臭などの汚染空気が侵入してくることになる。住宅の各室の配置が良い換気の順路を考えて設計されているかどうかを調べるためには，トイレや浴室換気扇だけを回したときの，換気の順路を見てやればよい。このときに新鮮空気を必要とする順番に空気が通っていけば，それは良い設計といえる。

コンクリートの事務所ビル等はもともと気密性が高いが，最近は住宅においても省エネルギーの観点や隙間風の防止の意味から気密性が高いものがふえてきている。このような建物では，自然換気だけでは換気量が不足するため，機械換気により強制的に必要な換気量を確保しなければならない。この必要換気量を確保し，上に述べたような換気経路も十分に考慮した換気を**計画換気**という。高気密高断熱住宅において，計画換気は必要不可欠なものである。ただし計画換気であれ，自然換気であれ，換気とは外部と空気を交換することであるから，これによって，室内においてせっかく暖めた空気や冷やした空気は外に逃げていってしまう。換気により新鮮な空気は取り入れるが，熱損失はできるだけ少なくするために用いられるのが**熱交換器**である（図3-4-13）。熱交換器には顕熱交換器と全熱交換器がある。熱が固体から気体に伝わる方法には顕熱と潜熱（ここでは水蒸気のこと）の二つがあったが，**顕熱交換器**は空気は交換せず，顕熱だけを交換する装置である。一方，**全熱交換器**は，熱を交換する部分のフィルターが空気分子（N_2，O_2，CO_2等）は透さないが，水蒸気分子（H_2O）は透すような材料からできており，潜熱も回収することができるため，顕熱交換器よりも熱交換効率はよくなる。ただし，悪臭のもとであるアンモニア分子（NH_3）が水蒸気分子と同じぐらい小さいため，これも回収してしまうという欠点も有している。

出典
1) 空気調和・衛生工学会編『空気調和設備の実務の知識（改訂第3版）』オーム社，1986

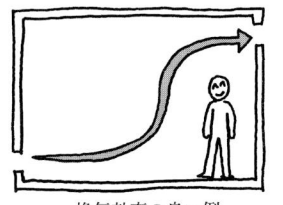

図 3-4-11　換気経路と換気の効率

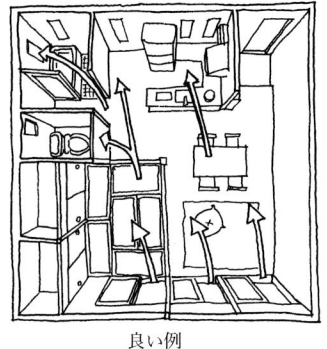

図 3-4-12　換気順路の良い例と悪い例

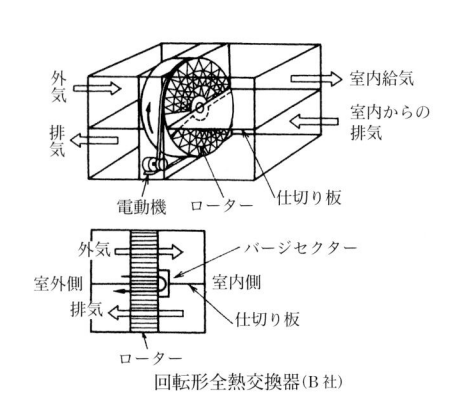

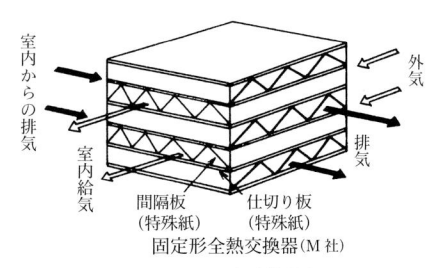

図 3-4-13　熱交換器[1]

3-5 気候風土に適応した建築的工夫と建築の熱環境設計

寒い地方の建築的工夫

暖かい場所を選ぶ

日本の山岳地の集落は,渓谷により形成される三角州を農地とし,これを中心に山の東西南面の裾野に形成される場合が多かった。このような場所は,日当たりがよく,冬の北からの寒風を山が防いでくれるからである(図3-5-1)。スイスの山岳地帯においても同じように,北風を防ぎ,太陽の暖かさを得るために,南斜面に家を建てている(図3-5-2)。

地中熱を利用する

住居の寒さを和らげる簡単な方法は,地中熱を利用することである。地下深さ2m以上になれば,1年間を通じて,地中温度はほとんど変化がなく,その温度は,そこの地の年平均気温とほぼ同じ値であるといわれている。したがって,亜寒帯等では,外気が氷点下になっても地中は10℃以上に保たれている場所がある。

地中熱を利用した代表的な例としては,屋根や壁が土で覆われたアイスランド北部の農家(図3-5-3)や,中国北部の地中に横穴を掘ってつくられたヤオトン(図3-5-4)等があり,現在でもこれに近い地下住居は実際に計画,利用されている。地下住居は自然採光しにくいところが難点ではあるが,ドライエリア等を活用すれば,これらの問題もかなりの部分改善される。

熱損失を防ぐ

建物の表面積が大きくなればなるほど熱損失が大きくなる。建物の容積を維持しつつ表面積を最小に抑えると建築形態は球に近くなる。北極のエスキモーは**イグルー**と呼ばれる半球状の住居に居住している(図3-5-5)。現在のように断熱材を工業的に生産できなかった時代には,紙やわら,干し草,動物の毛皮等が比較的簡単に手に入る断熱材であった。モンゴルの**ゲル(パオ)**は羊など動物の毛皮やフェルトなどを断熱材として利用している(図3-5-6)。私たちの生活でも,厚手のカーテン等が窓からの熱損失のかなりの割合を防いでくれることはよく知られているだろう(図3-5-7)。熱損失には隙間風による部分も無視できない。ログハウス等では丸太と丸太の間に泥を塗り込めて隙間風を防いでいる(図3-5-8)。高断熱高気密住宅では断熱材により断熱性を高めるとともに,隙間風を防ぐために気密サッシや気密シート等を利用して気密性を高めている(図3-5-9)。

図 3-5-1 日本の山岳地の集落[1]

図 3-5-2 スイスの山岳地帯

図 3-5-3 アイスランド北部の農家[2]

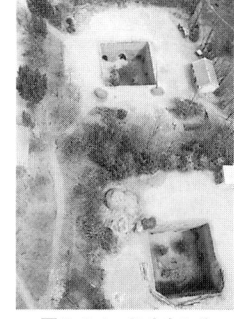

図 3-5-4 ヤオトン[3]

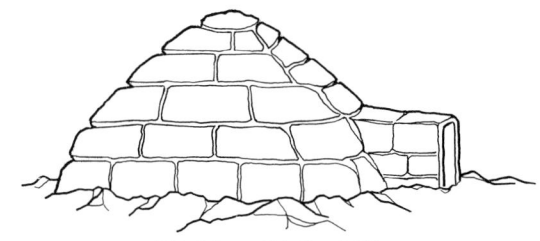

図 3-5-5 エスキモーイグルー

図 3-5-6 モンゴルのゲル(パオ)[4]

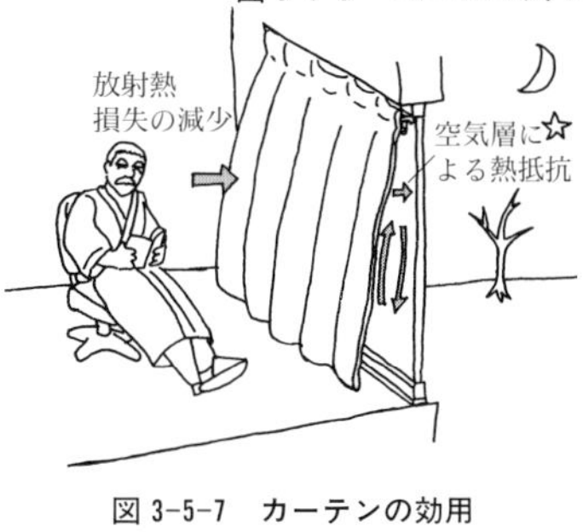

図 3-5-7 カーテンの効用

図 3-5-8 ログハウス[2]

熱を有効に利用する

寒い地方や冬期を暖かく過ごすためには，上記のように建物からの熱損失を小さくすること以外に，外部から効果的に熱を取り入れ，また室内で発生した熱を有効に利用することも必要となる。寒い地方での外部から取り入れることのできる熱の大きな部分は，昼間の直達日射である。機械的な力を使わずに，これら太陽熱をはじめとした自然エネルギーを有効に利用する住宅を**パッシブソーラーハウス**と呼んでいる。パッシブソーラーハウスの太陽熱利用方法には大きく分けて，窓から入る日射を室内に直接取り入れて，床や壁などの蓄熱体に熱を蓄える**直接方式**(図3-5-10)と，南面窓の内側に**トロンブウォール**と呼ばれる壁に蓄熱させる**間接方式**(図3-5-11)とがある。どちらの場合も，夜間，室温が下がるときに蓄熱体から自然放熱し，室温を維持することが期待されている。現在の**太陽熱給湯システム**(図3-5-12)や**OMソーラーハウス**(図3-5-13)による空気集熱も太陽熱を有効利用している例である。一方，室内で発生する熱の多くは調理用の熱と暖房用の熱である。日本の囲炉裏(いろり)は調理用と暖房用の熱を兼ねて利用している(図3-5-14)。ただし囲炉裏の場合には，熱が煙とともに室内を自由に上昇するため，発熱量のわりに室温を上昇させる効果は小さく，そのほとんどを放射熱により暖を取っていたものと考えられる。韓国の**オンドル**は，調理により生じた熱が煙突から排出される前に，住宅の床下を流れ，床暖房として効率的に利用されている(図3-5-15)。

また現在の住宅においても床暖房の利点が見直されている。空気で暖房すると暖かい空気は上昇するので，天井が高い場合には上下温度分布がつきやすく，肝心の居住域である床近くが暖かくならないことがよくある。ま

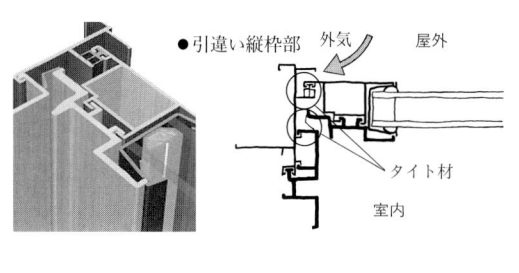

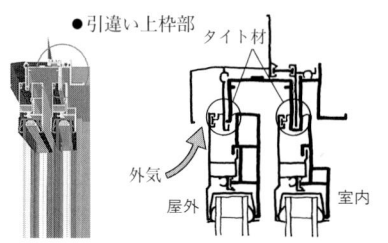

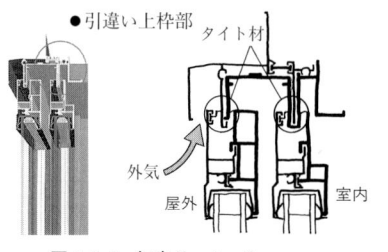

図 3-5-9　気密サッシ[5]

図 3-5-10　パッシブソーラーシステム(直接方式)

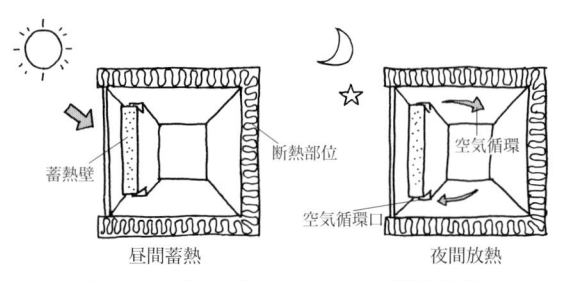

図 3-5-11　パッシブソーラーシステム(間接方式)

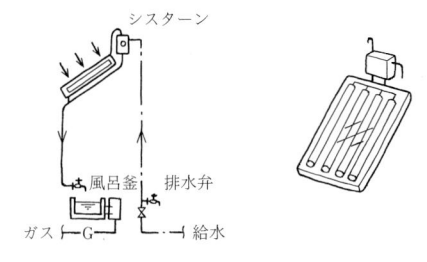

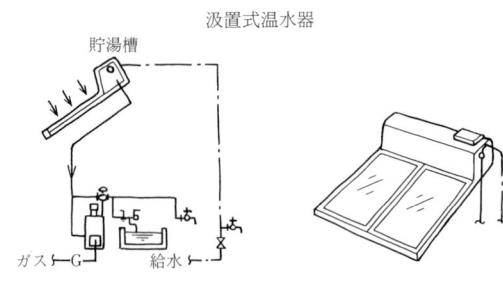

図 3-5-12　太陽熱給湯システム[6]

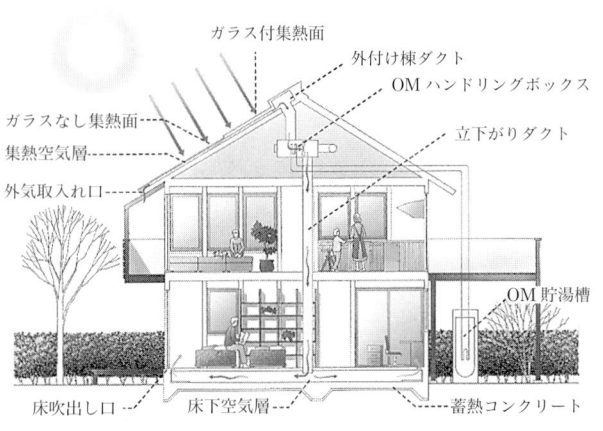

図 3-5-13　OMソーラーハウス(冬の仕組み)[7]

た上下温度を均一にするために，室内で風を起こして熱を撹拌すると，不快なドラフトを形成してしまう場合がある。床暖房の場合は，室温の上下分布がつきにくく，放射で直接人体を暖めるので，空気で暖房するよりも省エネルギーで快適性が高くなることが期待されている（図 3-5-16）。

暑い地方の建築的工夫

日射を遮断する

太陽の光は寒い地方では歓迎されるものであるが，暑い地方の日射はしばしば，熱射病や皮膚がん等の原因になり，過酷な環境を形成する。したがって，このような地方で環境制御を行う場合には，まず日射を遮ることを考えることが一般的であろう。日射を遮る一番簡単な方法は，日射を反射する材料で建築をつくることである。反射性の高い塗料を塗ってもよい。図 3-5-17 にエーゲ海のミコノス島の建物群を示す。一面白亜の建物が並んでおり，日射熱の多くの部分は反射され，室内に侵入することはないであろうと考えられる。ただし，建物表面に高反射特性をもたせることは，建物にかかる熱負荷を減少させるのに都合がよいが，その照り返しにより，屋外空間をさらに劣悪な環境にする可能性がある。

樹木等で日陰をつくるということもよく行われる。特に冬には，それなりに寒くなる温帯地方では，落葉樹を植えておくと夏は日射を防いでくれるが，冬には葉が落ちて，暖かい日射を通してくれる（図 3-5-18）。

屋根は非常に大きな日射受熱面であるので，日射熱を遮断するには，この部分を工夫することが必要となる。日本では伝統的に屋根の下に小屋裏空間を設け，この部

図 3-5-14　日本の囲炉裏

図 3-5-17　エーゲ海ミコノス島[9]

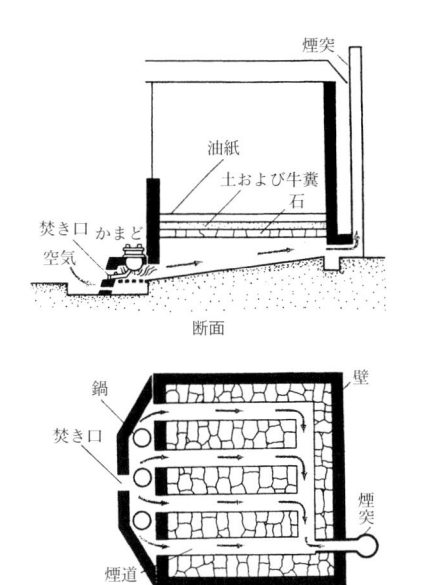

図 3-5-15　オンドル[8]

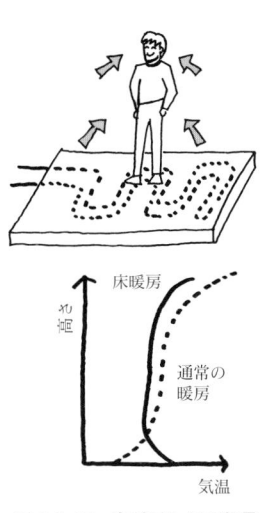

図 3-5-16　床暖房とその効果

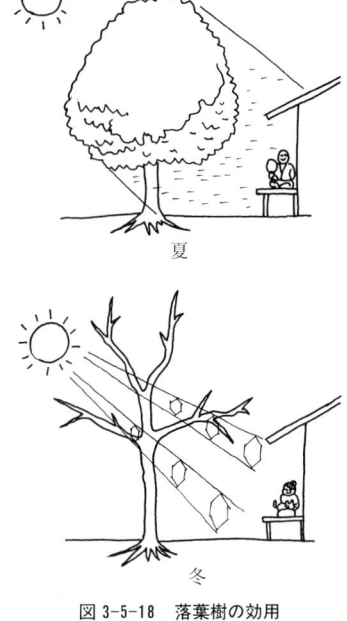

図 3-5-18　落葉樹の効用

分が緩衝空間となると同時に，小屋裏換気を行うことで日射によって形成された熱気を室内に侵入させることなく外部に排出することができる。また古民家の茅葺き屋根は厚みが数十 cm から 1 m 程度に達し，大きな断熱性能があることが知られている。茅葺き屋根は雨の後には水分を含み，その後，強い日射にさらされると水分が蒸発し気化熱を奪ってくれる（図 3-5-19）。これによって屋根が過度に加熱されることを防いでいるのである。

現在の日本の住宅における屋根からの日射熱の侵入を防ぐ方法に，屋根に断熱材を張る**屋根断熱**と天井に断熱材を張る**天井断熱，屋根裏通気層**などがある。屋根裏通気層は屋根の野地板等の下に厚さ 25 mm 程度の通気層を設けて，その中に空気を通すことによって熱気を奪う（図 3-5-20）。特に南に向いた傾斜屋根に通気層を設ければ，風がなくても中の空気が日射で暖められ，浮力によって上昇し，外部に排出される。

日射の影響を受ける部分で忘れてはならないのは窓などの開口部であろう。もともと窓は光を取り入れることがその目的なので，日射の侵入は宿命的なところがある。それでも日射を遮る工夫は昔からなされている。たとえば，東南アジアや日本の伝統的な建物の屋根の庇は，一般に非常に深い。深い庇は日射を防ぎ，影をつくるのに好都合であったと思われる。さらに日本のような中緯度地域の場合，この庇の深さを調節することにより，夏の過酷な日射を遮り，冬には暖かな日差しを室内に取り入れることが可能となる（図 3-5-21）。また昔から日本では，葦や簾，蔀戸などが日射を遮るものとして利用されている。それ以外に現在もよく利用されている日射遮蔽具は，大きく分けて開口の外部に施すものと，開口内に取り付けるものがある。開口の外部に取り付け

図 3-5-19 茅葺き屋根から水蒸気が蒸発している様子（岐阜県白川郷）[10]

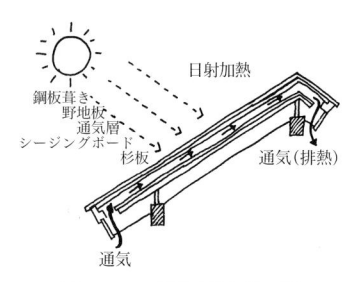

図 3-5-20 屋根裏通気層の例

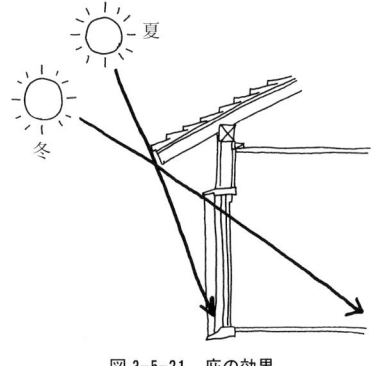

図 3-5-21 庇の効果

図 3-5-22 日除けの種類（庇以外）

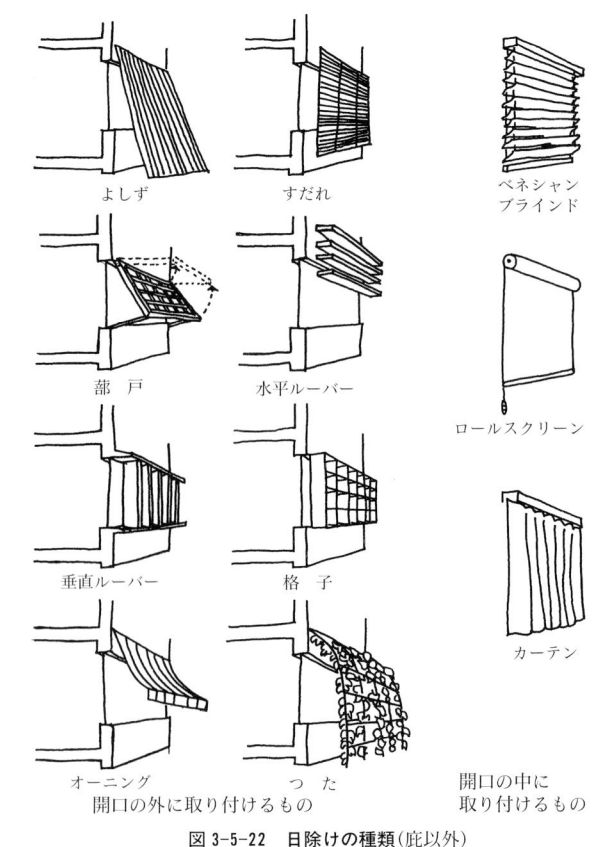

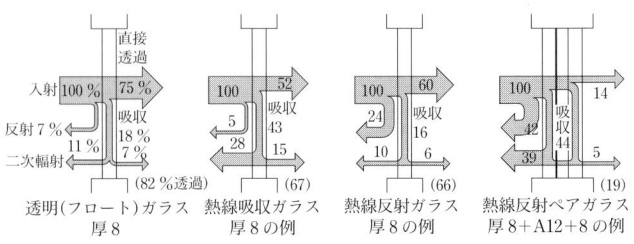

図 3-5-23 ガラスの種類による日射透過の制御（垂直入射）

るものとしてはルーバー(垂直と水平がある)，格子，オーニング，蔦などがある。一方，開口内に取り付けるものとして，ベネシャンブラインド，ロールスクリーン，カーテンなどが一般的である(図3-5-22)。また窓ガラスを熱線吸収ガラスや熱線反射ガラスにすることにより，日射を防ぐ方法もある。熱線吸収ガラスは日射をガラス面で熱に変えるものであり，ガラス面で発生した熱の一部は室内に伝わる。この点からは熱線反射ガラスのほうが有利である(図3-5-23)。

通風や換気を促進する

通風は，人体からの蒸発散熱(3-1節参照)を促進すると同時に，可感気流として体感温度を下げる働きをする。東南アジアや日本の伝統的な民家は，主として木質材料を用いた軸組構法である。そのため開口部が大きく，開放的なつくりをしており，通風の点で非常に優れている(図3-5-24)。このように開口部を大きく取れない場合においても，パキスタンやイランヤズド地方では通風や換気を促進するために採風塔(バッドギア，バードギル等という)を設けている(図3-5-25)。イランの**バードギル**では外部風があるときには塔上部の開口から採風を行い，無風のときには塔の壁体が日射で加熱され，上昇流を起こし，塔上部から排風する。日本の越し屋根や欧米のキューポラも有風時には採風を行い，無風時には室内の熱気を外に排出することにより換気を促す効果をもつ(図3-5-26)。さらに欄間やよろい戸，がらり等は開口を閉じていても，通気性をもたせるのに役に立つ(図3-5-27)。現代の超高層ビルなどでも，建物に風穴を開けたり(図3-5-28)，光庭の上下に生ずる圧力差を利用することによって(図3-5-29)，通風による排熱を促進している例がある。

図 3-5-24 開口を大きくとり，通風に配慮した開放的な日本の伝統的住居

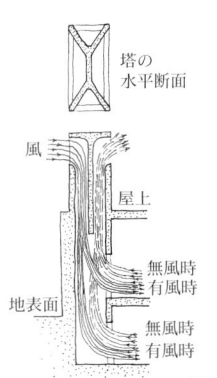

図 3-5-25 イランのバードギル[11]

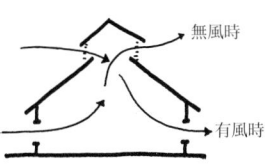

図 3-5-26 越し屋根による通風促進

図 3-5-27 通風のための工夫

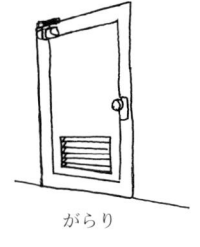

図 3-5-28 明治大学創立120周年記念館リバティタワーの風の穴[12]
(設計/日建設計)

蒸発熱を利用する

3-1節で述べたように,水分は蒸発するときに熱を奪う。前述した茅葺き屋根からの蒸発冷却や,日本の夏の夕方に見られる打ち水も,そのメカニズムを利用した例である(図3-5-30)。また,スペインの建物では**パティオ**と呼ばれる中庭があり,そこに噴水を設けて蒸発による空気の冷却効果を利用している(図3-5-31)。先に述べたイランのバードギルを設けた建物でも,室内に小さな池を設け,その上を外部から取り入れた乾燥した空気が通り抜けることにより,空気が加湿冷却されて,冷たい風として人体や建物を冷やす働きをする(図3-5-32)。また東南アジアでは,水上に建てられた住居もよく見掛けるが,これも水の蒸発冷却を利用した建築ということがいえるだろう(図3-5-33)。

蓄熱を利用する

砂漠等の暑くて乾燥した地域は,日中には40℃以上になる一方で,夜間には10℃以下に冷え込むなど,一般に一日の気温の変化が非常に激しい。このような地域では,泥や日干し煉瓦,石,煉瓦等の熱容量の大きな材料で建物をつくる場合が多い(図3-5-34)。これらの材料でつくった建物は大きな蓄熱能力を有し,室温の一日の変動幅を小さくするために,室内では屋外に比べて,昼は涼しく,夜は暖かくなる。

これは原理的には前述したパッシブソーラーの間接方式と同じであるが,昼の酷暑の緩和が主眼であることが特徴である。また,このような建物では昼間の外部の熱風を避けるために,開口部は非常に小さくしている場合が多い。

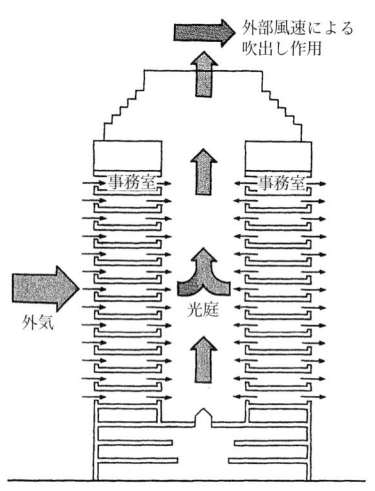

図3-5-29 光庭の利用による風通の促進[13]
(新潟県庁舎 設計/日本設計)

図3-5-30 打ち水[14]

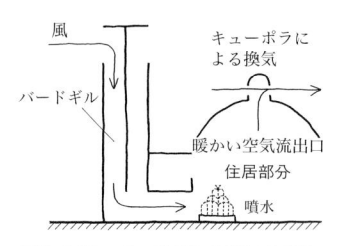

図3-5-32 バードギルを設けた建物

図3-5-31 コルドバ(スペイン)のパティオ[15]

図3-5-33 タイのメナムチャプタイ川岸に建つ水上住宅

図3-5-34 日干し煉瓦の建築(モロッコ)[16]

これからの建築熱環境設計

開く技術と閉じる技術

通常の建築の目的は，人間にとって健康，快適，安全な空間の提供であるは議論の余地をもたないだろう。そのような空間を提供するために暑さ，寒さを防ぐことは建築の重要な基本性能の一つである。

暑さ，寒さを防ぐ建築上の工夫は，世界のいろいろな地域で独自に発展してきており，それが各地域の風土を反映し，その地域特有の文化を形成する一つの要因となっている。寒い地方の建築はできるだけ熱損失を抑えるために外界に対し「閉じた」形態をしている。一方，東南アジア等の蒸し暑い地方では，効果的な通風のため開口部をできるだけ大きくし，外界に対して「開いた」形態をしている。また暑くても乾燥している地方では，外部からの熱を遮断するため，外界に対し「閉じた」形態をしている。

このように，その気候風土によって，「開く技術」が中心として蓄積された地域と，「閉じる技術」が中心として蓄積された地域に分類することができる。

しかしながら，近年の機械設備の急速な進歩は，化石エネルギーを利用した冷暖房技術を普及させ，建築の形態上の地域的な必然的な差はなくなりつつあるように思える。というのも，エネルギー的な無駄をなくすためには，快適な温度や湿度に制御した室内の熱と空気をできるだけ外に出さないようにすることが重要であり，いきおい「閉じる技術」が主流となるからである。しかしまた一方で，最近の地球規模での環境問題やエネルギー問題の意識の高まりのなか，さらに省エネルギーを推し進めた建築の必要性が認められ，自然との共生の意識も誘発され，外界に対して「開く技術」が，見直されつつある。

この「閉じる技術」と「開く技術」は，住宅・非住宅建築にかかわらず重要であるが，各地域ごとにそれぞれの最適な組合せがあると考えられる。ここでは，わが国の住宅建築を例として話を進める。

閉じる技術の功罪

閉じる技術の最大の利点は「室内の望ましい状態」を外部に逃がさない，「外部の望ましくない状態」を室内に侵入させないということになるだろう。しかしながら，これはとりもなおさず「室内の望ましくない状態」を外部に逃がさない，「外部の望ましい状態」を室内に取り入れることができない，ということを意味する。したがって，室内で望ましくない状態が発生したとき，または，室内より外部のほうが望ましい状態になったときには，適宜「開く技術」を用いて室を開放することができるようにすることが肝要である。また「閉じる技術」は，基本的には，冷暖房技術を用いて室内を快適に制御することを前提としている。このことは必然的にエネルギーの消費を伴う。たとえば，わが国の1990年度の1人当りのエネルギー消費量は，同じ年の世界1人当り平均の11倍である。今後，幸いにも1990年レベルのエネルギー使用量が全世界で利用可能である状態が続いたとしても，いわゆる発展途上国の経済発展に伴って，平等な社会が出現し，1990年レベルの11分の1のエネルギーしか使えないとしたときに，果たして「閉じる技術」だけで室内にどのような環境をもたらすことができるのか想像してみることは重要であろう。化石エネルギーの使用を最小限に抑えつつ，室内を快適に保つための「閉じる技術」について考察することは非常に重要である。

どこを閉じるか，どこまで閉じるか

「閉じる技術」の重要性は比較的よく認識されているが，何をどこまで閉じるか，どこを開けるかということはあまり議論されていない。「閉じる技術」を用いた住宅の代表例として高気密高断熱住宅がある。これは，住宅の外皮を断熱材で覆い，気密性シート等により気密性を高めることで住宅全体を閉じた形にしたものである。果たして住宅建築の閉じ方は，これだけしかないのだろうか。図3-5-35に，考えられ得る閉じ方を示す。小さいほうは人体のまわりを閉じることが考えられる。大きいほうは，都市全体をシェルターで覆ってしまうということも考えられる。その中間として部屋単位で閉じることと，建物単位で閉じることが考えられる。上記の高気密高断熱住宅は建物単位で閉じているケースといえる。人間のまわりを閉じるということは，簡単にいえば冬季に室内において厚着をするということである。究極的には宇宙服を想像してもらいたい。この場合，建物自身に暑

人で閉じる　　部屋で閉じる　　建物で閉じる　　都市で閉じる

図3-5-35　閉じる空間のいろいろ

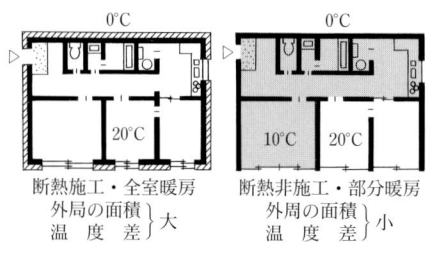

図 3-5-36　全室暖房と局所暖房

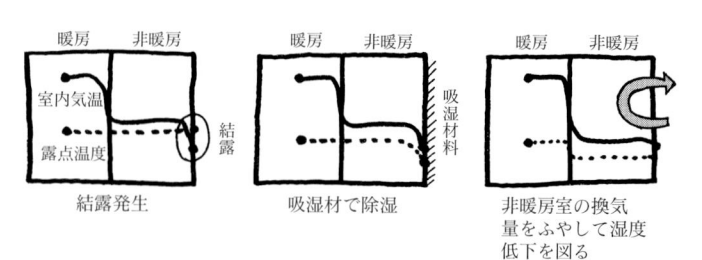

図 3-5-37　局所暖房における結露発生とその防止法

さ，寒さを防ぐ効果をほとんど期待していないことになる。またこの場合には，環境をコントロールすべき空間が非常に小さく，すべての閉じ方のなかで最も省エネルギー的といえる。ただし，人間にとってみれば非常に活動しにくいだろう。

一方，都市全体をシェルターで覆ってしまう場合も，個々の建築には暑さ，寒さを防ぐ効果を期待する必要はなくなる。これは人間にとって最も活動しやすいかたちといえるが，直感的にもエネルギーの使い過ぎになることが想像できるだろう。その意味で部屋単位で閉じる方式は，人間の活動性からいっても，エネルギー消費量からいっても妥当な方式だと考えられるが，この方式が普及しなかった原因の一つとして結露の問題がある。それぞれの部屋の温度が異なると，暖かい部屋の湿った空気が冷たい部屋に流れ込み，そこで結露が生ずるというものだ。したがって，現在普及している高気密高断熱住宅の閉じ方は，いきおい建物単位となり，建物内の全室を冷暖房し，各室間で温度差を生じさせないという方式が一般的になっている。都市部のような延べ床面積が100 m²程度の比較的小規模な戸建て住宅では，このような高気密高断熱住宅の方式であっても，それなりに妥当であろう。ただし，地方に行けば戸建て住宅の延べ床面積が200〜300 m²と大型化し，納戸や普段使っていないような部屋も多数存在する。このような住宅の全体を高気密高断熱化し，全室暖房を行った場合には，旧来の断熱非施工の住宅の部分暖房よりも，断熱性能がよくなった部分を差し引いても，エネルギー消費量は増大したという報告例もある。これは結局，家全体を暖房することになったため，暖房している部屋の外気との接触面積がふえたためだと考えられる(図3-5-36)。また地方の住宅では，納戸や家庭内工場など意図的に暖房しない空間が住宅内に存在する。こういった意味からも，部屋や生活区域単位で閉じる方式を模索する必要があるだろう。このような場合，非暖房室において結露を防止するためには，土壁や珪藻土，石膏ボード等の吸湿材料を用いて減湿するほか，換気量を増やして室内の露点温度を下げる方法が考えられる(図3-5-37)。このためには，納戸のように常に暖房しない空間においては気密性をもたせな

いということも考えられる。空きの居住室に関しては，いつでも閉じることのできるように施工しておいて，非暖房時には外部空間に対して，ある程度開けた状態にしておくのがよい。要は，暖房室と非暖房室のめりはりをつけることが結露防止につながる。このことは住宅内の生活区域を内部と見なし，それ以外の空間を外部と見なすことに相当する。またこのためには，暖房する空間がそれのみで生活区域として独立するように建築計画，動線計画を考慮することが必要となるだろう。どこまで閉じるかという問題は，3-2節で述べた次世代省エネ基準の推奨値が存在するが，実際には，居住者のライフスタイルと要求水準，通年のエネルギーコスト，建物のイニシャルコスト等を総合的に勘案して選択しているのが現状である。

出典
1)　篠原修編・景観デザイン研究会著『景観用語事典』彰国社, 1998
2)　ジョン.S.テイラー著，後藤久訳『絵典 世界の建築に学ぶ知恵と工夫』彰国社, 1989
3)　茶谷正洋編『住まいを探る世界旅』彰国社, 1996
4)　住環境の計画編集委員会編，扇田信ほか著『住環境の計画1 住まいを考える』彰国社, 1992
　　布野修司編，乾尚彦ほか著『見知らぬ町の見知らぬ住まい』彰国社, 1991
5)　立山アルミ提供
6)　田中俊六，足立哲夫，武田仁，土屋喬雄『最新建築環境工学 [改訂2版]』井上書院, 1999
7)　OMソーラー協会提供
8)　彰国社編『光・熱・音・水・空気のデザイン』彰国社, 1980
9)　ギリシャ政府観光局提供
10)　撮影：森田廣夫
11)　(写真)シルクロードゲート提供
　　(図)木村建一編著『建築環境学2』丸善, 1993
12)　撮影：畑 拓(彰国社写真部)
13)　彰国社編『自然エネルギー利用のためのパッシブ建築設計手法事典 新訂版』彰国社, 2000
14)　撮影：和木通(彰国社写真部)
15)　スペイン政府観光局提供
16)　撮影：酒井哲

第4章 音を生かす 音を防ぐ

棚倉町文化センター・倉美館[1]（設計監理：古市徹夫・都市建築研究所）

	初期反射音分布(直接音後90 msまで)	入力形状
天井フラット 後壁反射 ガラス壁なし	反射音の集中	
実現案		

コンピューターシミュレーションを用いた初期反射音の検討
（音響設計：永田音響設計）

　この章では建築や都市における音と振動の問題を考える。必要な音をどのように生かすのか，また，不要な音をどのように防ぐのかについて取り上げる。

　コンサートホールでは，音楽の音を美しく響かせたい。そのために音の物理的状態を予測するいろいろな方法が考えられてきた。近年ではコンピューターを利用したシミュレーションによる予測が広く行われるようになってきている。また，音を響かせるだけではなく，ときには遮ることも必要である。外から車の音や設備の音が聞こえてきたら，せっかくの音が台なしである。音を生かすための工夫，心理的に妥当な評価方法，音をコントロールする技術が重要になる。

4-1 音の強さ

物理的な現象としては，音とはあらゆる物体の中を伝わる振動である。実際に問題となるのは，それが空気中に放射されてからである。振動は空気という物体を経て耳に届いてはじめて音として知覚される。
音を制御する技術には，音の計測方法と評価方法という基礎がなければならない。

音の物理量

音の物理量については，分子レベルの運動方程式などを用いて詳細に記述することもできるが，ここでは実際の予測計算に必要となるものを中心として記述する。

音波とは

音の伝わる空間のことを**音場**と呼ぶ。音場では，物体(空気)自体が音源から受音点まで移動するわけではない。その場で振動することで圧力の変化が発生する。この圧力の変化，すなわち大気圧からの圧力差のことを**音圧**という(図4-1-1)。

振動のエネルギーは，音源から受音点まで時間とともに伝わっていく。圧力の変動は空間的に見ると，分子の密度が疎なところと，密なところがあり，それが時間とともに進行方向に位置を変えていくところから，**疎密波**と呼ばれる。分子の運動方向が音の伝搬方向と同一であるため，**縦波**とも呼ばれる。

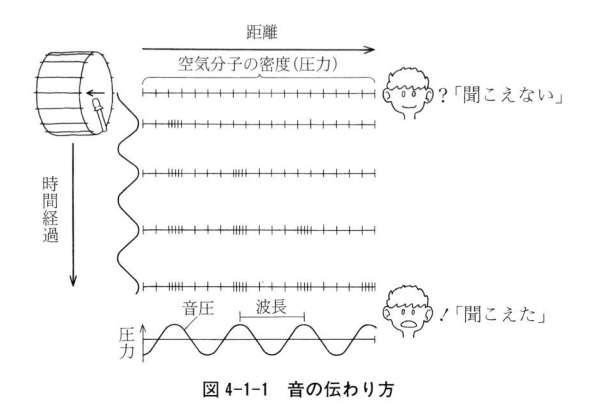

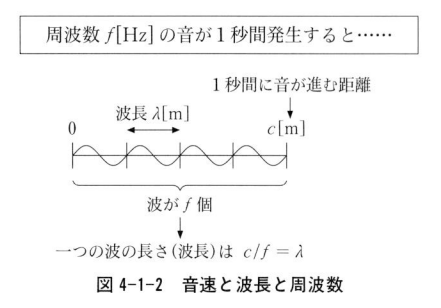

音の波の1秒間当りの振動数は**周波数**と呼び，単位を〔Hz〕(ヘルツ)とする。また，音の伝搬の速さは，常温(15°C)で340 m/sである。一般的に空気中での音速 c は次式のように気温に比例する。

$$c \fallingdotseq 331.5 + 0.61t$$

t：気温

音速 c と波長 λ と周波数 f の関係は

$$\lambda = \frac{c}{f}$$

となっている(図4-1-2)。

実効値

音波は，プラスとマイナスを繰り返す交流現象である。音の大きさを表すとき，単純に時間平均すると常に0になる。また，振幅は一定値になるとは限らず，変動に費やしたエネルギーを表していない。そのため，変動

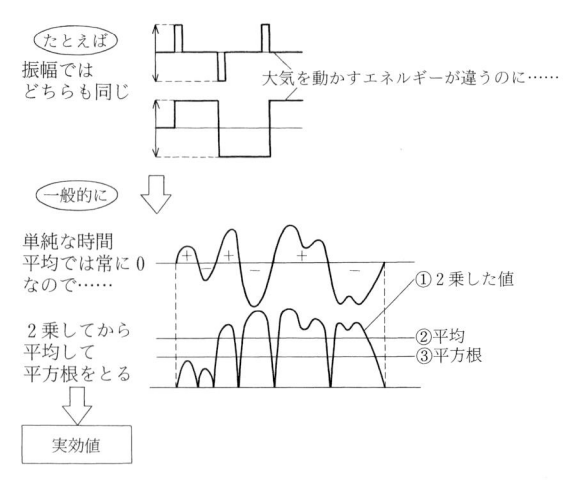

図4-1-1　音の伝わり方

図4-1-3　音圧のエネルギーを表す方法

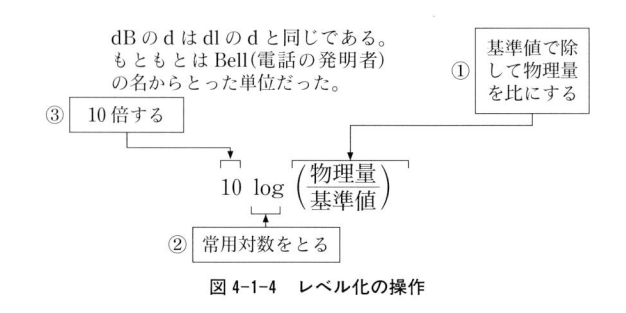

図4-1-2　音速と波長と周波数

図4-1-4　レベル化の操作

する音圧の平均的な大きさを表す値としては，次式のように実効値を用いる（図4-1-3）。

$$p_{rms} = \sqrt{\frac{1}{T}\int_T p^2(t)dt} \qquad (4\text{-}1\text{-}1)$$

p_{rms}：音圧の実効値
$p(t)$：音圧の瞬時値
T：継続時間

実効値は波形全体のエネルギーを表すので，大きさを表すのに適当なのである。以後，音をエネルギーとして扱う場合は，その実効値をもって大きさの値とする。

音の強さとエネルギー

音の強さIは，音波の進行方向と垂直な断面の単位面積$1\,m^2$内を単位時間1秒当りに通過するエネルギーとして以下のように定義される。

$$I = p \cdot v = \frac{p^2}{\rho c} \qquad (4\text{-}1\text{-}2)$$

p：音圧（の実効値）
v：粒子速度（の実効値）
ρ：空気の密度
c：空気中の音速

このとき1秒間に音波が伝搬する距離は音速分のcなので，単位体積当りのエネルギー密度Eは

$$E = \frac{I}{c} \qquad (4\text{-}1\text{-}3)$$

と音の強さに比例する。エネルギー密度で考えると，音の進行方向を考慮する必要がなくなり，音のさまざまな計算をするうえで好都合である。

またρcは媒質固有の値であり，**特性インピーダンス**，もしくは**固有音響抵抗**と呼ばれる。空気の場合，その値は$415\,kg/m^2 s$である。

レベルと大きさ

ある物理量を，基準値が0になり，物理量が10倍になると10ふえるように対数化する操作をレベル化という。単位は，どのような物理量であっても[dB]（デシベル）である。あらゆる物理量に適用できるが，電気や音のような交流現象についてよく行われる（図4-1-4）。

音の強さについてもレベルで表現することができ，**音の強さのレベルL_I**と呼んでいる。

$$L_I = 10 \log\left(\frac{I}{I_o}\right) \qquad (4\text{-}1\text{-}4)$$

このときの基準値には，耳で聞くことのできる最小の音の強さ（**知覚閾**）とほぼ等しい強さである$I_o = 10^{-12}$をとる。また log の底は10，すなわち常用対数である。

一方，音圧もレベルに変換するが，音圧の2乗値をとってからレベル化する。

$$L_p = 10 \log\left(\frac{p^2}{p_o^2}\right) \qquad (4\text{-}1\text{-}5)$$

p_oは$\sqrt{(I_o \cdot \rho c)} = 2 \times 10^{-5}$である。これを音圧レベルという。このように定義すると，音波が平面波であるときは，L_IとL_pはほぼ一致することになる。

人間の耳で聞こえる音圧の範囲は非常に広い。しかし，音圧レベルで表すと 0 dB から 120 dB くらいになり，扱いやすい数値の範囲になる（図4-1-5）。デシベルという単位にすることで，10^6にわたる値の範囲を有効数字の桁だけで表現できる。

周波数とオクターブ

周波数とは，瞬時音圧の1周期分の変化が1秒間に何回生じるかを示すものである（図4-1-2参照）。人間の聞こえる範囲の音（**可聴域**）は個人差はあるが，20 Hz か

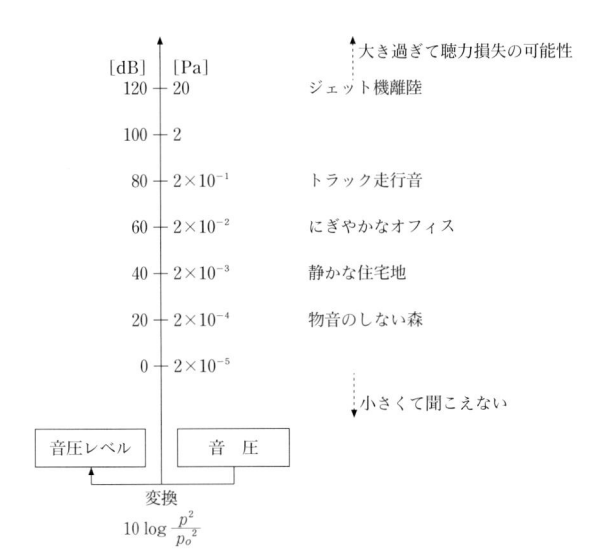

図4-1-5 音圧から音圧レベルへの変換と音の大きさの例

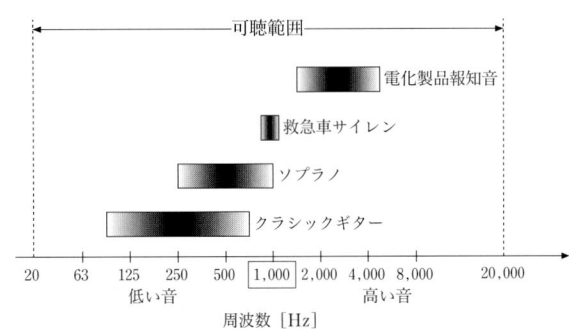

図4-1-6 周波数のオクターブ表示と音の基本周波数の範囲（例）

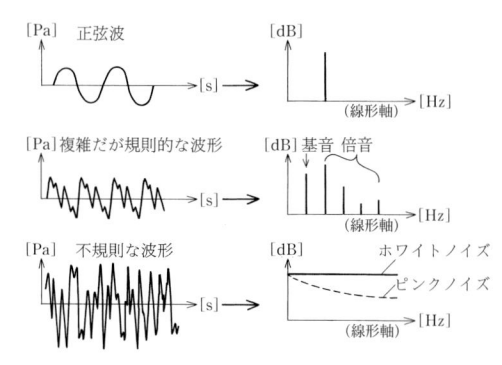

図 4-1-7 音の波形(音圧—時間)と周波数特性

ら 20,000 Hz の間の周波数といわれている。

周波数はまた，オクターブ数によって表現されることもある。周波数が 2 倍になるごとにオクターブ数が一つ上がる。レベルは常用対数であったが，オクターブは底が 2 の対数で表現していることになる(図 4-1-6)。建築の分野では 1,000[Hz]を基準にすることが多い。

単一の周波数をもつ正弦波の音波は**純音**と呼ばれている。それに対して，楽器などの音は複雑な波形をもっている。このような音は，周波数の異なるいくつかの音の大きさを変えて足し合わせることで再現できる。そのなかで最も低い周波数の音を**基音**と呼び，その他を**上音**と呼ぶ。上音が基音の周波数の整数倍であるとき，これを**倍音**と呼ぶ。

離散的な上音をもたずに構成周波数が連続している場合もある。このような音は「ザー」といった雑音となる。すべての周波数で，その大きさが等しいような雑音を**ホワイトノイズ**と呼んでいる。また，オクターブ当りのエネルギー量が等しい雑音はホワイトノイズに比べて低周波成分が多い。光でいえば，赤い成分が多くなっているとの類推から，これを**ピンクノイズ**と呼んでいる。1 オクターブの幅で切り出したノイズのことを，特に**バンドノイズ**と呼んでいる(図 4-1-7)。

【問題 1】 1 kHz の音の波長は何 m か(空気中)。
【問題 2】 可聴域は，およそ何オクターブの幅があるか。

答え　問 1 = 0.34 m
　　　問 2 = 10 oct

音の知覚

聞こえた音がどのような音であるかを表す場合，心理的な属性は基本的には三つある。**音の大きさ感，音の高さ感，音色**である。

音の大きさ感は，音圧レベルの上昇とともに増加する。音の高さ感は，オクターブ数の上昇とともに増加する。これらは基礎的な知覚であって，誰もがすぐに認識できる属性である。

しかし音色は，華やかな感じを与える音であったり，ざらついた感じを与える音であったり，感じ方には個人差がかなりありそうである。また，いろいろな心理的印象の総称であるため，単一の物理量では表現できない。周波数の組合せに人間の記憶という心理的要因が絡まっていると考えられる。

音の心理量の法則

これは音に限らず，あらゆる知覚についていえることであるが，変化したことがわかる最小の物理量(**弁別閾**という)は常に一定というわけではない。そのときの物理量の大きさに依存してしまう。知覚の変化量 $\varDelta Y$ は，弁別閾 $\varDelta X$ と，そのときの物理量 X の比に比例する，すなわち，

$$\varDelta Y \propto \frac{\varDelta X}{X}$$

という関係になると仮定したものが**ウェーバー–フェヒナー(Weber-Fechner)の法則**である。両辺を積分すれば $Y \propto \log X$ という関係が成り立つことになり，心理量は物理量の対数に比例することを示している。

音でいえば，大きさ感は音圧レベル(音圧の対数)と比例し，高さ感はオクターブ数(周波数の対数)と比例することを示している。

これは局所的には成り立っているが，物理量の大きなところなどで徐々に当てはまらなくなってくる。現在はスティーブンスによる**べき法則**というものが，心理量と物理量の関係を最もよく表していると考えられている。

べき法則では，知覚の変化量 $\varDelta Y$ と，そのときの知覚 Y の比が，弁別閾 $\varDelta X$ と，そのときの物理量 X の比に比例する，すなわち，

$$\frac{\varDelta Y}{Y} \propto \frac{\varDelta X}{X}$$

という関係になると仮定している。この場合，両辺を積分すると $\log Y \propto \log X$ となり，心理量の対数と物理量の対数が比例するという関係になる。音の大きさをレベル[dB]によって表したり，音の高さをオクターブ数によって表したりするのは，心理的な意味からも妥当である(図 4-1-8)。

図 4-1-8　物理量と心理量の間の法則

ウェーバー - フェヒナーの法則
$$\Delta Y \propto \frac{\Delta X}{X} \xrightarrow[(積分)]{} Y \propto \log X$$

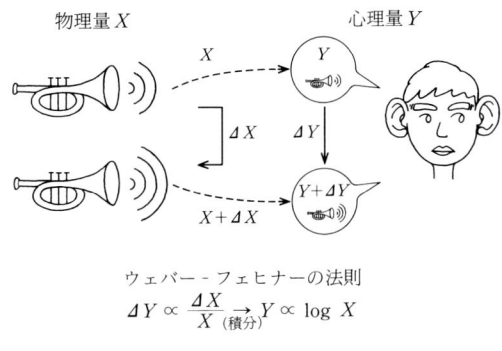

スティーブンスのべき法則
$$\frac{\Delta Y}{Y} \propto \frac{\Delta X}{X} \xrightarrow[(積分)]{} \log Y \propto \log X$$

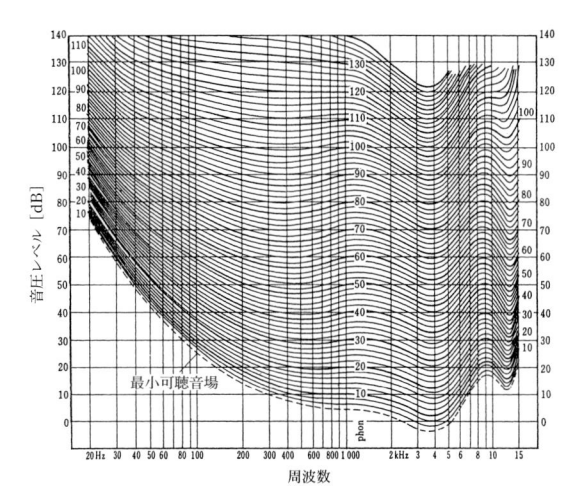

図 4-1-9　等ラウドネス曲線（聴感曲線）[2]
（ISO/R 226）

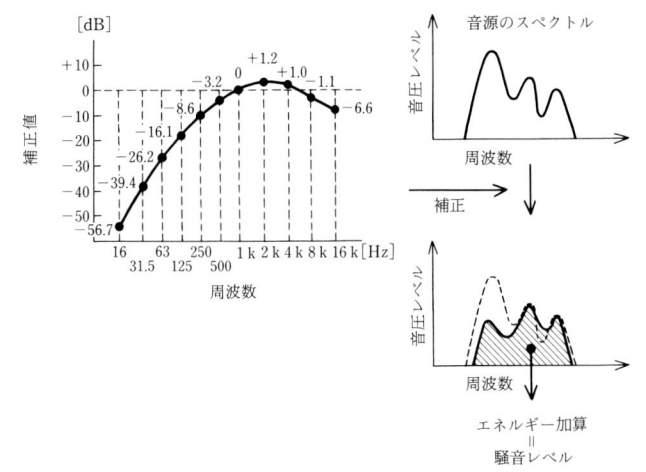

図 4-1-10　A 特性と騒音レベル

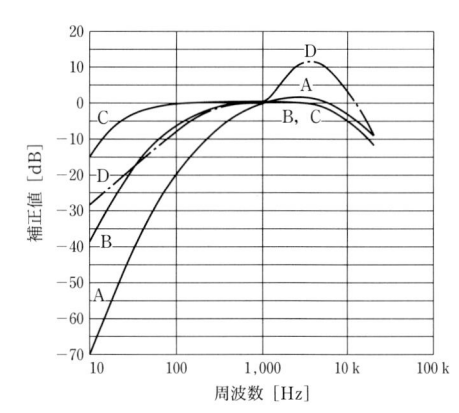

図 4-1-11　さまざまな周波数補正[2]
（A，B，C，D 特性の比較）

騒音レベル

　物理的に等しい音圧レベルであっても，周波数が異なると同じ大きさには聞こえない。それは周波数によって耳の感度が異なるからである（図4-1-9）。

　全体的にみると，4 kHz 近辺が最も感度が高く，低音域になるに従って徐々に感度が落ちる。高音域は周波数によって感度がよくなったり悪くなったりしながら，可聴閾（ちょういき）近くで急激に聞き取れなくなる。

　音圧レベルは，このような人間の聴覚的特性とは無関係な物理量である。騒音などの大きさを評価するときに，音圧レベルのままでは主観的な音の大きさ感と一致しないことになる。周波数の影響も含めて音の大きさ感と比例するような物理指標が必要となる。聴感曲線（ちょうかんきょくせん）における 40 dB と同じに聞こえる大きさの特徴をおおむね表すことができるような周波数フィルターによって，これを近似的に実現している。耳の感度のよい領域では増幅し，感度の悪い領域では減衰させる特性である（図4-1-10）。これを A 特性という。A 特性のフィルターをかけて測定された音圧を**騒音レベル**と呼んでいる。ただし，このような呼び方は日本だけのことであり，国際的には **A 特性重み付け音圧レベル**（A-weighted Sound Pressure Level）と呼ぶのが適当であろう。

　また，A 特性以外にも B〜F という特性がある。C，F 特性は平坦な特性である。F 特性はフィルターなしの状態であるのに対し，C 特性は可聴域外の音を減衰させている。聞き取れる音だけを対象に周波数分析を行ったりする場合には，ほぼ音圧レベルに等しくなると考えてよいので C 特性を用いる。B 特性は A と C の中間的な特性で，音圧の大きい領域での評価のために考案されたものである。D 特性は航空機騒音の評価に用いられ，高音域が強調された特性となっている。E 特性は音の大きさ感や不快感を総合的に表そうとして考案されたもので，特性としては D 特性とよく似ている。

　音の大きさを計測する機器として騒音計が用いられ

図 4-1-12　マスキング効果

図 4-1-13　カクテルパーティ効果

図 4-1-14　先行音効果(ハース効果，第一波面の法則)

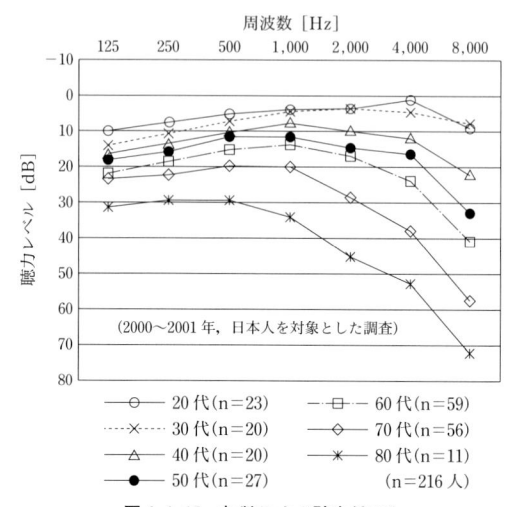

図 4-1-15　加齢による聴力低下[3]

る。騒音計には現在 A，C の特性が組み込まれていることが多いが，B，D，E 特性はほとんど使われることがない。そのため，これらの特性が組み込まれたものは現在見ることができない。これらの特性を実現する場合には，C または F 特性で計測した値を周波数分析し，その値から計算によって求めることになる(図 4-1-11)。

生理的・心理的効果

●マスキング効果

　ある音が別の音の存在によって聞き取りにくくなる現象のことを，音が音を遮蔽(マスク)しているとみなして**マスキング効果**という。通常は，テレビや電話の聴取妨害として有害に作用するので嫌われることが多い。

　しかし，この効果を逆に活用している例もある。喫茶店などでは BGM や効果音(サウンド・エフェクト)によって，話し声を周囲の人に聞こえにくくする(スピーチプライバシーの確保)ために用いている。公共的な場所でも，空調音や流水音などを気にならない程度に発生させて，喧騒感の抑制に用いる事例もある(図 4-1-12)。

●カクテルパーティ効果

　周囲が騒がしくても，選択的注意によって聞きたい音だけを聞くことができる。これをカクテルパーティのざわざわとした喧騒のなかでも，遠くの知り合いの話し声を聞き分けることができるという意味で**カクテルパーティ効果**と呼ぶ(図 4-1-13)。

●先行音効果

　室内では直接音のほかに，多くの反射音が存在する。反射音は直接音の伝搬経路より長い距離を経て伝わるので，直接音より時間的に遅れて到達し，到来方向もさまざまな方向になる。このような音であっても最初に到達した音の方向から音が到達したと判断できるという心理的作用がある。この現象は**第一波面の法則**もしくは**ハース効果**とも呼ばれる(図 4-1-14)。

加齢と聴覚

　高齢になれば他の知覚と同様，聴覚にも衰えが出てくる。すなわち，最小可聴閾値が上昇するのであるが，これは，どの周波数でも均等に変化するわけではない。1 kHz より高い周波数ほど閾値の上昇が大きくなるのである(図 4-1-15)。このような聴力の低下は 40 歳代から表れるが，個人差が大きい。70 歳代でもほとんど聴力の変わらない者もいる。

　また，閾値が上昇したといっても，音のレベルが閾値を超えると，それ以上の音は健聴者と同様に大きく聞こえる。この現象を**リクルートメント現象**という。そのため，適正な音の大きさのレベルは，健聴者よりも狭くなっていることが知られている。音による情報伝達を計画する場合には，このような高齢者に対する影響も考え，複数の知覚次元(聴覚と視覚など)で情報を提示するのがよい。

音の伝搬

発生した音がどのように聞こえるのかということの予測には、どこで発生して、どのような経路を通って耳まで到達するかを知る必要がある。以下に示す項目では、予測や制御に影響する伝搬上の物理的要因についてふれている。

空気音と固体音

音は、最終的に耳に到達するときには空気の振動となっている。しかし、その発生と伝搬の仕方によって、二つに分けることができる。これら二つの種類の音では、予測と防止の方法がかなり異なる。

一つは、発生した音が、その時点ですぐさま空気中に放射され、その経路のほとんどが空気であるような音である。これを**空気（伝搬）音**という。

もう一つは、発生の時点では固体の振動であり、それが建物の床、梁、壁、といった固体中を伝わって最後に空気中に放射されるものである。これを**固体（伝搬）音**という（図4-1-16）。

音　場

音の伝わる空間（場）のことを**音場**という。その特徴によって分類すると、**自由音場**と**拡散音場**に分けることができる（図4-1-17）。

受音点に音源からの直接音しか到達せず、反射音のないような場を**自由音場**という。音の到来方向は一定となる。地表面に音源が置かれたような場所の場合、音のエネルギーが地面によって空間側に折り返されたと考えることができる。音源のエネルギー量が倍になったとみなしてもよい。このような音場を**半自由音場**という。自由音場に準ずる扱いができる。

それに対して、反射音が数多く存在して、直接音の影響が無視できるような空間を**拡散音場**という。音の到来方向はすべての方向とも等確率である。室内空間は完全な拡散ではないが、拡散音場を仮定することがある。

実際の室内空間では、音源の近くでは直接音の影響が強いため自由音場的になり、音源から離れた点では拡散音場的になる。

物体への入射音の経路

一般に音は物体に当たると、そのエネルギーの行き先は三つに分かれる（図4-1-18）。反射して元の空間に戻っていくもの（E_r）、物体の中に吸収されてしまうもの（E_a）、物体の中を通り抜けていくもの（E_t）である（図4-1-18）。

吸音率 α は

$$\alpha = \frac{(E_a + E_t)}{E}$$

透過率 τ は

$$\tau = \frac{E_t}{E_i}$$

と定義する。

室内の響きは、その部屋を構成する物体の平均の吸音率によって決まる。吸音率は吸収された音の割合ではないことに注意しなくてはならない。吸音とは、反射されなかった音ということであり、吸収された音も透過した音もどちらも含んでいる。

透過率はレベルに変換して表現することが多い。これは**透過損失 R** として定義されている。

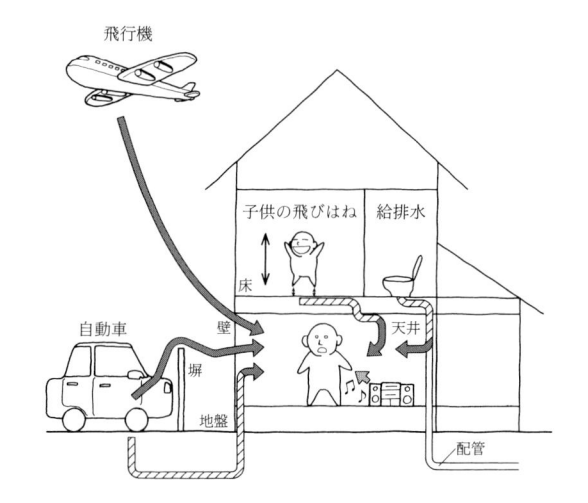

図 4-1-16　空気音と固体音

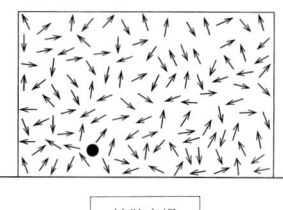

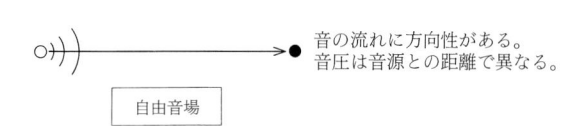

図 4-1-17　拡散音場と自由音場

$$\tau = \frac{E_t}{E_i}$$
$$R = 10 \log \frac{1}{\tau}$$
$$\alpha = \frac{E_a + E_t}{E_i} = \frac{1 - E_r}{E_i}$$

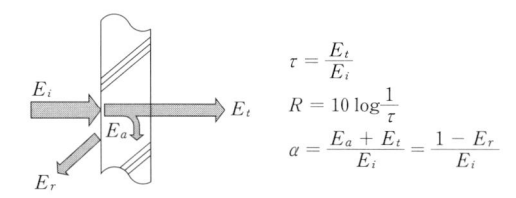

図 4-1-18　透過損失と吸音率

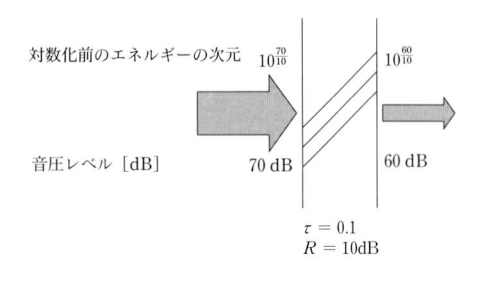

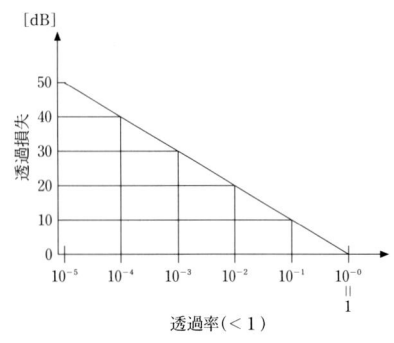

図 4-1-19　透過率と透過損失

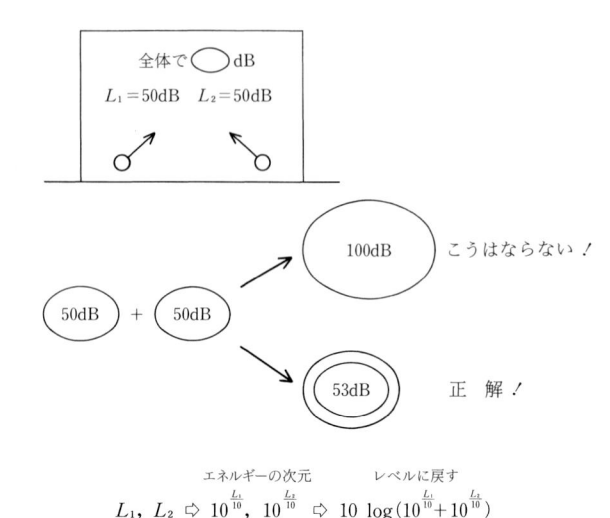

図 4-1-20　レベル同士の加算

$$R = 10 \log_{10}\left(\frac{1}{\tau}\right) \qquad (4\text{-}1\text{-}7)$$

このようにして表現すると，たとえば，透過率が0.1であれば，単位面積当りの透過損失は10 dBと表せる。こうしておくことで遮音の検討がしやすくなるのである（図4-1-19）。

吸音率 α に部材の面積を乗じたものを等価吸音面積 $A(m^2)$ という（[m^2・sabine] と表記する場合もある）。人間や椅子のようなものは形状が複雑で，表面積と吸音率で表すことが適当ではないので，1個（1人）当りの等価吸音面積で表す。等価吸音面積とは，吸音率が1（完全吸音）である面に換算した場合の面積を示している。

音の大きさの合成と分離

音圧レベルや騒音レベルをそのまま算術平均する場合もあるが，レベルで表した量は物理量ではないため意味はあまりない。物理的に意味のある値のためには，圧力のエネルギーに戻してから平均し，もう一度レベルで表現するという手順が必要である。エネルギーの次元に戻すというのは，デシベルの値を10で除して10のべき乗の形にすることである。これを**エネルギー平均**という。

L_1, L_2 [dB] の2個のレベルのエネルギー平均値 L_{mean} は，

$$L_{mean} = 10 \log_{10}\left(\frac{10^{\frac{L_1}{10}} + 10^{\frac{L_2}{10}}}{2}\right) \qquad (4\text{-}1\text{-}8)$$

となる。2個より多い場合も，同様にして平均する数をふやしていけば求められる（図4-1-20）。

複数の音源があり，合成された全体のレベルを求める場合は，平均ではなく加算する必要がある。

この手順に従って，L_1 と L_2 [dB] という二つの音の音圧レベルの合成値 L_{1+2} について考えてみると，

$$L_{1+2} = 10 \log_{10}(10^{\frac{L_1}{10}} + 10^{\frac{L_2}{10}}) \qquad (4\text{-}1\text{-}9)$$

となる。エネルギー平均の手順とほぼ同じである。異なる点は平均せずにエネルギーを加算していく点である。

この逆の問題として，計りたい音 L_1 に対して，周囲からの暗騒音[*1] L_2 がどうしても混入してしまう場合の L_{1+2} から L_1 だけを分離するためには，

$$L_1 = 10 \log_{10}(10^{\frac{L_{1+2}}{10}} - 10^{\frac{L_2}{10}}) \qquad (4\text{-}1\text{-}10)$$

のようにすればよい。

[*1] 実際の環境中では，実験室のように無音の中で対象となる音だけを測るということはできない。屋外であれば車の音，屋内であればエアコンの音などの止めることのできない音が多く存在する。はっきりと音源が特定できなくとも何らかの音が存在するものである。このように背景としてどうしても混入してしまう音のことを**暗騒音**と呼んでいる。**背景音**ともいう。Background Noiseという意味で，**BGN**と表記することもある。

出典
1) 撮影：新建築写真部
2) 日本建築学会編『騒音の評価法 各種評価法の系譜と手法』彰国社，1981
3) 平成13年度経済産業省委託事業報告書『高齢者対応基盤整備研究開発第Ⅱ編データベース整備（動態・視聴覚特性）』2002年

参考文献
前川純一，森本政之，坂上公博『建築・環境音響学（第2版）』共立出版，2000 など
日本音響学会編『建築音響（音響工学講座3）』コロナ社，1988

4-2 音環境の計画

建築や都市のなかにはさまざまな音が存在する。自然現象のなかで発生する音もあれば，人間が人為的に発生させている音もある。危険を知らせる非常ベルのように，聞かなければならない音もあれば，自動車の走行音のように，できれば聞きたくない音もある。ある人にとって役に立つ音が，また別の人にとってはわずらわしいだけの音という場合もある。音というのは，否が応でも知覚されてしまうだけに，その音の制御というのは本当にむずかしいものがある。

必要な音と不要な音

何か聞きたい音があるとき，その音がきちんと聞こえるような空間にする必要がある。聞きたい音が聞こえないのが一番困る。しかし，ただ聞こえるだけでは済まないのが音楽ホールである。聞き取れるだけでなく，美しい響きが必須である。

逆に，聞きたくない音や聞かせたくない音が伝わらないような制御も必要である。居心地の良い生活空間のためには，聞きたくないような音はなるべく入らないようにしなくてはならない。また，プライバシーの点からも，考える必要がある（図4-2-1）。

問題は，これらの個々の音響的対策が建築計画と無関係ではないことにある。音響的に問題のある設計をしてしまった建築に対して，あとから音響だけを良くすることは大抵の場合かなり困難である。

騒音の定義

しばしば社会的に取り上げられる騒音としては，表4-2-1に示すようなものがある。しかし，音圧レベルで「○○デシベル以上は騒音である」というような単純な物理量による定義はできない。主観的な印象で，うるさく感じたり，邪魔な感じを与えたりするものは，すべて騒音になり得る（図4-2-2）。

音から感じるのは，大きさや高さといった基本的属性だけではない。いろいろな情報を読み取り，さまざまな印象を抱くことになる。これらの情報や印象は，個人的な記憶や文化など高度に心理的なプロセスを経て，意味づけがされるのである。すなわち，基本的属性としての直接表象だけでなく，記号化されたなかで間接表象がもたらされる。これらが相まって「うるさい」という評価につながるのである。

たとえば，集合住宅などでしばしば問題となる床衝撃音のレベルは，周囲のレベルと比べてそれほど大きな値ではない。けれど，上階の生活の音は聞きたくもない。

表 4-2-1 騒音の種類
騒音として典型的なものを示す。原因となる音には，室外からくるものと室内からくるものがある。室外の音のほとんどは，空気音として伝播してくる。逆に室内の音の多くは固体音として伝播してくるものが多い。

	名称	音源	空気音	固体音
室外から	交通騒音	道路交通	○	
		航空機	○	
		地下鉄		○
	近隣騒音	カラオケ	○	
		ペットの鳴き声	○	
		子どもの声等	○	
	事業所騒音	工場	○	
		商業施設	○	
	建設騒音	リベット打ち	○	
		基礎くい打ち		○
	その他	都市設備	○	
		工作物の風切り音など	○	
室内から	空調騒音	空調吹出し音	○	
		スチームハンマー*1		○
	重量床衝撃音	子どもの飛びはね等		○
	軽量床衝撃音	靴音		○
		家具の引きずり等		○
	給排水騒音	蛇口のキャビテーション*2		○
		排水音		○
		ウォーターハンマー*3		○

*1 スチームハンマー
各室に熱を届ける媒体として蒸気を利用する暖房設備では，配管に高温の蒸気が通る。運転の初めや終わりに温度変化による膨張・収縮が原因で建物の躯体との間に瞬間的な摩擦力が発生し，「カキン，カキン」というパイプをハンマーで叩くような音が発生する。

*2 キャビテーション
上水道の水栓は水量を調節するために配管部分より断面積が小さい。このような部分を水が通過すると，細くなった部分で圧力が高くなり，蛇口側に急激に圧力が低下することになる。このとき，水中に気泡が発生し，「キュー」「シュー」といった音が発生する。

*3 ウォーターハンマー
上水道の蛇口などから水を出しているときに，急激に給水を止めると，配管が振動して「カタン」とパイプをハンマーで叩くような音がする。

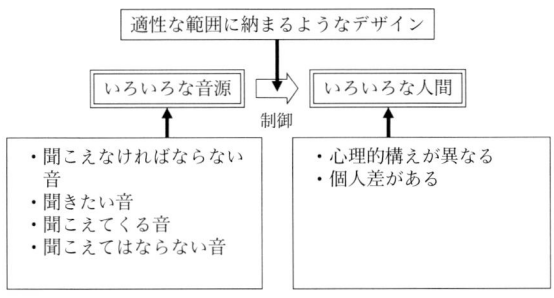

図 4-2-1 音と人間

```
現象                        原因
┌─────────────────┐      ┌──────────┐
│心理的不快感       │      │音の大きさ │
│ ・聴感的不快感（ノイジネス）│ ←→  │          │
│ ・総合的不快感（アノイアンス）│    │音のもつ意味│
│聴取妨害           │      │          │
│睡眠妨害           │      │音色・波形 │
│生理的障害         │      │          │
│ ・TTS(Temporal Threshold Shift)│ │          │
│ ・PTS(Permanent Threshold Shift)│ │         │
│ ・健康への影響    │      │          │
└─────────────────┘      └──────────┘
```

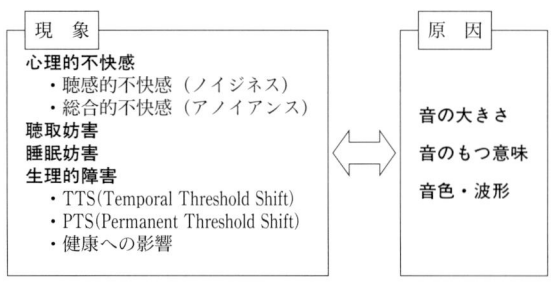

図 4-2-2　騒音という現象とその原因

この心理的意味づけがうるささに結びついている。反対に，音の大きさだけで考えれば，海辺の波の音などはかなり大きくなるが，これを騒音ととらえる人は少ないであろう。

また，ガラスを引っかいたりしたときのようなキリキリという音などは，音の大きさは小さくとも嫌われやすい音である。床衝撃音のような音も社会的意味合いはまったくないが，やはり不快である。

したがって，音の大きさや高さは物理的な定義が可能であるが，音のうるささは物理的にみて，客観的な定義は不可能である。

もっとも，大きな音はそれだけで邪魔になり，聴力損失を招くので騒音となりやすい。交通量の多い道路のそばであるとか，飛行場の近くは騒音に悩まされやすい。音の発生しやすい職場では，以前から聴力損失に対する問題が生じている。

心理的不快感には，音のもつ情報から生じる不快感（**アノイアンス**）と，音色のもたらす聴覚的不快感（**ノイジネス**）がある。これらの心理的不快感は，一時的であれば人間に与える影響の度合いは小さい。しかし，長期間にわたって継続する音になると，精神的に不安定になったり，体の不調をもたらしたりする。

聴取妨害という機能的障害は，聞き取りたい音がそれ以外の音によって聞き取りにくくなってしまうマスキング現象によって生じる。

騒音による生理的障害は，大きな音にさらされたために生じる障害である。**TTS**（Temporal Threshold Shift：一時的閾値上昇）は一時的な難聴で，大きな音にさらされたあとに耳が聞こえにくくなる現象である。しばしば耳鳴りを伴う。TTS は十分休養することで，かなりの程度回復する。しかし，長期間大きな音にさらされている場合には，それが完全に回復せずに固定してしまう。これを**PTS**（Permanent Threshold Shift：永久的閾値上昇）という。音の大きな労働現場などで問題となることが多かったが，最近ではヘッドホンなどでの音楽の聴取によっても生じている。

加齢によって聴力が低下する場合は，高い周波数ほど大きく低下するが，騒音性難聴の場合は 4 kHz 付近が特に落ち込むことが多いといわれている。

音環境のデザイン

私たちは音が聞こえたとき，何を感じることができるだろう。楽しそうな音楽，電話の向こうの声，雷の音，車の排気音など，聞きたくないような音もあれば，好ましい音もある。騒音となるような音を排除し，その土地の歴史や風土にかなった音環境が成り立つようにするのが音環境のデザインである。地域の住民にとって存在を認知された音環境を実現していくための手立てが必要である。ここでいうデザインとは，形をつくるという狭義のデザインではなく，物事の在り方を左右する方法すべてを表すことに留意すべきである。

従来は，騒音防止と室内音響が建築音響的話題の中心であったが，都市環境全体の環境を調和させるという意味でサウンドスケープという考え方も有効である。**サウンドスケープ**とは，カナダの現代音楽作曲家 R. マリー・シェーファーがランドスケープから着想した造語である[1]。

一律に発生音の騒音レベルを規制することは，逆に，その騒音レベルまでは，どんな音でも出してよいという錯覚を起こさせる。しかし，定義でも述べたように，音のうるささは大きさだけで決まるわけではない。小さな音でも，それが集まって混沌とした音環境の原因となり，結果として良好な環境は形成されない。

また，地域の文化や風土，自然のなかに残るその地域らしさを示す音が，かき消されてしまうこともある。日常的な静けさも含めて良好な音環境に価値を認め，見つ

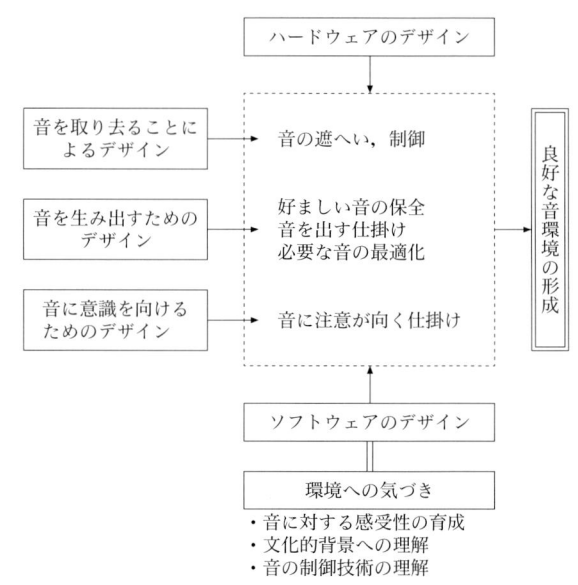

```
                ハードウェアのデザイン
                        ↓
音を取り去ることに      音の遮へい，制御
  よるデザイン      →
                                          良
音を生み出すための      好ましい音の保全     好
   デザイン        →    音を出す仕掛け   →  な
                       必要な音の最適化     音
                                          環
音に意識を向ける        音に注意が向く仕掛け  境
 ためのデザイン    →                       の
                        ↑                形
                 ソフトウェアのデザイン     成
                        ↓
                 環境への気づき
                 ・音に対する感受性の育成
                 ・文化的背景への理解
                 ・音の制御技術の理解
```

図 4-2-3　サウンドスケープデザインの考え方

け，守り，育て，つくろうとする考え方がサウンドスケープの建築的展開といえる。

そのための方法論としては，三つの方向性がある。一つめは余計な音を出さないという観点からのデザインである。ついついサービス過剰になって音を付け加えたくなる場面があるとき，本当にその音が必要でない場合には，あえて音を出さないということもデザインである。また，これには従来的な騒音の制御も含まれる。

二つめは，音の発生する仕組みをつくることである。たとえば，風鈴や水琴窟のような環境感受施設を設ける。これらの音は，響き自体が美しい。聞き取る人間の側の感受性を豊かにする作用が見込まれる。さらに，聞き取りたい音を阻害する要因に気づくことで，より良好な音環境を形成することにも意識が向くようになる。

三つめは，音自体の物理的環境を変えず，その周辺の視覚的デザインなどによって音に注意を向けさせるための仕掛けである。**サウンドエデュケーション**といって，音を聞き取ったり表現したりする行動の教示も含まれる[2]。サウンドエデュケーションの事例としては，サウンドマップのようなものがある。これは，聞き取った音を紙の上に自由に色や図形を用いて表現するものである。そのほかにも，いろいろ考案されているが，工夫次第でさまざまなバリエーションが可能である(図4-2-3)。

音の評価

音の大きさは変動するものであり，周波数によって大きさ感は異なる。このような音の大きさを，心理的な不快感まで妥当に評価するための指標が必要となる。どんな音に対しても妥当な評価となるような指標はないが，少なくとも音の大きさや聴感的な不快感(ノイジネス)を表すことができるような指標がいろいろと考えられている。

時間変動に関する評価

●等価騒音レベル

時間とともに変動する音は，そのままでは大きさを表現できない。平均的な大きさを表す必要がある。騒音レベルの時間的な変動に対して，このエネルギー平均の手順を当てはめたものは，**等価騒音レベル**と呼ばれる(図4-2-4)。

その値は，単純な算術平均よりやや大きな値を示すことが多い。環境基準をはじめとして国内の基準のための指標として用いられており，社会調査における心理的な大きさ感との対応にも優れることから，国際的にも広く用いられている。

時刻 t に対する音圧レベル $L(t)$ に対する等価騒音レベル L_{eq} は，観測時間を T とすれば(図4-2-4 参照)，

$$L_{eq} = 10 \log_{10}\left(\frac{1}{T}\int_T 10^{\frac{L(t)}{10}} dt\right) \qquad (4\text{-}2\text{-}1)$$

となる。通常は一定間隔でサンプリングし，積分の代わりに加算する(図4-2-5)。

●時間率騒音レベル

時間率騒音レベルとは，騒音レベル分布の統計値である。騒音レベルがxデシベル以上の大きさとなる時間の合計が，全計測時間の5％を占めるとき，その値を L_5 と呼ぶ。同様に L_{50}，L_{95} という値で，騒音分布を決める量として用いられていた。

計算をまったく行わなくとも集計するだけで値が求まるので，対数計算が困難であったころは容易に求めやすい指標であるという利点があった。今でこそ電卓やパソコンの普及により，この利点の意義は薄れたが，このような特徴のため，かつて日本では騒音評価量として広く用いられていた。

こういった統計量は例外的な大きい音が入ってきても変動しにくい。等価騒音レベルでは，これをエネルギー的に平均してしまうので，まともに影響してしまう。

しかし物理的な量ではないため，現在，国際的に主流であるエネルギー量を基礎とした予測や評価ができないという重大な欠点がある。国際規格であるISOや日本の環境基準なども，現在，等価騒音レベルを基礎として各種の基準を定めている。

周波数に関する評価

音の周波数特性には，純音に近いものからピンクノイズに近いものまでいろいろなタイプがある。また耳の非

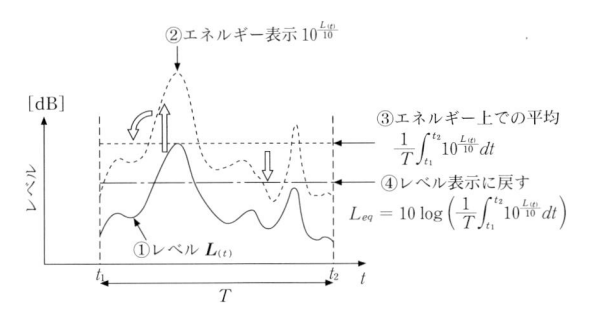

図4-2-4　等価騒音レベルの考え方

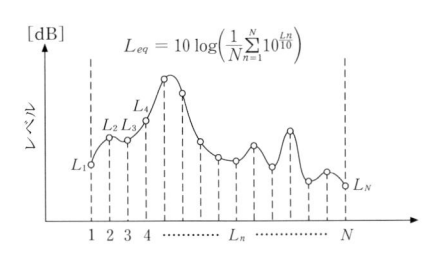

図4-2-5　サンプリングによる等価騒音レベルの求め方

線形性から音の大きさによっても周波数の感じ方が違ってきてしまう。異なる周波数成分が互いにマスキングしてしまうため，周波数成分の単純な加算でもない。この影響を含めた総合的な音の大きさ感を反映するような，いろいろな評価法が考案されてきた(図4-2-6)。しかし，これらの方法は，算出法に手間のかかる方法なので，一般的に用いられることは少ない。

現在は，騒音レベルに組み込まれているA特性による補正が最も広く用いられている。このほかには遮音等級による評価が行われる場合もある。室内騒音については遮音等級N，二室間の遮音については遮音等級D，床衝撃音については遮音等級Lが定められている(図4-2-7)。

これらの等級の求め方は，図上に周波数分析値(1/1オクターブバンド分析値)をプロットし，その値が，ある基準線よりどの周波数帯域でも下回る(Dにおいては上回る)とき，その基準線の呼称によって等級を表す。この方法を**接線法**という。この方法は，計算が不要であるという利点がある。

壁体の遮音性能では，等級はさらに特級，1級，2級，3級とランク付けされており，特級は「遮音性能上特にすぐれている」ものである。集合住宅の界壁ではD-55が特級に相当する。通常，D-40ないし45を満足していることが望ましい。

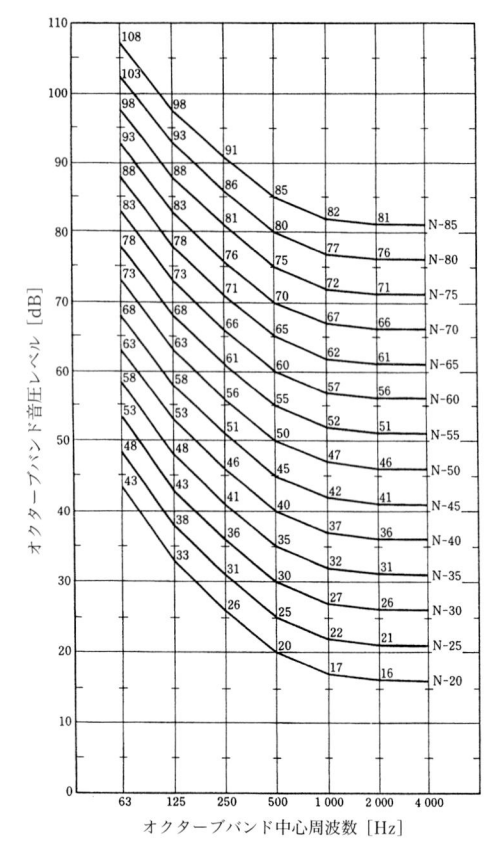

建物の内部騒音に関する騒音等級の基準周波数特性

図 4-2-7　遮音等級────(1)

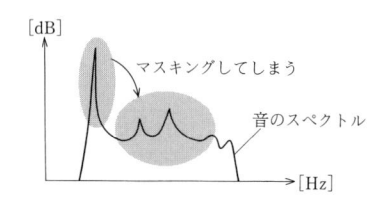

図 4-2-6　異なる周波数成分によるマスキング

空気音の予測と防止

ここでは，音の伝搬防止策の基本的考え方と，その具体的な方策について述べる。騒音を未然に防ぐ音環境計画とするための基礎である。

さらに，騒音防止対策が必要であるかの判断と対策後の効果の評価には，騒音を予測する必要がある。主に空気音についての予測と防止について述べる。

防止策の原則

まず，音源から受音点までの間のどこかで，音の伝搬を断ち切らなくてはならない。音響的に最も効果が大きく，経済的に対策するには，音源になるべく近い側で防止するのがよい。音源から離れるに従って，対策するべき領域は広くなり，音の抜け道もふえてしまうからである。音源位置に近いところほど，少ないコストで効率的に防音できる(図4-2-8)。

自由音場では，伝搬途上で音を減衰させる方法として，構造体により完全に遮断する方法と，塀のような障壁による方法，および距離を離すことによる方法の三つが主なものとして考えられる(図4-2-9)。

コストがかからず実施できる対策は，距離減衰による方法である。まずは建築の配置計画から静けさを確保することを考えなければならない。音源となるものと，居住部分の受聴点とを引き離すようにすることが必要である。

距離減衰だけで静けさが確保されない場合に，構造体によって音源を完全に隔てることや，塀などの障害物による回折効果を利用することを考える。

その他，受聴側でできる工夫としては，聴取妨害として障害にもなるマスキング効果を積極的に利用することも考えられる。周囲の騒音レベルよりもあまり大きくないレベルで耳障りでない音を発生させ，耳障りな騒音のほうがあまり気にならないようにしてしまうのである。

もう一つの工夫としては，発生した騒音の音波に対して反対の位相の音を人為的に発生させ，元の音を打ち消

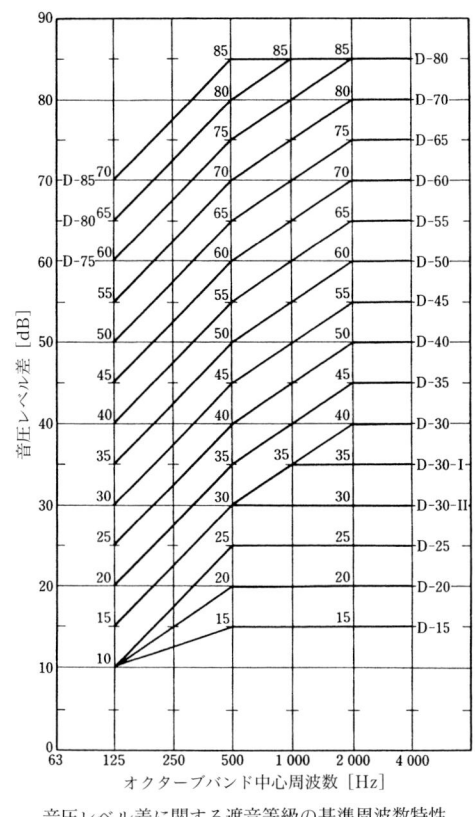

音圧レベル差に関する遮音等級の基準周波数特性

図 4-2-7　遮音等級——(2)

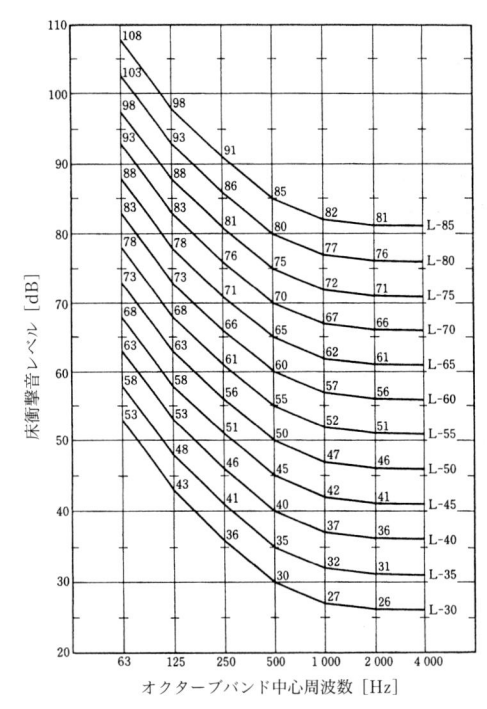

床衝撃音レベルに関する遮音等級の基準周波数特性

図 4-2-7　遮音等級——(3)

すという手法である。このような方法を**アクティブ・ノイズ・コントロール**と呼ぶ。まだ研究段階であり，限定的な使用についてしか実用化されていない。広範囲な騒音についてはコストもかかるため不向きである。

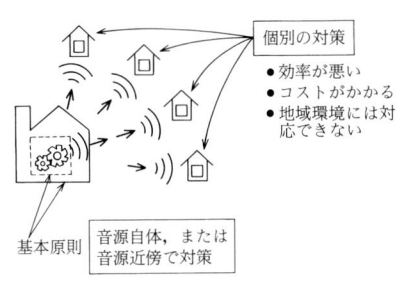

図 4-2-8　騒音防止の原則

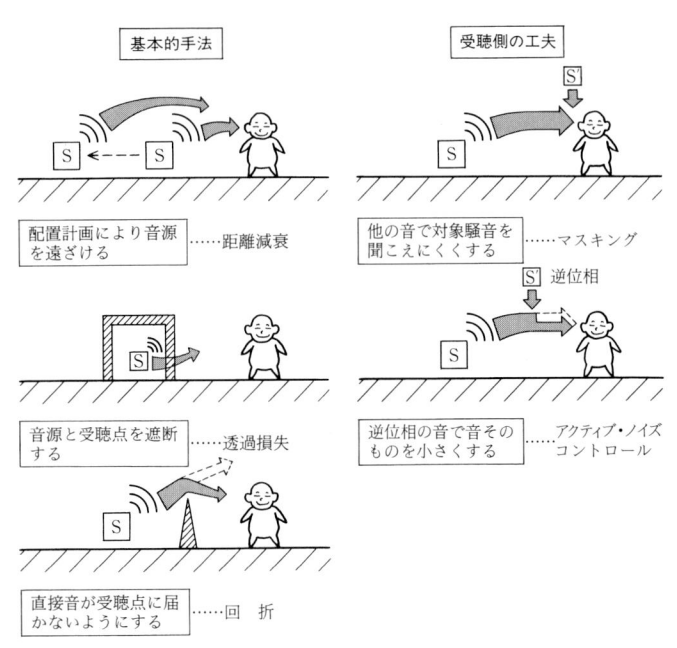

図 4-2-9　静けさを確保するための方法

第4章　音を生かす　音を防ぐ　　105

距離減衰

自由音場においては，音の大きさは通常，距離が離れるに従って小さくなる。これを**距離減衰**と呼んでいる。基本的に周波数によって減衰量に差が出ることはない。しかし，音源の形状によって，減衰の様子は違ってくる。単位時間後に到達する形状が異なるからである。

単位面積を通過するエネルギーを**音の強さ** I と呼ぶのに対して，音源における音の全エネルギーを**音響パワー** W と呼ぶ。これをレベルで表したものは**音響パワーレベル**となる。

● 点音源

音源から球面状に音が放射されるとき，その音源のことを**点音源**と呼んでいる。このとき自由音場では，音は球面状に広がり，エネルギー密度は距離の2乗に反比例する（逆二乗則）。レベルに変換して表現すると，距離が2倍になるごとに音圧レベルは6 dB小さくなる（図4-2-10）。音響パワーレベルを L_W [dB]，鉛直距離を d [m] とすると，

$$L = L_W - 10 \log d^2 - 11 \quad (4\text{-}2\text{-}2)$$

という式で表すことができる。

これが半自由音場になると，音源の見かけのエネルギーが2倍になるため，3 dB音圧は上昇する。したがって定数項は -8 となる（このような音源の指向性を指向係数 Q（図4-2-11）として表す。4-2-2式の右辺に加えることで補正に利用する。右辺に加える値は $10 \log Q$ である）。

音響パワーレベルが不明な場合でも，ある距離 d' での音圧レベル L' が判明していれば，指向性に関係なく

$$L - L' = 10 \log \left(\frac{d'}{d}\right)^2 \quad (4\text{-}2\text{-}3)$$

のような関係が成り立っている。

● 線音源

一列に並んだ窓から放射される室内発生音や交通量の多い道路は，音が線状に放射されるような音源とみなすことができる。このような音源を**線音源**という。

線音源は点音源よりエネルギーの拡散が少ない。無限長の線音源であれば音は円筒状に広がると考えられる。音源と平行な向きへのエネルギー拡散がないため，エネルギー密度は距離に反比例する。単位長さ当りの音響パワーレベルを L_W [dB]，鉛直距離を d [m] とすると，

$$L = L_W - 10 \log d - 8 \quad (4\text{-}2\text{-}4)$$

という式で表すことができる。したがって距離が2倍になると，音圧は3 dB小さくなる（図4-2-12）。

l [m] の有限長の線音源の場合は d が l/π 以上で点音源とみなせる。

● 面音源

工場などでは，内部の音が透過して大きな壁面全体から音が放射されているようなこともある。このような物は**面音源**と呼ばれる。面音源は線音源より，さらにエネルギーの拡散がない。無限大の面積では音のエネルギー密度がまったく変化せずに伝搬するとみなせるので，距離がいくら離れても減衰することはない（図4-2-13）。

短辺が a [m]，長辺が b [m] の有限面では，d が a/π 以上で線音源，b/π 以上で点音源とみなせるようにな

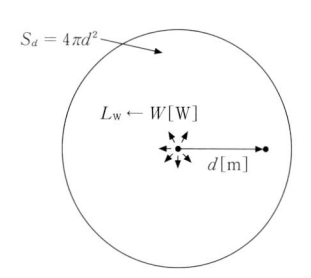

音響パワーが W [W] の点音源からの音は球面状に広がる。
半径 d [m] まで広がったときの表面積 S_d は $4\pi d^2$ [m²] となる。
↓
単位面積当りの音のエネルギー，すなわち，音の強さ I [W/m²] は，
$$I = \frac{W}{S_d} = \frac{W}{4\pi d^2}$$
となる。
↓
音の強さのレベルで表すと，
$$L = 10 \log \frac{I}{I_o} = 10 \log \frac{W}{W_o} - 10 \log d^2 - 10 \log 4\pi$$
$$= L_W - 10 \log d^2 - 11$$

図 4-2-10　点音源の音響パワーと距離減衰

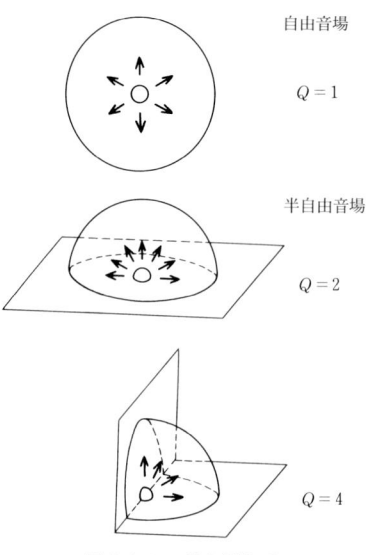

図 4-2-11　指向係数 Q

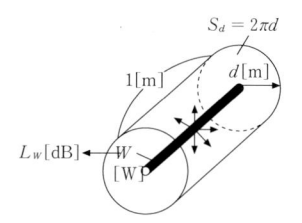

単位長さ当りの音響パワーが W [W] の線音源からの音は円筒に広がる。
半径 d [m] まで広がったときの表面積 S_d は $2\pi d^2$ [m²] となる。
↓
単位面積当りの音のエネルギー，すなわち音の強さ I [W/m²] は，
$$I = \frac{W}{S_d} = \frac{W}{2\pi d}$$
となる。
↓
音の強さのレベルで表すと，
$$L = 10 \log \frac{I}{I_o} = 10 \log \frac{W}{W_o} - 10 \log d - 10 \log 2\pi$$
$$= L_W - 10 \log d - 8$$

図 4-2-12　無限線音源の音響パワーと距離減衰

る（図 4-2-14）。

●拡散音場における音圧レベル

これまで述べた距離減衰は，自由音場を想定したものであるが，室内での伝搬を考える場合には反射音の存在が無視できなくなる。そこで，音場が拡散的になると考えて，室内に一様に分布する音響エネルギーを算定する必要が出てくる。これは室表面積 S と室内平均吸音率 $\bar{a}$ を指標として求められる。

いま，音場に存在する一様なエネルギーは $4W(1-\bar{a})/S\bar{a}$ となる。（くわしい導出については参考文献①および②を参照）

$$R = \frac{S\bar{a}}{(1-\bar{a})}$$

とすれば

$$\frac{4W}{R}$$

となる。（R を室定数と呼ぶ。）

これのレベルを取ると，

$$L = L_W + 10\log\left(\frac{4}{R}\right) \quad (4\text{-}2\text{-}5)$$

実際の音場は自由音場と拡散音場の合成となり，各音源からの距離減衰によって得られた音圧レベルと拡散音場を仮定したこの値とをレベル加算したものとなる。室定数 R が小さければ空間は非常に反射音が多いということになり，拡散音の影響が強くなる。室定数 R が大きいと自由音場的になるので，距離減衰の影響が大きい（図 4-2-15）。

回折による音の減衰

音のような波動現象の伝搬は，**ホイヘンスの原理**によって定性的に説明される。すなわち，進行波の先端の波面は，それぞれが点音源となって二次波を放射すると考える。二次波は重ね合わせられて次の時点の波面となる（図 4-2-16）。

波は，たとえ障害となるものがあっても，遮られたところを起点に新たな波面を形成するため，障害物の裏側に回り込むことができる。この現象を**回折**という。

屋外空間では騒音防止のため，障壁によって音を遮る。直接音が届かないため，単なる距離減衰より大きな減衰量が得られる。減衰量は，音源から受音点までの直線距離と，障壁の頂部を迂回して到達する距離との行路差をパラメーターとして求めることができる。波長の長い波は回折しやすく，波長の短い波は回折しにくいという特性があるので，高い音のほうが減衰量は大きい。周波数によって差がかなりあるので，周波数ごとに求める必要がある（図 4-2-17）。

図 4-2-18 のチャートは，塀がないときと，あるときの音の行路差から回折による減衰量を略算するためのものである。

建築物自体も厚みのある障壁とみなすことができる。図 4-2-18 のチャートは厚みのない塀のようなものを想定しているので，厚みがあるものについては，それに相当する塀に置き換えて計算すればよい。

また，この図表は関数として以下のように近似表現できる。パソコンなどを使えば図から読み取るより正確な

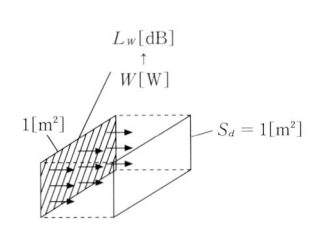

図 4-2-13　無限面音源の伝搬

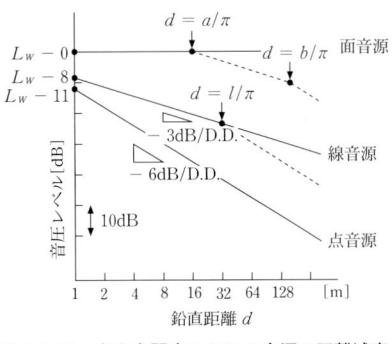

図 4-2-14　自由空間内における音源の距離減衰

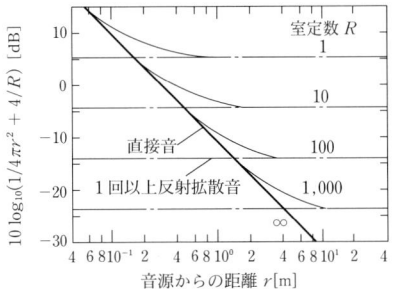

図 4-2-15　音源からの直接音と拡散音場の影響

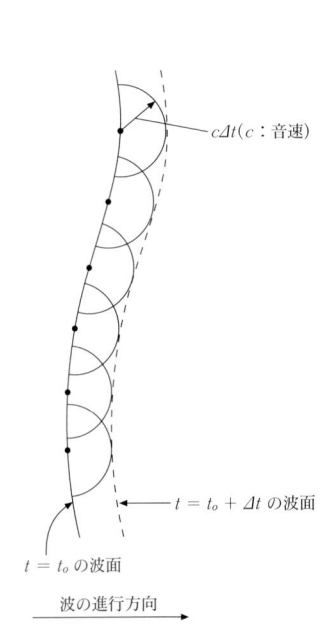

図 4-2-16　ホイヘンスの原理

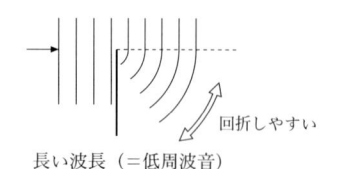

図 4-2-17　周波数と回折

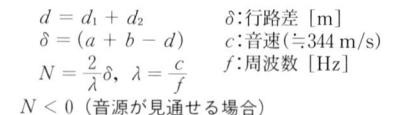

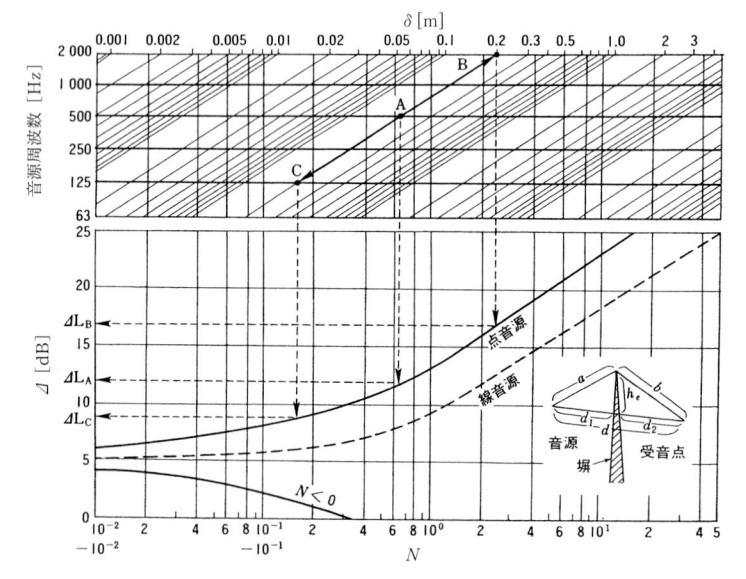

$d = d_1 + d_2$　　　　δ：行路差 [m]
$\delta = (a + b - d)$　　c：音速（≒344 m/s）
$N = \dfrac{2}{\lambda}\delta, \lambda = \dfrac{c}{f}$　　f：周波数 [Hz]
$N < 0$（音源が見通せる場合）

地面の反射を考慮する場合

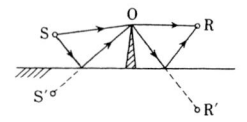

$L = 10\log_{10}\left(\sum_j 10^{\frac{L_j}{10}}\right)$

L_j：回折経路 j($\overline{SOR}$, $\overline{SOR'}$, $\overline{S'OR}$, $\overline{S'OR'}$) における到達音レベル値

地面の反射が無視できないとき，音源S，受音点Rの鏡面反射点（虚像）をそれぞれS′，R′として回折経路のすべてを加えて到達音のレベル合成値を検討する。

厚みのある障壁の近似的扱い

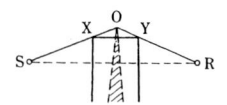

SX，RYの延長の交点(O)をナイフエッジの無限障壁に置き換える。

図 4-2-18　自由音場での薄い半無限障壁による減衰[3)]

値が求められる。

$$\varDelta = \begin{cases} 10\log_{10}N + 13 & N \geqq 1 \\ 5 \pm 9.1\sinh^{-1}(|N|^{0.485}) & -3.22 \leqq N < 1 \\ 0 & N < -0.322 \end{cases}$$

(4-2-6)

N：フレネル数

($N = 2\delta/\lambda$，δ：行路差 [m]，λ：波長 [m])

＊フレネル数 N の符号は，予測地点から騒音源を見通せない場合に正（＋），見通せる場合に負（−）である。
＊式中の±符号の＋は $N > 0$，−は $N < 0$ のときに用いる。
＊$\sinh^{-1}x = \ln(x + (x^2 + 1)^{1/2})$（ln は自然対数）

回折による減衰量の補正では，距離減衰後の値から，この $\varDelta$ を差し引くことになる。

壁の透過損失

壁による遮断の基本原理は，壁面に当たった音のエネルギーが反射されたり，壁体内を通過するときに熱エネルギーとして吸収発散されたりしてしまうことによる。波動的に考えるべきものもあるので，周波数によって異なってくる。

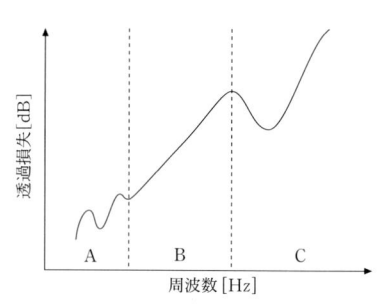

ここでは，透過損失の性状について述べる。

●質量則

単層壁の透過損失は，周波数を横軸にとると図 4-2-19 のようになる。Aの領域を**共振領域**，Bの領域を**質量則領域**，Cの領域を**コインシデンス領域**と呼ぶ。

A：共振領域
B：質量則領域
C：コインシデンス領域

図 4-2-19　透過損失の一般的傾向

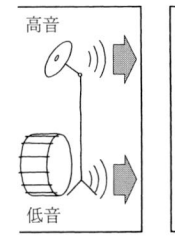

図 4-2-20　透過損失の周波数特性

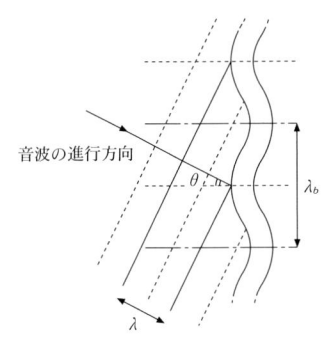

図 4-2-21　コインシデンス効果の原理

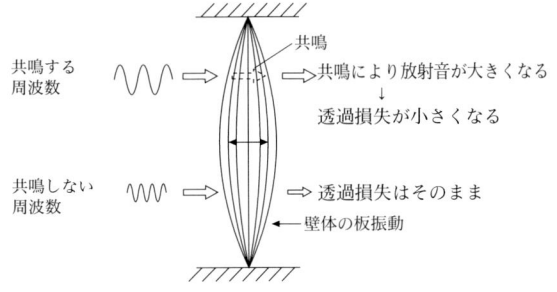

図 4-2-22　スチフネスによる透過損失の低下

透過損失を推定するうえで基本となるのが**質量則**というものである。これによると透過損失は周波数と面密度の積の対数に比例することになる。

$$R_0 = 20 \log (f \cdot m) - 42.5 \qquad (4\text{-}2\text{-}7)$$

f：入射音の周波数 [Hz]
m：壁の面密度 [kg/m^2] …MKS 単位系
R_0：垂直入射時の透過損失理論値

上記 R_0 は壁に音が垂直に入射した場合の値である。入射音が拡散している場合の透過損失は，R_0 より約 5 dB 小さい。

面密度とは壁の単位面積当りの質量のことである。いわゆる密度とは異なり，壁が厚くなれば値が大きくなる。

質量則から言えることは，まず，遮音性能は一般的に低音域のほうが低い。隣から聞こえる音は，高音はよく遮られるので，低音成分が多くなるということである（図 4-2-20）。また，周波数が 2 倍になると透過損失は 6 dB 増すということを示している（実際には 5 dB 程度の増加量となることが多い）。

もう一つわかることは，軽い材料は遮音に不利だということである。面密度は 2 倍になるごとに 6 dB 増すように，壁の質量が小さいと透過損失が小さくなってしまう。しばしば間違われるのだが，壁の重量が軽くても吸音材を壁に入れれば遮音性能が上がると思いがちである。確かに，ある程度は吸収する作用はあるが，それが遮音に特に有効に働くわけではない。吸音率を 0.9 として，すべて吸収してくれるとしても，透過損失で表せば 10 dB である。この数値は壁の透過損失として特に高い値ではない。壁の中に入れる吸音材は遮音のためというより，むしろ壁の中で音が共鳴して通り抜けやすくなるのを防ぐという意味合いが強い。

●コインシデンス効果

透過損失は質量則領域では周波数とともに上昇していくが，ある周波数になると低下する領域が現われる。これは，音によって壁体が曲げ振動を生じ，その波と入射音の波が一致すると，そこで音が抜けやすくなるためである。これを**コインシデンス効果**という（図 4-2-21）。

$$\frac{\lambda}{\sin \theta} = \lambda_b \qquad (4\text{-}2\text{-}8)$$

λ：入射音の波長
λ_b：壁の曲げ振動の波長
θ：入射音の入射角度

この現象は，主に中高音域で生じることが多い。遮音欠損として問題となる場合がある。

●スチフネス（板共振）

壁体は音のエネルギーによって板振動を生じる。これが入射音と共鳴（スチフネス）すると，音が通り抜けやすくなる（図 4-2-22）。通常は，可聴域より低い領域で発生することが多い。そのため問題となることは少ない。

壁による遮断

透過損失とは，単純にいえば壁透過前と透過後の音圧レベルの差を示すものである。しかし，実際には，音圧レベルは透過する壁の面積の大きさや，受音側での吸音によって影響を受ける。したがって予式のパラメーターは透過損失，透過部位面積，室内吸音力がパラメーターとなる。

音を遮断するときの状況は，音源側と受音側の音場の状態によって三通りの場合がある。拡散音場から拡散音場，自由音場から拡散音場，拡散音場から自由音場の三通りである。一般的に屋内は拡散音場，屋外は自由音場とみなせるので，拡散音場から拡散音場というのは二室間の伝搬，自由音場から拡散音場というのは外から室内への侵入音，拡散音場から自由音場というのは室内から外への漏れ音と考えることができる（図 4-2-23）。

図 4-2-23　壁による遮音

$$\tau = \frac{F_1 \cdot 10^{\frac{-R_1}{10}} + F_2 \cdot 10^{\frac{-R_2}{10}}}{F_1 + F_2}$$

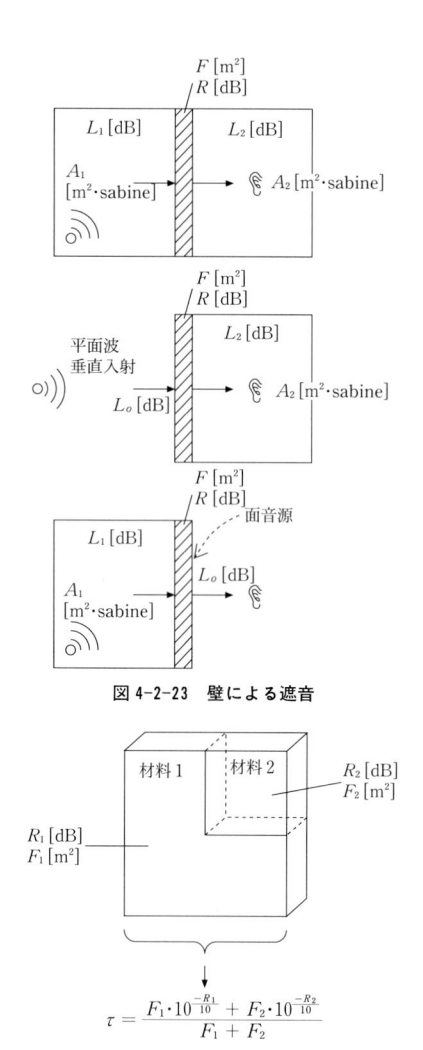

図 4-2-24　複合材料による壁の透過損失

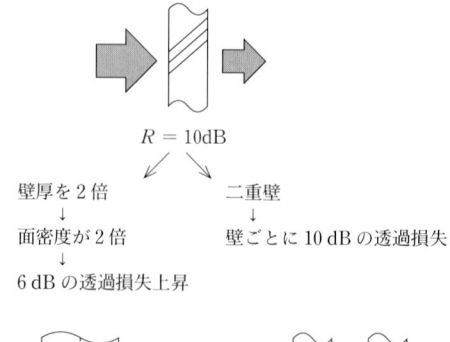

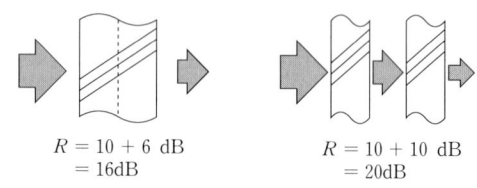

図 4-2-25　単層壁と二重壁

図 4-2-26　隙間は透過損失を低下させる

●拡散音場から拡散音場

　図4-2-23のように，壁を挟んで隣り合った室間の音の伝搬の計算は次のように行う。まず，透過損失をR[dB]，伝達部位となる壁の面積をF[m^2]，受音側の吸音等価吸音面積をA_2[m^2・sabine]とする。音源側の音圧レベルをL_1[dB]，受音側の音圧レベルをL_2[dB]とすると，音圧レベル差は

$$L_1 - L_2 = R + 10\log A_2 - 10\log F$$
$$(4\text{-}2\text{-}9)$$

となる。吸音される分だけ受音側の音圧レベルは下がり，伝達部位の面積がふえる分だけ受音側の音圧レベルは上がる，ということを表している。

●自由音場から拡散音場

　屋外からの入射音は平面波で垂直入射とする。壁面地点での音圧レベルをL_0[dB]とすると，

$$L_0 - L_2 = R + 10\log A_2 - 10\log F - 6$$
$$(4\text{-}2\text{-}10)$$

となる（L_0には反射音を含まない）。拡散音場ではないので，音のエネルギーすべてが壁に入射する。そのため，拡散音場同士のときより，見かけ上の音圧レベル差は小さいものとなる。

●拡散音場から自由音場

　この場合，L_0を面音源としての1m^{2}当りの音響パワーレベルとすると，音圧レベル差は透過損失にのみ依存する。

$$L_1 - L_0 = R + 6 \qquad (4\text{-}2\text{-}11)$$

受音側が自由音場という条件のため，実際の受音点の音圧レベルは距離減衰を踏まえて計算しないと得ることができない。

●複合壁の透過損失

　透過部位の壁が複数の材料で構成されている場合，透過損失を合成しておく必要がある。材料1が面積F_1で透過損失がR_1，材料2が面積F_2で透過損失がR_2とする。このとき，全体的透過率をτとすると，

$$\tau = \frac{F_1 \cdot 10^{\frac{-R_1}{10}} + F_2 \cdot 10^{\frac{-R_2}{10}}}{F_1 + F_2} \qquad (4\text{-}2\text{-}12)$$

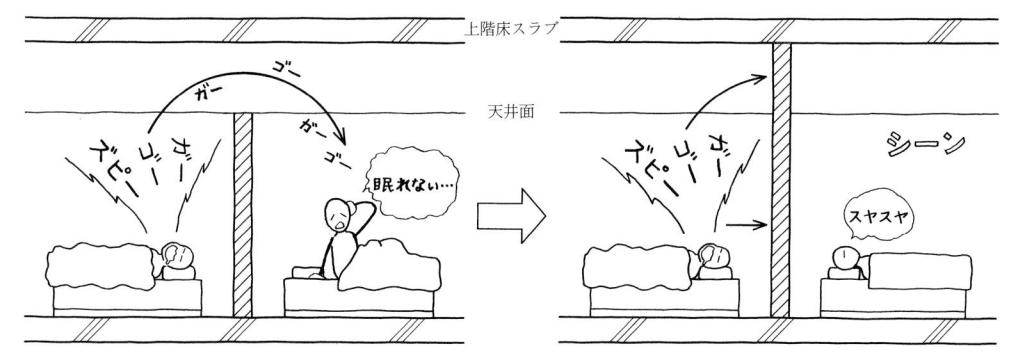

図 4-2-27　天井裏からの側路伝搬

となる。これを全体的な透過損失 R_{1+2} に直して

$$R_{1+2} = 10 \log\left(\frac{1}{\tau}\right) \tag{4-2-13}$$

とした値を用いればよい(図 4-2-24)。

効果的遮音

単層壁では透過損失を向上させようとすると、面密度を級数的に上昇させる必要が出てくる。しかし、それでは経済的ではない。現実的に遮音性能をよくするためにはいくつかのポイントがある。

● 二重壁

まず、壁を二重構造にすると遮音性能はかなり向上する。ある壁を2倍の厚みにしても質量則に従えば6dB透過損失がふえるだけだが、完全に独立な二つの壁とすれば、それぞれの透過損失の和だけ遮音性能が向上する。1枚の壁の透過損失が6dB以上ならば多層壁にする効果は十分ある。その際、構造的にも音響的にも壁同士が独立していることが必要である。そうでないと、エネルギーの抜けが生じ、所定の性能を得られない(図4-2-25)。

二重壁の内部に吸音材を挿入して施工するのは、音の吸収によって透過損失を上昇させるのが目的ではない。壁体内で音が共鳴すると、エネルギーが伝達されやすくなってしまう。これを防ぐために吸音材を入れている。二重壁は、施工に手がかかり、面積をとることから、特に遮音が必要な場合に用いられる方法である。

● 気密化

もう一つのポイントは、隙間をつくらないことである。気密な機構や施工を行うことで、遮音性能はかなり向上する。コーキングによる目張り、ガスケットを用いた開口の気密化などが考えられる(図4-2-26)。一般的な住宅などでは、気密性をよくするだけで、かなり遮音性能が向上する。熱環境からみても、熱の散逸を防ぐことになるので、その効果は環境性能全般に及ぶ。

● 側路伝搬の防止

側路伝搬(フランキング) という現象にも注意が必要である。壁の遮音性能がいくら高くても、天井裏やダクトなどが音響的に弱いと、そこから音が伝わってしまう。ホテルなど隣室との遮音をよくするためには、界壁を天井面までではなく、上階床スラブまで一体として設けるのがよい(図4-2-27)。集合住宅では界壁ではなく、ベランダの窓から窓へ迂回するように音が伝わることもある。

環境振動と固体音

固体中を伝わる振動は空気中を伝わる音よりも挙動が複雑である。空気のように均質な媒質ではなく、形状も複雑なので定量的な予測はきわめてむずかしい。

固体音の計測と評価

一般的な固体音は空気音と合わせて騒音レベルや室内騒音の騒音等級 N によって評価する。騒音等級はさらに1級から3級までランク付けされており、1級は「遮音性能上すぐれている」ものである。集合住宅の居室ではN-35の遮音等級が1級に相当する。通常はN-40ないし45を満足していることが望ましい。同様に、床衝撃音ではL-50ないし55を満足していることが望ましい(図4-2-27を参照)。

ここで騒音等級は、存在する音そのものを計測したものであるが、床衝撃音の場合は標準化された音源を用いないと評価値に意味がなくなる。

軽量床衝撃音の衝撃源としてはタッピングマシンという靴音を模擬する機器を用いる。これは500gの重り(5個用いる)を1秒間に10回の割合で4cmの高さから落下させている(図4-2-28)。

重量床衝撃音の衝撃源としては、バングマシンという子どもの飛び跳ねを模擬する機器を用いる。7.3kgの自動車タイヤを90cmの高さから落下させるようになっている(図4-2-29)。ただし、この衝撃源は、木造建築に対しては与える力が大きすぎるので、外径20cm程度で2～3kgの中空シリコンボールを使う規格もつくられた。

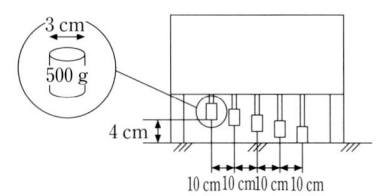

図 4-2-28　タッピングマシン（標準軽量衝撃源）

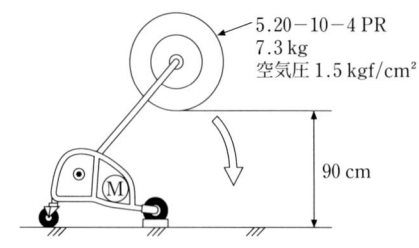

モーターによってハンマーを連続して自由落下させる。
1回の落下で1度しか床を叩かないようになっている。

図 4-2-29　バングマシン（標準重量衝撃源）

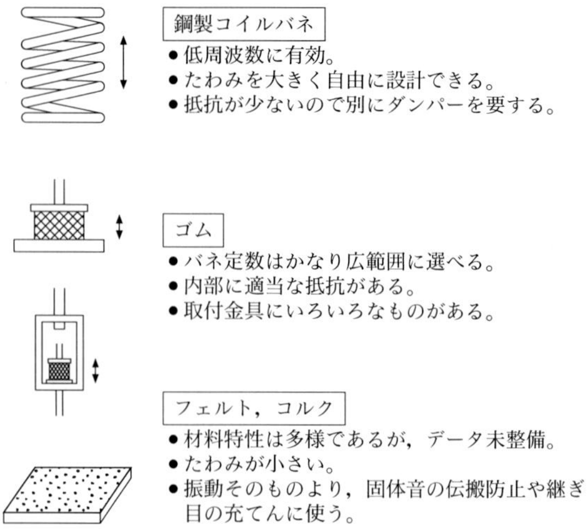

モーターによってタイヤを円弧状に自由落下させる。
1回の落下で1度しか床を叩かないようになっている。

図 4-2-30　いろいろな防振装置

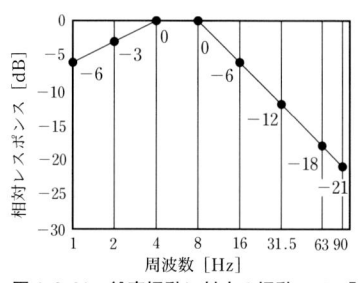

鋼製コイルバネ
- 低周波数に有効。
- たわみを大きく自由に設計できる。
- 抵抗が少ないので別にダンパーを要する。

ゴム
- バネ定数はかなり広範囲に選べる。
- 内部に適当な抵抗がある。
- 取付金具にいろいろなものがある。

フェルト，コルク
- 材料特性は多様であるが，データ未整備。
- たわみが小さい。
- 振動そのものより，固体音の伝搬防止や継ぎ目の充てんに使う。

表 4-2-2　振動規制法における基準値 [dB]

	工場振動の規制基準		道路交通振動の要請基準		建設作業の規制基準
	昼間	夜間	昼間	夜間	
第1種区域	60〜65	55〜60	65	60	75
第2種区域	65〜70	60〜65	70	65	

第1種区域：静穏を必要とする住居地域
第2種区域：住居と商工業併用地域

図 4-2-31　鉛直振動に対する振動レベル計の周波数補正（JIS C 1510）

床衝撃音への対策

重量床衝撃音に対しては，床面の仕上げ材の影響は小さい。上階を二重床にしたうえで，ばねとダンパーに相当する材料を用いることで，ある程度防止は可能だが，効果は限定的である。また，あまり柔らかい仕上げにしてしまうと，沈み込みが生じるので歩行感を損ねる。重量床衝撃音に対しては，何よりも床スラブ自体の質量と剛性が求められる。目安として20 cm程度のコンクリートスラブであれば，ほとんどの場合問題はない。

軽量床衝撃音に対しては床仕上げ材の効果が大きい。カーペットを1枚敷くだけでも大きな効果が見られる。

固体音一般に対する対策

発生源で食い止めるのが一番効率のよい防止対策である。それで十分でない場合には，伝搬過程のなるべく音源に近い位置で防振対策を行うのがよい。固体音が伝わらないように，ばね，防振ゴム，コルク，フェルトといったものを経路上に挿入するのである（図 4-2-30）。

固体音については，レベルでみれば十分低い値となっていても，聞こえるというだけでクレームが発生する。固体音は構造ともかかわるので，一度施工してしまうと後から変更するのが大変困難になる。

たとえば，重量床衝撃音は床スラブが薄い場合に発生するが，あとからスラブを厚くすることは，大抵の場合困難である。あらかじめ十分な対策が必要である。

環境振動の評価と防止法

振動の感覚は，音と異なり方向性によって感度が異なる。およそ2 Hz以下では水平方向の振動に対する感度のほうが高いが，高い周波数閾では垂直のほうが高い。居住環境においては，乗り物以外でこれらの振動を感じることがないようにしなくてはならない。

また，直接感じるだけでなく，建具類が共振したり，がたつきを生じて音を立てたりすることで間接的な騒音源となることもある。壁面の亀裂や立て付けの不具合を生じさせるなど，物理的損害を与える例もある。

振動規制法による道路交通振動の基準値は表 4-2-2のとおりである。振動レベルは，音のように国際的標準と統一されていない。JISでは10^{-5} m/s²を0 dBとしている。また，音における騒音レベルでA特性という周波数重みをつけるのと同じように，振動レベル周波数に図 4-2-31のような重みをつけてある。

振動規制法によって定められた基準は，工場振動については規制値として，道路交通騒音に対しては要請基準として値が決められている。振動公害の抑制を意図した規制である。

固体の振動は縦波だけでなく，横波，表面波というものがある。これらの波では周波数，振動方向などによって伝搬経路上での減衰量が異なってくる。また，地盤では複数の地層が存在し，地下水の状況も変動する。媒質密度や境界条件が大変複雑であるので，精密な予測はむずかしく，伝搬距離が2倍になるごとに約3～6 dBの減衰が生じると見込まれている。

地盤の伝搬過程で振動を遮断するための方策としては地中壁を設けたり，溝をつくったりすることが多い。

出典
1) R.マリー・シェーファー『世界の調律』平凡社，1986
2) 力石泰文，土田義郎『サウンド・エデュケーションの構築法に関する研究』サウンドスケープ vol.2, pp.15-22
3) 日本建築学会編『建築環境工学用教材 環境編』丸善，1988
参考文献
①前川純一『建築・環境音響学(第二版)』共立出版，2000
②日本騒音制御工学会『騒音制御工学ハンドブック[基礎編・応用編]』技報堂出版，2001
③日本建築学会編『建築物の遮音性能基準と設計指針』技報堂出版，1997

4-3 音の響きの計画

トンネルの中に入ると声がワーンと響く。これはトンネルを構成する材料が，コンクリートやアスファルトという硬くて音をよく反射するもので出来ているからだ。このように音源自体が鳴り止んだあとに残る音は，残響(リバーブ)と呼ばれる。特に音楽ホールでは通常の居住空間より長い残響があることで，音楽をより美しく聞かせる効果がある。

響きと知覚

残響によって，音に自然な奥行と立体感が得られる。音楽室やコンサートホールのように生の音楽を聞かせるような場所では，響きの美しさが問われる。また，会議室などのような場所では，音声の明瞭な伝達が必要だ。響きの状態が適当になるように，空間の形と材料を決定することが求められる。

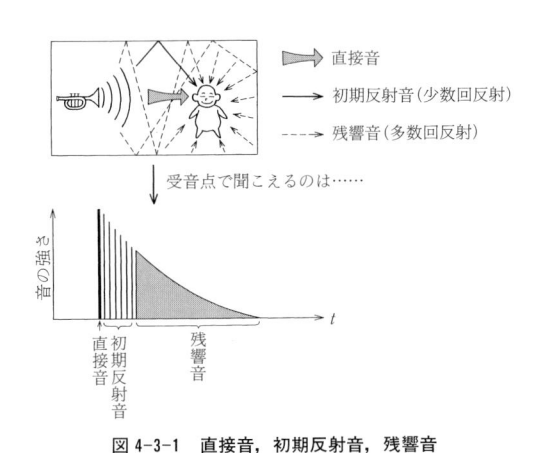

空間を伝わってくる音は直接音，初期反射音，残響音に分けることができる。**直接音**は，どこにも反射せずに受音位置まで最初に到達する音で，一番レベルが大きい。音の方向定位，大きさ感を決定する。**初期反射音**は周囲の壁などに反射して，直接音のすぐあとに受音位置に届く音で，さまざまな音の空間的印象をもたらし，直接音の大きさを補強する作用もある。**残響音**は複数回の反射の後に受聴される音である。徐々に減衰する音で，音の印象や聞き取りやすさを決定する(図4-3-1)。

明瞭度

音のよく響く空間は音楽聴取にはよいが，放送音声や同室者との会話が聞き取りにくくなる。これは先に発生した音の残響音が後から来る音と重なってしまい，マスキング効果によって聞き取りにくくなっているのである。言葉の聞き取りやすさのことを**明瞭度**[*1]という。明瞭度を確保するためには，適度な響きになるような設計が必要である。また，音の大きさも十分大きくなくてははっきり聞こえない。室内の音圧分布もなるべく均一であるような空間が望ましい(図4-3-2)。

図4-3-1 直接音，初期反射音，残響音

図 4-3-2　残響と明瞭度

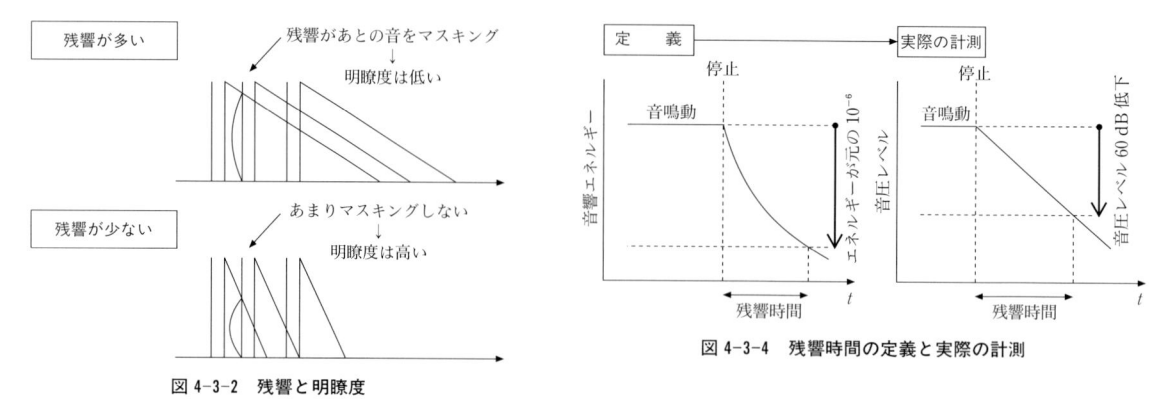

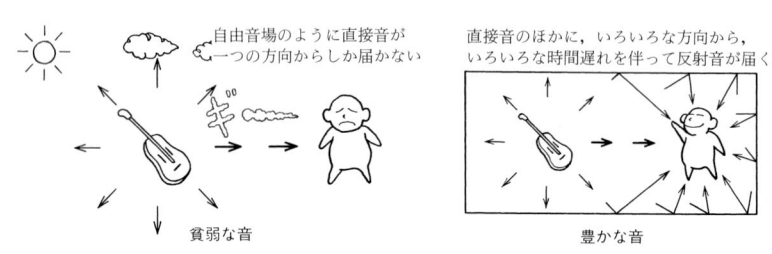

図 4-3-4　残響時間の定義と実際の計測

図 4-3-3　音の響き

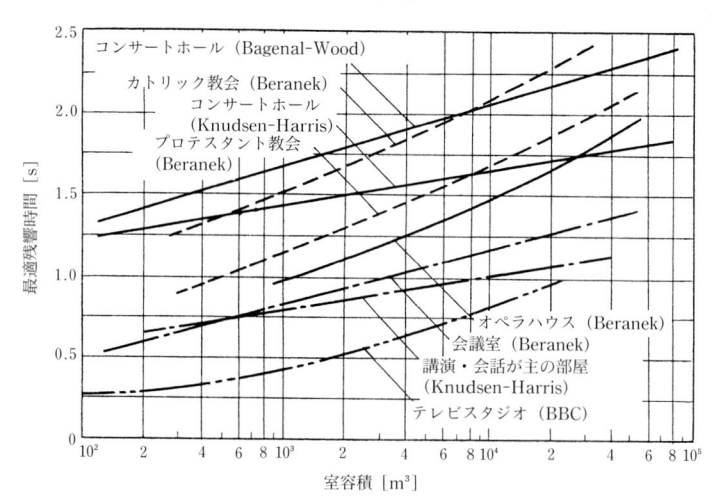

図 4-3-5　室容積と最適残響時間（500 Hz の音について）

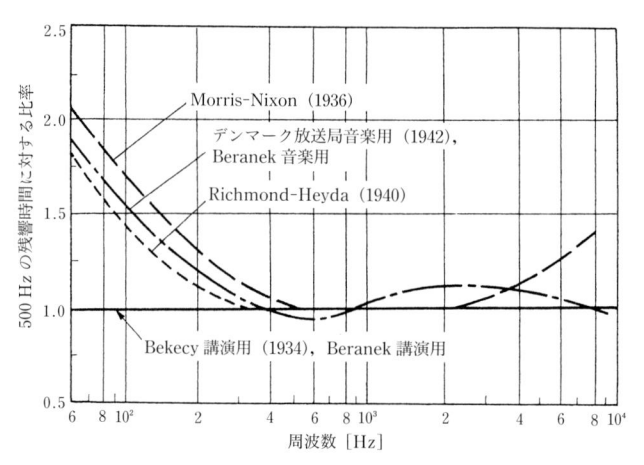

図 4-3-6　最適残響時間の周波数特性

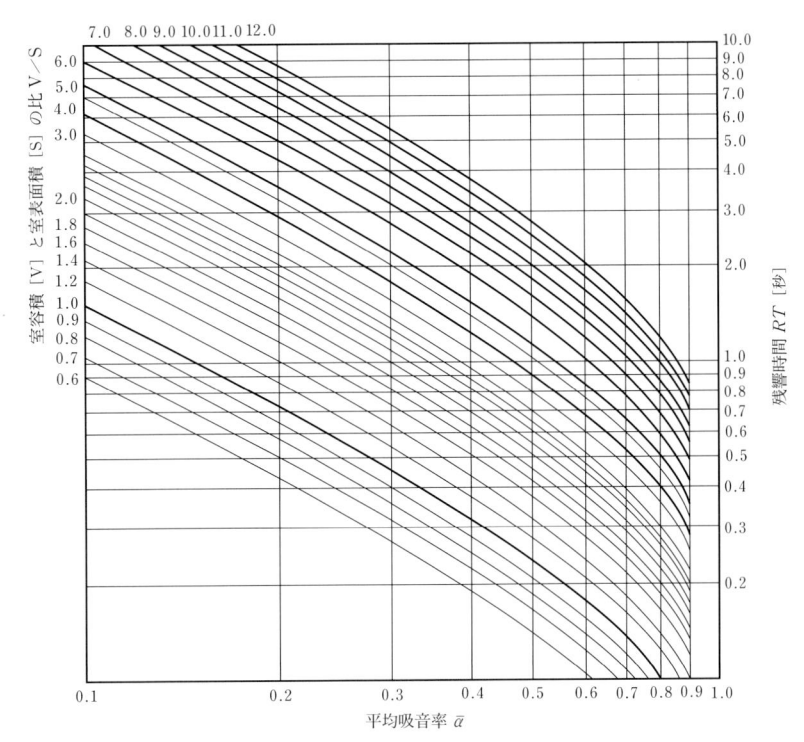

図 4-3-7 アイリングの残響時間予測式の図解

残響時間

残響は，音を美しい響きに変えてくれる。いくら名器といわれるヴァイオリンでも，自由音場に近いような残響のない空間では，貧弱で乾いた音にしか聞こえない（図4-3-3）。カラオケでも，歌った声をただ大きくするのではなく，機械によって響きが人工的に付けられるようになっている。残響の長さを表す指標としては，**残響時間 RT** が定義されている。「音源が鳴り止んでから空間の音エネルギー密度が $1/10^6$ になる時間」である。室内が完全拡散であれば，すべての場所で音圧レベルと音響エネルギー密度のレベルは比例することになるので，通常は室内の音圧レベルが 60 dB 減衰する時間（図4-3-4）とみなすことができる。しかし現実には，室内は完全拡散ではないので，空間全体の音エネルギーの変化を計測することはできない。そのため，室内のいくつかの点での音圧レベルの過渡的変化から残響時間を推定している。

室内のどこでも均等な残響音が得られるようにするには，音が拡散しているとよい。そのためホールなどでは，側壁や天井の形を凸凹をつけて複雑なものにしている。壁面にしばしばレリーフのような飾りがあるが，これは見栄えだけからつくられているのではなく，響きをよいものにするという目的があったのである。

最適残響時間

空間の用途によって，推奨される**最適残響時間**というものがいろいろな音響研究者によって提案されている（図4-3-5，図4-3-6）。基本的に，音がはっきり聞き取れることが要求される会議室などでは，残響時間は0.5～1.0秒程度の短い残響がよいとされ，音を美しく響かせることが求められる音楽ホールなどの空間では1.5～2.5秒程度の長い残響が推奨されている。最適残響時間は，室の用途だけでなく，容積によっても異なる。大きなホールは，それなりの残響時間の長さが要求される。

残響時間の予測

室内音響計画を進めるには，残響時間の予測ができなくてはならない。手順は，まず残響時間の目標値を最適残響時間を参考にして設定する。そして空間を構成するさまざまなパラメーターとして平均吸音率，室容積，室表面積を算出し，残響予測式によって残響時間を求める。その値が目標値に近ければよいが，離れている場合は設計の一部を変更する。目標値に十分近づくまで，これを繰り返すのである。

残響時間の予測にはいくつかの式がある。最もよく用いられる式は，**アイリングの式**である（図4-3-7）。

$$RT = \frac{KV}{-S \log_e(1-\bar{a})} \qquad (4\text{-}3\text{-}1)$$

$K = 0.161$

V：室容積

S：室表面積

$\bar{a}$：平均吸音率（室内の全等価吸音面積を室表面積で除したもの）

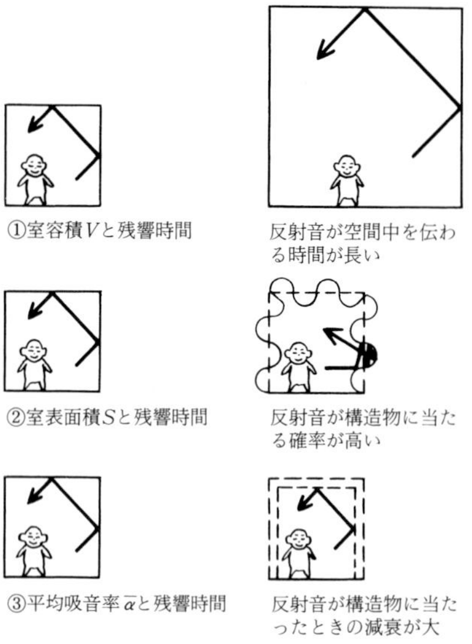

図 4-3-8　残響予測式の定性的理解

この式の示す内容は，①空間の容積，②空間の表面積，③空間の構成材料の三つによって残響時間が決定されるということである（図 4-3-8）。

平均吸音率は部材の吸音率の単純な平均ではない。大きな面積を占める部材の吸音率の影響は相対的に大きなものになるので，その影響を反映するためである。また，人や椅子のように単位面積当りの吸音率ではなく，一つ当りの吸音力で与えられているものもあるからである。

大きなホールでは，伝搬途上での空気吸収を無視できない。吸収されるエネルギーを考慮し，アイリングの式に，さらに補正を加えた式が用いられることもある。

特異現象のいろいろ

空間の形状によって，音の響き方に極端な特徴が生じることがある。これを**特異現象**と呼んでいる。特異現象は，会話などを聞き取りにくくする要因として作用したり，響きの美しさを阻害することが多いので注意が必要である。

これらの現象は，通常では音響障害として嫌われる。しかし，このような現象が起きても問題の起こらない場所では，一つの遊びの要素として，わざと特異現象が起きるようにしてしまうこともある。

ロングパスエコー（long path echo）

ロングパスエコーとは，やまびこのように完全に分離した反射音のことである。直接音から 50 ms（1/20 秒）以上遅れて聞こえる大きな反射音は，ロングパスエコーとなる（図 4-3-9）。音源位置からも受音位置からも離れた壁面は，拡散，吸音等を施して反射音のレベルが大きくなり過ぎないような処理をしなくてはならない。

ロングパスエコーの生じやすい大空間では，**ライブ・エンド・デッド・エンド**といって，音源側を反射性の部材で音が響きやすいようにし（ライブ），受音側を吸音性の部材で音の反射を抑えるようにする（デッド）空間構成が基本である。

フラッターエコー（flutter echo）

フラッターエコーとは，向かい合った壁と壁などで音が多重反射することである。ビーンとかパタパタパタといった響きになる。

日光東照宮本地堂は天井に龍の絵が描かれている。その下で手を叩くと天井と床の間でフラッターエコーが生じ，それが，あたかも龍が鳴いているかのようだということで，日本では「鳴き龍」と呼んでいる。日本の伝統建築では視覚的圧迫感を柔らげるため，天井の中央部を少し持ち上げる（「むくり」をつける）という技法が用いられる。このような凹面では音が周囲に拡散しにくいため，特に長いフラッターエコーが生じやすい（図 4-3-10）。

音の焦点（sound foucus）と死点（dead spot）

球面状の壁や天井では，初期反射音が焦点を結んで一か所に集中してしまうことがある。そこでは音が耳元で鳴っているかのように大きくなり，不自然に聞こえる。また一か所に集中する分，他の場所で初期反射音が届きにくい場所（死点）が生じて，音が聞き取りにくくなることがある（図 4-3-11）。

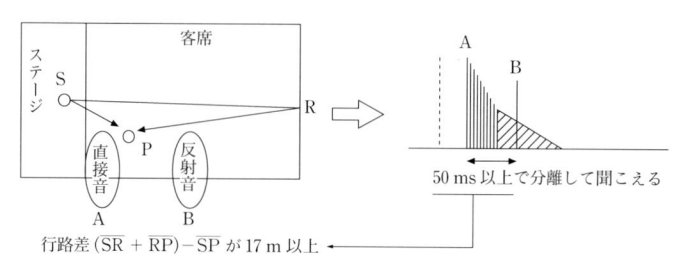

図 4-3-9　ロングパスエコー

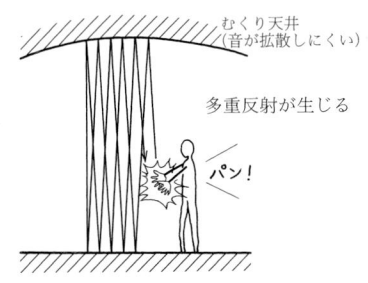

図 4-3-10 鳴き龍（フラッターエコー）

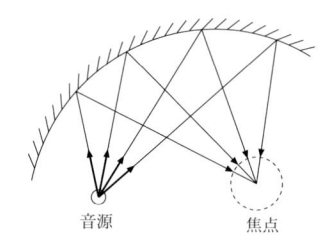

図 4-3-11 音の焦点

小規模な円形劇場など，直接音だけで十分音響的性能が満足できる場合には，反射音が生じないように吸音すれば問題は生じない。しかし，音楽ホールのように音の一様な拡散が望ましい空間では，大きな凹面は避けるべき形状である。

ブーミング(booming)

比較的小さな直方体の部屋では，部屋の空気自体による固有振動数[*2]が特定の周波数に集中してしまうこと（縮退）がある。通常，低音域の周波数で生じやすく，会話の語尾のように声の調子が下がる所で，不意に声がブーンと鳴り響くことになる。

固有振動数の集中を避けるために直方体室の縦，横，高さが整数比にならないようにしたり，形状を複雑化したり，適当な吸音処理をするなどの設計によって，このような現象を避けなければならない(図4-3-12)。

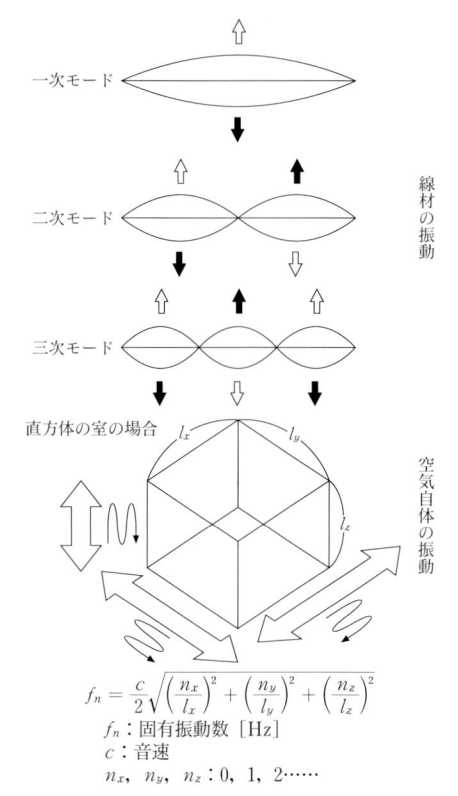

$$f_n = \frac{c}{2}\sqrt{\left(\frac{n_x}{l_x}\right)^2 + \left(\frac{n_y}{l_y}\right)^2 + \left(\frac{n_z}{l_z}\right)^2}$$

f_n：固有振動数 [Hz]
c：音速
$n_x, n_y, n_z : 0, 1, 2\cdots\cdots$

図 4-3-12 固有振動の発生とブーミング

[*1] 明瞭度は，実際に発話したり，録音されたものを拡声装置で流し，受音点で言葉を聞き取って正確に聞き取れた割合を示すものである。
[*2] 弦楽器のようなものは，弦に力を加えることで，ある特定の周期の振動を起こす。これが固有振動である。固有振動数は，その物体の形状，硬さ，重さといったものによって決まる。形状は，どのような形で振動するかにかかわり，振動形状によって複数の固有振動数が決まってくる。

参考文献
日本建築学会編『建築環境工学用教材 環境編』丸善，1988

索 引
(五十音順)

あ

アイリングの式	115
アクティブ制御	12
アクティブ・ノイズ・コントロール	104
アスベスト	80
アノイアンス	102
RGB表色系	56
アレルゲン	80
暗順応	41
安全色	61
安全標識	61
暗騒音	100
硫黄酸化物（SO_X）	80
閾値	41
イグルー	85
一酸化炭素（CO）	79
色温度	46
色の3属性	55
（色の）対比（コントラスト）	57
（色の）面積効果	57
（色の）誘目性	59
ウェバー-フェヒナーの法則	96
ウォーターハンマー	101
内断熱工法	74
運動の第一法則	25
運動の第三法則	25
運動の第二法則	25
運動の法則	25
永久日影	30
液体	23
エコロジー建築	37
XYZ表色系	56
A特性	97
A特性重み付け音圧レベル	97
エネルギー平均	100
演色性	46
演色評価数	46
OMソーラーハウス	86
オストワルト表色系	57
音の大きさ感	96
音の三要素	22
音の高さ感	96
音の強さ	106
音の強さのレベル L_I	95
音圧	94
音響パワー	106
音響パワーレベル	106
温室効果	31
温室効果ガス	33
音色	96
温度差換気	82
オンドル	86
温熱快適性の6要素	66
音場	94,99

か

外気負荷	70
回折	21,107
快適方程式	65
外部負荷	70
拡散音場	99
カクテルパーティ効果	98
可視光線	40
ガス状汚染物質	79
可聴域	95
カビ	78
乾き空気	76
換気回数	81
換気経路	84
環境共生建築	37
環境制御の根本原則	10
換気量	81
寒色	57
慣性の法則	25
間接照度	50
間接照明	48
間接昼光率	53
慣用色名	55
貫流負荷	70
気圧	31
基音	96
気温	66
機械換気	82
基礎照度	53
基礎代謝量	66
気体	23
基調色	59
輝度	43
逆二乗則	106
キャビテーション	101
吸音率	100
球面波	21
凝縮	77
共振領域	108
局所換気	83
局部照明	47
距離減衰	106
気流	66
均時差	28
均斉度	44

空気線図 …………………76,77	色度座標 …………………56	世界のCO₂発生量 …………34
空気(伝搬)音 ……………99	JIS …………………………43	赤外線 ………………………41
屈折角 ………………………21	JISの照度基準 ……………44	設計 …………………………13
屈折波 ………………………21	システム ……………………13	接線法 ………………………104
屈折の法則 …………………21	システムからの出力 ……13	絶対温度 ……………………23
グリーンハウス効果 ………31	システムへの入力 ………13	絶体湿度 ……………………76
グレア ………………………45	次世代省エネルギー基準における日本の気候区分 …………………75	線音源 ………………………106
計画換気 ……………………84		線形システム ………………16
系統色名 ……………………55	自然換気 ……………………82	先行音効果 …………………98
結露 …………………………77	C値 …………………………76	全体換気 ……………………83
ゲル(パオ) …………………85	実効面積 ……………………81	全熱交換器 …………………84
建築化照明 …………………48	室指数 ………………………51	全般拡散照明 ………………48
顕熱交換器 …………………84	湿度 …………………………66	全般照明 ……………………47
減能グレア …………………45	室内の環境制御 ……………11	騒音の種類 …………………101
コインシデンス効果 ………109	質量則 ………………………109	騒音レベル …………………97
コインシデンス領域 ………108	質量則領域 …………………108	総合熱貫流率 ………………74
光束 …………………………42	質量保存則 …………………26	総合熱伝達率 ………………71
光束発散度 …………………42	湿り空気 ……………………76	騒色 …………………………60
光束法 ………………………51	遮音等級 ……………………104	相対湿度 ……………………76
後退色 ………………………57	シャルルの法則 ……………23	相当開口面積 ……………75,81
光度 …………………………42	自由音場 ……………………99	相当隙間面積 ………………75
固体 …………………………23	臭気 …………………………80	側窓 …………………………48
固体(伝搬)音 ……………99	終日日影 ……………………30	側路伝搬(フランキング) …111
固定端 ………………………21	自由端 ………………………21	素元波 ………………………21
固有音響抵抗 ………………95	周波数 ………………………94	外断熱工法 …………………74
混合気体 ……………………76	出力(結果) ………………13	疎密波 ……………………19,94
	純音 …………………………96	
さ	循環型社会 …………………35	**た**
細菌 …………………………78	上音 …………………………96	第一波面の法則 ……………98
最適残響時間 ………………115	照度 …………………………42	第一種機械換気 ……………83
彩度 …………………………55	照明率 ……………………51,52	第三種機械換気 ……………83
彩度対比 ……………………57	初期反射音 …………………113	代謝量 ………………………66
サウンドエデュケーション …103	ショートサーキット ………84	第二種機械換気 ……………83
サウンドスケープ …………102	シルエット現象 ……………46	代表的な建築材料の熱伝導率 …71
作用 …………………………25	進行波の半波長 ……………21	太陽位置図 …………………29
作用温度 ……………………67	進出色 ………………………57	太陽定数 ……………………30
作用・反作用の法則 ………25	真太陽時 ……………………28	太陽熱給湯システム ………86
残響(リバーブ) …………113	真太陽日 ……………………28	対流による熱移動 …………24
残響音 ………………………113	振動数 ………………………19	タスクアンビエント照明 …48
残響時間 ……………………115	新有効温度 ET* ……………68	タッピングマシン …………112
CIE …………………………43	新有効温度図 ET* …………68	縦波 ………………………19,94
紫外線 ………………………41	水蒸気分圧 …………………76	建物における熱の流れ ……69
視感度 ………………………41	水平面全天日射量 …………30	建物の基本性能 ……………8
時間率騒音レベル …………103	水平面日影曲線 ……………30	暖色 …………………………57
色彩構成順位図 ……………60	隙間風 ………………………80	単色光 ………………………22
色彩調和 ……………………57	隙間風負荷 …………………70	断熱 …………………………72
色相 …………………………55	スチフネス …………………109	知覚閾 ………………………95
色相対比 ……………………57	スチームハンマー …………101	蓄熱 …………………………73
色相の一致 …………………59	スペクトル三刺激値 ………56	(蓄熱の)間接方式 ………86
色相の対比 …………………59	正弦波 ………………………19	(蓄熱の)直接方式 ………86
色相の類似 …………………59	生理的反応 …………………65	窒素酸化物(NO$_X$) ………80

119

着衣量	66
昼光照明	43
昼光率	52
直接音	113
直接昼光率	53
直接グレア	45
直接照度	50
直接照明	48
直達日射	30
2ノードモデル	68
通風	80
TTS（一時的閾値上昇）	102
テーテンスの近似式	76
点音源	106
天球	27
天空日射	30
天井断熱	88
天頂	27
電灯照明	43
伝導による熱移動	24
天窓	48
等価吸音面積	100
等価騒音レベル	103
透過損失	99, 109
等時間日影線	30
等速運動	24
等ラウドネス曲線	97
特異現象	116
特性インピーダンス	95
都市の人口集中傾向	36
トロンブウォール	86

な

内部結露	77
内部負荷	70
波	19
ナミダダケ	78
波の位相	19
波の谷	19
波の独立性	20
波の速さ	19
波の山	19
波面	21
二酸化炭素（CO_2）	79
日射負荷	70
入射波	20
入力（原因）	13
熱	23
熱貫流	70
熱貫流率 K	74
熱橋	73

熱交換器	84
熱損失係数（Q値）	75
熱伝導率 λ	70
熱の伝わり方の大原則	24
熱負荷	70
熱容量	23, 74
熱量	23
熱量の保存則	23
ノイジネス	102
能動的反応	65

は

倍音	96
背景音	100
配光分布	42, 48
媒質	19
白内障	62
波源	19
ハース効果	98
波長	19
パッシブ制御	12
パッシブソーラーハウス	86
発熱	66
パティオ	90
バードギル	89
腹	21
半間接照明	48
バングマシン	112
反作用	25
反射グレア	45
反射波	21
半自由音場	99
半直接照明	48
バンドノイズ	96
BGN（Background Noise）	100
PTS（永久的閾値上昇）	102
ビオトープ	37
日影曲線図	30
日影図	30
必要換気量	81
ヒートアイランド現象	37
比熱	23
標準新有効温度 SET*	68
表色系	56
表面結露	77
ピンクノイズ	96
風力換気	82
不快グレア	45
腐朽菌	78
ブーゲの式	30
節	21

物理環境の制御	12
ブーミング	117
部門別 CO_2 発生量推移	34
浮遊粉塵	80
フラッターエコー	116
プルキンエ現象	41
分圧の法則	76
雰囲気照明	43
分光分布	41
分子の熱運動	23
平均太陽時	28
平均予測申告	67
平面波	21
べき法則	96
ベルヌーイの法則	26
ベルラーゲの式	30
弁別閾	96
ホイヘンスの原理	21, 107
放射	24
放射温度	66
法線（面）照度	42
飽和状態	76
飽和水蒸気圧	76
補色対比	57
ホルムアルデヒド（HCHO）	80
ホワイトノイズ	96

ま

マスキング効果	98
窓面昼光率	55
マンセル記号	57
マンセル表色系	56
無彩色	55
明視照明	43
明順応	41
明度	55
明度対比	57
明瞭度	113
目の桿状体	40
目の錐状体	40
面音源	106
モデリング	45

や

屋根裏通気層	88
屋根断熱	88
有効温度	67
有効温度線図	67
有彩色	55
余弦則	42
横波	19

ら

ライブ・エンド・デッド・エンド …………………116
ラスマーク ……………78

リクルートメント現象 …………98
立体角投射率 ……………53
立体角投射率チャート …………54
粒子状汚染物質 …………79
流量係数 ……………81

ルミネッセンス ……………46
連続条件 ……………26
老眼 ……………62
露点温度 ……………76
ロングパスエコー ……………116

付　記

第3章『熱と空気』に使用しました図版作成のイメージを得るために数多くの書籍資料を参照しました。以下に記して謝意を表します。

環境科学フォーラム編『わかりやすい建物の換気技術』オーム社，2000
八木幸二監修，小玉祐一郎著『建築探訪4　住まいの中の自然』丸善，1992
八木幸二監修，福島駿介著『建築探訪2　琉球の住まい―光と影のかたち―』丸善，1993
〈建築のテキスト〉編集委員会『初めての建築環境』学芸出版社，1996
デビッド・ライト著，加藤義夫訳『図説 自然エネルギー建築のデザイン』彰国社，1983
設備技術者能力向上研究会編『図説 空調設備設計・施工図のチェックポイント』オーム社，1999
日本住宅・木材技術センター編『これからの木造住宅3　省エネルギー・熱環境計画』丸善，1998
『週刊地球旅行85　バビロンとペルセポリス』講談社
大村幸弘『カッパドキアートルコ洞窟修道院と地下都市』集英社，2001
木村建一『建築環境学1，2』丸善，1992
ジョン・S.テイラー著，後藤久訳『絵典 世界の建築に学ぶ知恵と工夫』彰国社，1989
浦野良美，中村洋『建築環境工学』森北出版，1996
吉川翠，芦澤達，山田雅士『住まいQ＆A ダニ・カビ・結露』井上書院，1989
吉川翠，阿部恵子，小峯裕己，松村年郎『住まいQ＆A 室内汚染とアレルギー』井上書院，1999
真鍋恒博『省エネルギー住宅の考え方』相模書房，1979
横山浩一『建築の環境設計―空気と水の流れ』彰国社，1971
建築環境技術研究会編『建築環境エンジニアリング1　環境からみた建築計画』鹿島出版会，1999
田口武一監修，野村東太ほか『新版1級建築士合格シリーズ1　学科Ⅰ（建築計画）』市ヶ谷出版社，1989
小原淳平編『100万人の空気調和』オーム社，1975
小原淳平編『続・100万人の空気調和』オーム社，1976
今井与蔵『絵とき建築環境工学』オーム社，1976
ヨウ箱守，市原出『建築巡礼46　ニューメキシコの建築―石と土と光の教会』丸善，2000

著者紹介

加藤信介（かとう　しんすけ）
1953 年　愛知県生れ
1975 年　東京大学工学部建築学科卒業
1980 年　東京大学大学院工学系研究科建築学専攻博士課程修了
現　在　東京大学名誉教授（生産技術研究所）
　　　　工学博士
専　攻　建築都市環境工学
● 主な著書
環境工学教科書研究会編著『環境工学教科書 第二版』（共著）彰国社，2000 年
建築設備学教科書研究会編著『建築設備学教科書 新訂版』（共著）彰国社，2002 年
など

土田義郎（つちだ　よしお）
1961 年　神奈川県生れ
1985 年　早稲田大学理工学部建築学科卒業
1990 年　東京大学大学院工学系研究科建築学専攻博士課程修了
現　在　金沢工業大学建築学部教授
　　　　博士（工学）
専　攻　建築環境工学
● 主な著書
日本建築学会編『人間環境学』（共著）朝倉書店，1998 年
大澤光編『印象の工学とは何か』（共著）丸善プラネット，2000 年
日本建築学会編『建築空間のヒューマナイジング　環境心理による人間空間の創造』（共著）彰国社，2001 年
日本建築学会編『建築設計資料集成［総合編］』（共著）丸善，2001 年
日本建築学会編『建築と環境のサウンドライブラリ（書籍・DVD）』（共著）技報堂出版，2004 年
渡辺秀俊編『インテリア計画の知識』（共著）彰国社，2008 年
など

大岡龍三（おおおか　りょうぞう）
1965 年　大阪府生れ
1989 年　京都大学工学部建築学科卒業
1991 年　京都大学大学院工学研究科建築学専攻修士課程修了
　　　　福井大学助教授を経て，
現　在　東京大学生産技術研究所教授
　　　　博士（工学）
専　攻　都市環境工学
● 受賞
2000 年日本建築学会奨励賞受賞
2015 年日本建築学会賞受賞

図説テキスト　建築環境工学　第二版

2002 年 11 月 30 日　第 1 版　発　行
2008 年 11 月 10 日　第 2 版　発　行
2018 年 9 月 10 日　第 2 版　第 6 刷

著作権者との協定により検印省略	著　者	加　藤　信　介 土　田　義　郎 大　岡　龍　三
	発行者	下　出　雅　徳
	発行所	株式会社　彰　国　社

162-0067　東京都新宿区富久町8-21
電話　03-3359-3231　（大代表）
振替口座　00160-2-173401

自然科学書協会会員
工学書協会会員

Printed in Japan

©加藤信介・土田義郎・大岡龍三　2008 年

製版・印刷：壮光舎印刷　製本：中尾製本

ISBN 978-4-395-22128-8 C3352　http://www.shokokusha.co.jp

本書の内容の一部あるいは全部を，無断で複写（コピー），複製，および磁気または光記録媒体等への入力を禁止します。許諾については小社あてご照会ください。